上市公司財務鬆懈行爲研究

王文兵 著

財經錢線

序　言

　　眾所周知，企業在初始創業時期，面對缺乏資金、技術、員工、市場等重重困境，企業初始創業人員能夠眾志成城，歷經千辛萬苦，克服各種困難，使企業由無變有、由小變大，逐步在競爭異常激烈的市場中佔有一席之地。但是，一旦企業步入正軌，一些企業很難再見到始創時期，企業所有者、管理層以及基層員工那種艱苦奮鬥、臥薪嘗膽、眾志成城等創業精神，取而代之是勾心鬥角、組織渙散、思想鬆懈、毫無鬥志。有資料記載中國民營企業平均壽命僅為3.5年。雖然企業從創立到成長，再從成熟到衰退，受國家宏觀經濟環境、企業中長期戰略決策、市場環境等諸多「天災」因素影響，但是思想鬆懈、貪圖享樂、不思進取等「人禍」因素不容忽視。正所謂「萬里江山千鈞擔，守業更比創業難」。學術界對公司創立期、成長期與衰退期的研究頗多，並形成了一系列研究成果，如公司財務危機預警機制、財務困境預測模型等。但是，當公司步入成熟期，如何抑制上市公司管理層財務鬆懈行為，學術界鮮有系統而全面的研究。

　　近年來，中國上市公司數量不斷增長，但質量良莠不齊，以回報股東為己任、重視社會責任和可持續發展的理念尚未深入人心。一些業績優良的上市公司以囤積自由現金流量為榮，實為滿足經營者在職消費、權力尋租，或為控股股東掏空行為提供便利。王文兵同志敏銳地洞察到這一點，以財務鬆懈為視角，以業績優良上市公司為樣本，進行理論探討和實證檢驗，以期為投資者保護和證券監管提出有益建議。

　　上市公司預留適度財務鬆懈資源應對外部環境突變，抓住稍縱即逝的投資機會，提升公司績效。但是，部分上市公司，滯留大量財務鬆懈資源，進行諸如過度在職消費、委託貸款、委託理財、過度承載員工薪酬、非理性擴張等財務鬆懈行為，進而有損公司績效。與其他財務理論相比，財務鬆懈研究尚屬一個相對新興的研究領域，仍有大量的理論與實踐問題等待我們去探索和研究。

王文兵的博士論文《上市公司財務鬆懈行為研究》，揭示了上市公司存在的財務鬆懈行為問題，並側重研究了如下幾個問題：（1）界定財務鬆懈內涵並梳理上市公司財務鬆懈行為的表現形式；（2）誘發上市公司財務鬆懈的因素；（3）財務鬆懈行為對上市公司績效的影響。

本書是作者博士論文的拓展。首先，他在這一領域累積了大量的研究文獻，並追溯了財務鬆懈的理論淵源，從理論上闡明了上市公司存在財務鬆懈行為的可能性；其次，比較了財務鬆懈、財務彈性、財務保守與自由現金流量四者之間內在的聯繫與區別，深層次揭示財務鬆懈的表徵形式，構建上市公司財務鬆懈識別模型，並利用上市公司年報財務數據，驗證了財務鬆懈識別模型的有效性；第三，從資本結構、管理層梯隊理論、產品競爭市場等維度，利用上市公司的經驗數據實證了上市公司財務鬆懈行為的誘因，並檢驗了財務鬆懈對上市公司績效的影響。本書在上述內容做了系統研究，取得了可喜的成果，並具有如下幾個重要創新點：

第一，在委託代理、資源基礎、公司行為等理論基礎上，借鑑財務行為理論，界定財務鬆懈行為內涵與動因，釐清財務鬆懈、財務彈性與財務保守等相關概念的區別與聯繫；並利用財務與非財務指標構建財務鬆懈測度與合理性評價體系。

第二，構建上市公司財務鬆懈行為識別模型，並利用中國上市公司財務數據驗證財務鬆懈行為識別模型的有效性。

第三，從資本約束強度、產品競爭市場、上市公司管理層背景特徵、終極控股股東差異等視角，實證上市公司財務鬆懈行為的誘生因素，並檢驗上市公司財務鬆懈行為產生的經濟後果。

中國正處於轉軌階段，與成熟的市場經濟國家相比，資本市場相關法律製度尚不完善，上市公司內部人控製現象普遍。本書作者以中國資本市場為背景，按照上市公司終極控股股東差異，區分國有與非國有控股上市公司，全面系統研究了中國資本市場上市公司存在的財務鬆懈行為，研究發現，國有控股上市公司財務鬆懈行為顯著高於非國有控股上市公司，作者針對這種現象，提出了富有建設性的治理對策。

我認為，本書從理論上深入地解釋了上市公司財務鬆懈行為存在的誘因，尤其是結合中國資本市場的製度背景，全面系統地詮釋了上市公司財務鬆懈行為，從而形成了一個較為完整的理論分析框架。同時，在這一理論框架下，作者以中國滬深上市公司年報數據為樣本，既分析了國有控股上市公司財務鬆懈行為對公司績效的影響，又分析了非國有控股上市公司財務鬆懈行為對公司績

效的影響，產生了鮮明的對比效應。本書不僅具有較重要的理論價值，對於實踐也有較強的借鑑意義。本書對中國證券監督管理機構、上市公司管理層有重要的參考價值和使用價值，對財經類大專院校師生也有重要的參考意義。因此，我祝賀、推薦此書出版，並樂意為之作序。

干勝道

中文摘要

　　微軟公司長期保持令人難以置信的保守財務政策。1999 年財報顯示現金與短期證券投資達 170 億美元，占總資產 370 億美元的 45.95%，公司總裁比爾·蓋茨解釋說：「盡可能在銀行多存些錢，以便能支付當年的工資，即使我們沒有任何款項流入公司。」現金流對上市公司應對不確定性至關重要。正如民營企業家任正非告誡員工時所言：「華為的冬天是什麼？棉襖是什麼？就是現金流，我們準備的棉襖就是現金流。」國內部分上市公司也是如此。例如，貴州茅臺 2012 年財報顯示總資產 449 億元，貨幣資金為 220 億元，占總資產的 49%；五糧液 2012 年財報顯示總資產 452 億元，貨幣資金為 278 億元，占總資產的 61.5%。這些上市公司如此巨額的現金流不是為了應對不確定性，而是被管理層用在委託貸款、委託理財、在職消費、過度支付員工薪酬、非理性擴張等方面，因此會誘生上市公司管理層財務鬆懈行為，有損公司績效。例如，洋河股份截至 2012 年 7 月底，合計動用 39.2 億元銀行存款購買金融機構短期理財產品；中國中鐵股份有限公司 2012 年合併報表顯示年淨利潤 84.79 億元，而披露的業務招待費為 8.37 億元，接近公司當年淨利潤的 10%。

　　眾所周知，企業在初始創業時期，面對缺乏資金、技術、員工、市場等重重困境，企業初始創業人員能夠眾志成城，歷經千辛萬苦，克服各種困難，使企業由無變有、由小變大，逐步在競爭異常激烈的市場中佔有一席之地。但是，一旦企業步入正軌，一些企業很難再見到始創時期，企業所有者、管理層以及基層員工那種艱苦奮鬥、臥薪嘗膽、眾志成城等的創業精神，取而代之的是勾心鬥角、組織渙散、思想鬆懈、毫無鬥志，有資料記載中國民營企業平均壽命僅為 3.5 年。雖然企業從創立成長、從成熟到衰退，受國家宏觀經濟環境、企業中長期戰略決策、市場環境等諸多「天災」因素影響，但是思想鬆懈、貪圖享樂、不思進取等「人禍」因素不容忽視。正所謂「萬里江山千鈞擔，守業更比創業難」。學術界對公司創立期、成長期與衰退期的研究頗多，

並形成了一系列豐富而有效的研究成果，如公司財務危機預警機制、財務困境預測模型等。但是，當公司步入成熟期，如何抑制上市公司管理層財務鬆懈行為，學術界鮮有系統而全面的研究。

通過梳理與財務鬆懈相關或相近的財務保守、財務彈性、自由現金流量等概念，界定財務鬆懈內涵，以資源基礎理論、公司行為理論、經濟人假設理論、不確定性與風險理論、代理理論、融資優序理論、權衡理論等為研究視角，剖析誘生上市公司財務鬆懈行為的理論淵源。以中國上市公司為例，分析歸納得出，中國上市公司存在滯留大量財務鬆懈資源，表現為低效率委託貸款與委託理財、過度在職消費、非理性擴張、過度支付員工薪酬、非公允關聯交易、過度承載社會責任等財務鬆懈行為，這均有損上市公司績效。以中國上市公司出現諸如上述財務鬆懈行為的現象為依據，從企業外部的財政政策、貨幣政策以及企業內部的公司治理機制、激勵機制等方面，分析產生財務鬆懈行為的影響因素。利用財務指標與非財務指標，從定性與定量兩維視角測度上市公司財務鬆懈，並利用波士頓矩陣模型思想，構建財務鬆懈行為識別模型。選取A類為農、林、牧、漁業，B類為採掘業，C類為製造業，D類為電力、熱力、燃氣及水生產和供應業，E類為建築業，F類為批發零售業，G類為交通運輸、倉儲和郵政業，I類為信息傳輸、軟件和信息技術服務業，K類為房地產業以及S類為綜合類等10類行業上市公司財務報表數據，檢驗財務鬆懈模型有效性，經檢驗發現，G類行業財務鬆懈程度處於10類行業均值最低值，而I類行業財務鬆懈程度在10類行業均值中處在最高值。同時選擇G類行業中具有財務鬆懈行為的上市公司進行檢驗，從檢驗結果證實所構建的模型有效性。

為進一步分析中國上市公司產生財務鬆懈行為的誘因，從企業資本約束強度、上市公司管理層背景特質兩維視角實證研究了誘生中國上市公司財務鬆懈行為發生的原因，實證結果發現，上市公司有息金融負債能夠抑制財務鬆懈行為，而無息商業負債以及權益資本與財務鬆懈行為之間呈正相關；在上市公司管理層背景特徵的實證分析中，發現上市公司團隊年齡大小與財務鬆懈行為呈正向關係；上市公司管理層團隊平均教育背景與上市公司財務鬆懈行為之間呈負向關係；上市公司管理層團隊特徵的性別、管理層團隊規模大小與上市公司財務鬆懈行為之間關係並不顯著。由此說明上市公司管理層年齡越大，越易誘發財務鬆懈行為，管理層教育水平越高，越不易誘生財務鬆懈行為，但是管理層性別、團隊規模與財務鬆懈行為之間關係不顯著。進一步分析上市公司董事長異質性與財務鬆懈行為之間關係，研究發現，在不區分國有與非國有產權性質情況下，上市公司董事長年齡變量與財務鬆懈行為之間呈正相關關係，董事

長學歷水平的高低與財務鬆懈行為之間為負相關，上市公司董事長有會計、金融與經濟管理工作經歷變量指標與財務鬆懈行為呈負相關關係，但是，上市公司董事長性別異質性對財務鬆懈行為的影響不顯著，即男性或女性董事長對財務鬆懈行為沒有顯著影響。在國有與非國有兩個樣本迴歸結果中發現，國有控股上市公司董事長與非國有控股上市公司董事長異質性對財務鬆懈行為的影響存在顯著不同，國有控股上市公司董事長年齡大小影響財務鬆懈行為顯著高於非國有控股上市公司董事長，充分證實了董事長年齡越大，越容易誘生財務鬆懈行為，尤其在國有控股上市公司表現得更為明顯；從董事長教育背景變量來看，國有控股上市公司董事長教育背景變量與財務鬆懈行為呈負相關關係，而非國有控股上市公司董事長學歷水平高低影響財務鬆懈行為並不顯著。

在財務鬆懈行為的經濟後果實證研究中發現，國有控股上市公司內部囤積財務鬆懈顯著高於非國有控股上市公司，持有較高財務鬆懈資源的國有控股上市公司的績效顯著低於持有較低財務鬆懈資源的非國有控股上市公司的績效，進而證實公司在遇到外部環境突變時，財務鬆懈並不能緩衝外部環境突變給公司帶來的不利影響，而是財務鬆懈給公司帶來了不必要的代理成本，有損公司績效，支持了詹森的代理理論觀點。通過扣除非經常性損益後的每股收益標準差，來衡量過度持有財務鬆懈是平滑還是加劇公司績效波動，研究發現，具有財務鬆懈行為的國有控股上市公司在扣除非經常性損益後的每股收益標準差顯著高於非國有控股上市公司，過度財務鬆懈加劇了公司績效波動，不利於公司控製風險。

針對中國上市公司存在的財務鬆懈行為，本書最後提出了財務鬆懈行為相應的治理對策。強化上市公司財務鬆懈資源管理，防範財務鬆懈行為風險，完善上市公司內外部治理機制，強化上市公司現金分紅，引入職業經理人選聘機制，抑制上市公司財務鬆懈行為風險，不斷提升上市公司績效。本書的研究發現進一步豐富了財務管理理論，具有一定的理論與實踐意義。

關鍵詞：上市公司；財務鬆懈；財務鬆懈行為；公司績效

ABSTRACT

It is incredibly that Microsoft keeps long-term conservative financial policies. According to the financial report of 1999 cash and short-term securities investment is $17 billion, and account for 45.95% of the total assets $37 billion. Bill Gates, the CEO of the company, has said that, to deposit more money in the bank, we can pay for the wages of current year even though there is no any fund into company. Cash flow is of great importance for listed company to cope with uncertainty. Ren Zhengfei, a private entrepreneur, has told the staff that, 「what to save Huawei in hard time is cash flow」. The Annual report of Kweichow Moutai in 2012 shows its monetary capital is 22 billion, 49% of the total assets 44.9 billion. At the same period time, Wuliangye shows that its monetary capital is 27.8 billion, 61.5% of the total assets 45.2 billion. The huge cash flow of these listed company is not used to cope with uncertainty, it is used by management to entrust the escrow, trust management, perquisite consumption, excessively pay employee compensation or irrational expansion. This may cause financial slack of the management of listed company. By the end of July 2012, Yanghe Brewery JSC has used 3.92 billion of cash in bank to buy short-term financial products of financing institution. According to the consolidated statements, the net profit of China Railway Group in 2012 is 8.479 billion; the disclosed business entertainment is 837 million, almost 10% of the profit.

As everyone knows, theentrepreneurs of a startup pull together and overcome the difficulties of lack of funds, technology, employee and market to make the enterprise growth. And the enterprise will gradually occupy a place in the fierce competition. Once the enterprise back on track, instead of hard work and plain living there used to be, some managers and employees become demoralized and slack. They intrigue against each other and they are poorly organized. In some accounts, the average lifetime of our private enterprises is 3.5 years. The startup, growth, and maturity of an enterprise is influenced by many factors, not only the objective factors such as National macroeconomic, medium and long term strategy and market factors , but also the human factors, such as slack mentality, pleasure-seeking and underachievers. Just like the old saying, it is hard to maintain what has been achieved rather than starting a business. The growth and degenerating stage of the enterprise have been researched a lot. And there have been many effective research results, such as financial distress alert, prediction model of finance predicament and so on. But, there is little comprehensive and systematic research on the financial slack of management of listed company.

Theconnotation of financial slack is defined by combing the related or similar concepts of financial conservatism, financial flexibility and free cash flow. The theory of financial slack of listed company is analyzed based on resource-based theory, behavioral Theory in the firm, economic people theory, uncertainty and risk theory, agency theory, pecking order theory, trade-off theory and so on. The financial slack of listed company in our country is analyzed and summarized. The result shows that the resource of financial slack is used to entrust loans and trust management inefficiently, excessively expense in-office, Irrational expansion, pay employee compensation excessively, unfair related party transactions and bear social responsibility excessively. And this will lead to the loss of performance of listed company. The influence of financial slack is analyzed from the aspects of external financial policy, monetary policy, internal governance mechanism and incentive system of an enterprise. The financial slack of listed company is estimated from the views of both qualitative and quantitative by the use of financial index and non-financial index. And the behavior recognition model of financial slack is established from the thought of BCG Matrix. Listed company of ten sectors is selected to test the validity of financial statement data. Among them, A stands for farming, forestry, animal husbandry and fishery; B is Excavation; C is Manufacture; D stands for electricity, heat, gas and water production and supply industry; E is Construction; F is wholesale and retail industry; G stands for Transportation, warehousing and postal service; I stands for information transmission, software and information technology services; K is real estate and S is miscellaneous. By the examination, it is found that the minimum of the average financial slack of the ten sectors is G, while the maximum is I. The financial slack of listed company in the sector of G is tested, and the result shows that the model established here is effective.

For a further analysis, the inducement of financial slack of listed company is empirically researched from two views: the capital constraint intensity and management background of the listed company. Empirical results show that the financial liability with interest can inhibit financial slack and the financial liability without interest and equity capital is positively correlated with the financial slack. The empirical analysis of management background shows that the age of management team is positively correlated with the financial slack; The average educational background of management team is negatively correlated with the financial slack; And the financial slack of listed company is no significantly related to the sexual distinction and scale of the management team. This implies that the older the management is, the easier to induce financial slack; the higher the level of education is, the more difficult to induce financial slack behavior. But there is no significant relationship between the sexual distinction, the scale of the management and the financial slack. Further analysis of the relationship between the heterogeneity of chairman and financial slack shows: without distinguish between state-owned and non-state-owned property rights, the age of chairman is positively correlated with the financial slack; The educational level of chairman is negatively correlated with the financial slack; The accounting, financial and economic management working experience of chairman is negatively correlated with the financial slack; But the sexual distinction of chairman is not no significantly related to the financial slack, this means that there is no influence to the financial slack whether the chairman is a man or a woman. The sample regression of state-owned and non-state-owned company shows that the influence to the financial slack of chairman's heterogeneity of state-owned and non-state-owned company are significantly different, the influence of heterogeneity of chairman of the state-owned company is significantly higher than that of non-state-owned company. The older the chairman is, he easier to induce financial slack. And it is more apparently in state-owned company. The relationship between financial slack and educational background of chairman, the educational background of chairman of state-owned company is negatively correlated with the financial slack, while the educational background of chairman of non-state-owned company is not significantly related to the financial slack.

Theempirical research of the economic consequences of financial slack show that the internal hoarding financial slack of state holding listed company is significantly higher than that of non-state controlled listed company. The performance of state holding listed company with higher financial slack resources is significantly lower than the non-state controlled listed company with lower higher financial slack resources. It is confirmed that, instead of buffering the negative impact causing by the changeable external environment, the financial slack will lead to the loss of performance for the import of unnecessary agency cost which supports the agency theory of Jensen. The influence of excessive financial slack to the performance fluctuation is evaluated by the standard deviation of earnings per share which has deducted the non-recurring profit and loss. And the result confirmed that the standard deviation of earnings of state-owned company is significantly higher than the non-state-owned company. The excessive financial slack exacerbate the fluctuations of performance and is not conducive for the company to control the credit risk。

Finally, the countermeasures to govern financial slack are put forward. To strengthen the management of financial slack resources of listed company is needed for the precautions risk of financial slack. The internal and external governance mechanisms of listed company need to improve and perfect. The brought in of the mechanism of selecting and appointing professional manager is will also be helpful for the inhibition of the financial slack. In this way, the performance of listed company will improve. The research and results of this thesis enrich the financial management theory, and has a certain theoretical and practical signification.

Keywords: Listed Company; Financial Slack; Financial Slack Behavior; Corporate Performance.

目　錄

第一章　緒論 / 1

1.1　研究背景、問題提出和研究意義 / 1
 1.1.1　研究背景與問題提出 / 1
 1.1.2　研究意義 / 4

1.2　研究對象和研究目標 / 6
 1.2.1　研究對象 / 6
 1.2.2　研究目標 / 7

1.3　研究方法與研究思路 / 7
 1.3.1　研究方法 / 7
 1.3.2　研究思路 / 8

1.4　研究內容與預期可能創新點 / 9
 1.4.1　研究內容 / 9
 1.4.2　創新點 / 10

第二章　文獻綜述 / 11

2.1　財務鬆懈起源與內涵界定 / 12
 2.1.1　財務鬆懈起源 / 12
 2.1.2　財務鬆懈內涵界定 / 14

2.2　財務鬆懈的最優數量與企業經營決策 / 15
 2.2.1　財務鬆懈的最優數量 / 16

  2.2.2 財務鬆懈與企業戰略 / 16
  2.2.3 財務鬆懈與企業創新 / 17
  2.2.4 財務鬆懈與投融資決策 / 18

2.3 財務鬆懈與企業績效 / 19
  2.3.1 線性正相關 / 19
  2.3.2 線性負相關 / 20
  2.3.3 其他非線性關係 / 21

2.4 與財務鬆懈相關或相近的研究比較 / 22
  2.4.1 內涵界定與比較 / 22
  2.4.2 動因分析與比較 / 26
  2.4.3 定量研究與比較 / 31

2.5 現有研究簡評 / 39

第三章 財務鬆懈理論淵源與評析 / 42

3.1 財務鬆懈理論背景 / 42
  3.1.1 「經濟人假設」理論 / 42
  3.1.2 不確定性與風險理論 / 45
  3.1.3 資源基礎理論 / 47
  3.1.4 公司行為理論 / 49
  3.1.5 代理理論 / 51
  3.1.6 優序融資理論 / 53
  3.1.7 權衡理論 / 55

3.2 財務鬆懈理論評析 / 56

第四章 上市公司財務鬆懈行為表徵與影響因素 / 60

4.1 上市公司財務鬆懈行為表徵 / 60
  4.1.1 財務鬆懈行為表徵之一：滯留財務鬆懈資源與委託理財

（委託貸款）／ 60

　　4.1.2　財務鬆懈行為表徵之二：非公允關聯交易／ 70

　　4.1.3　財務鬆懈行為表徵之三：超額支付員工薪酬／ 74

　　4.1.4　財務鬆懈行為表徵之四：過度在職消費／ 77

　　4.1.5　財務鬆懈行為表徵之五：非理性擴張／ 80

　　4.1.6　財務鬆懈行為表徵之六：過度承載社會責任／ 84

4.2　中國上市公司財務鬆懈行為的影響因素／ 88

　　4.2.1　外部因素／ 88

　　4.2.2　內部因素／ 92

第五章　上市公司財務鬆懈行為測度、識別模型構建與檢驗／ 94

5.1　上市公司財務鬆懈行為測度／ 94

　　5.1.1　財務鬆懈行為定量測度：財務指標視角／ 99

　　5.1.2　財務鬆懈行為定性測度：非財務指標視角／ 105

5.2　上市公司財務鬆懈行為識別模型構建與檢驗／ 111

　　5.2.1　指標選取／ 111

　　5.2.2　識別模型構建／ 112

　　5.2.3　財務鬆懈識別模型檢驗／ 114

第六章　上市公司財務鬆懈行為誘因的實證研究／ 128

6.1　上市公司財務鬆懈行為誘因：資本約束視角／ 128

　　6.1.1　引言／ 128

　　6.1.2　文獻回顧、理論分析與研究假設／ 129

　　6.1.3　變量界定、模型設計與樣本選取／ 132

　　6.1.4　變量描述性統計／ 134

　　6.1.5　資本約束與財務鬆懈行為之間的實證檢驗／ 135

　　6.1.6　研究結論／ 136

6.2 上市公司財務鬆懈行為誘因：管理層背景特徵視角 / 137

    6.2.1 引言 / 137

    6.2.2 文獻綜述、理論分析與研究假設 / 138

    6.2.3 研究設計 / 141

    6.2.4 實證結論 / 145

    6.2.5 上市公司管理層背景特徵異質性與財務鬆懈行為進一步考量 / 149

    6.2.6 研究結論 / 152

6.3 上市公司財務鬆懈行為誘因：產品市場競爭 / 153

    6.3.1 引言 / 153

    6.3.2 文獻回顧與假設提出 / 154

    6.3.3 研究設計 / 160

    6.3.4 迴歸分析 / 164

    6.3.5 穩健性檢驗 / 165

    6.3.6 結論 / 165

第七章 上市公司財務鬆懈行為的經濟後果 / 167

7.1 引言 / 167

7.2 文獻綜述、理論分析與研究假設 / 167

    7.2.1 公司行為理論與資源基礎理論 / 167

    7.2.2 代理理論 / 168

    7.2.3 終極控股股東差異 / 169

7.3 研究設計與實證檢驗 / 170

    7.3.1 數據選擇與樣本選取 / 171

    7.3.2 變量界定與模型構建 / 171

    7.3.3 變量描述性統計 / 172

7.3.4 實證分析/174

　　7.3.5 均值 t 檢驗/176

　　7.3.6 迴歸檢驗/177

7.4 研究結論/179

第八章　上市公司財務鬆懈行為治理機制研究／182

8.1 強化上市公司財務鬆懈資源管理，防範財務鬆懈行為風險/182 8.2 完善上市公司治理機制，抑制財務鬆懈行為風險/183

　　8.2.1 完善上市公司外部治理機制/184

　　8.2.2 完善上市公司內部治理機制/184

第九章　主要研究結論與局限性／187

9.1 主要研究結論/187

9.2 局限性與未來研究方向/189

第一章 緒論

1.1 研究背景、問題提出和研究意義

1.1.1 研究背景與問題提出

微軟公司於 1999 年 6 月 30 日披露的財報顯示其擁有現金及短期投資共計 170 億美元，占總資產 370 億美元的 45.95%。當被問及為何留有大量的現金餘額時，首席總裁比爾・蓋茨（Bill Gates）解釋說：「採取這種令人難以置信的保守方法，盡可能在銀行多存些錢以便能支付當年的工資，即使我們沒有任何款項流入公司。」[1] 2011 年 125 家國內創業板上市公司計劃募集資金均值為 2.43 億元，而實際募集資金均值達 5.99 億元，超募資金均值 3.56 億元，部分上市公司在超募資金的利用上，不是補充流動資金就是委託理財。上述國內外資本市場中上市公司內部超額儲備大量閒置現金流異象，促進抑或有損公司績效，引發人們深思。

近年來，美國次貸危機以及近期越演越烈的歐債危機，誘發了全球性金融危機，大量的公司申請破產保護，被迫削減投資規模來應對危機。然而，也有些公司維持良好的財務彈性，在危機中抓住了投資機會與盈利機會。正如國內知名民營企業家任正非不斷告誡公司員工時所言：「華為的冬天是什麼？棉襖是什麼？就是現金流，我們準備的棉襖就是現金流。」[2] 當公司面臨的外部環境發生變化，經營風險驟升，發生財務危機的往往是缺乏財務鬆懈資源、現金流的公司。面臨全球化的激烈競爭，公司間的競爭趨於白熱化，在現金流短缺和不確定性的環境下，儲備適度的財務鬆懈資源，用來應對經營風險與不確定

---

[1] 湯姆・科普蘭，亞倫・多戈爾. 基於預期的績效管理（EBM）[M]. 干勝道，譯. 大連：東北財經大學出版社，2007：128-129.
[2] 冠良. 任正非談管理 [M]. 深圳：海天出版社，2009：175.

性，實現公司可持續健康發展，已成為現代公司亟待解決的關鍵問題。

企業發展歷程分為發展、成長、成熟與衰退等四個階段，是企業生命週期理論的核心內容。國內外學者研究重點主要集中在企業創業發展階段以及衰退階段，而當企業進入企業成長與成熟期，學術界、實務界對創業發展的研究與對衰退階段的研究相比，明顯不足。尤其是，當企業面臨衰退或瀕臨破產邊緣時，這才引起企業所有者、管理層以及學術界學者的高度關注。梳理大量國內外公司財務管理的相關文獻，眾多學者主要關注公司財務危機、公司財務失敗等問題，並形成大量富有成果的研究文獻。例如，比弗（Beaver，1968）首創單一變量財務預警模型，奧特曼（Altman，1968）首次採用多元變量財務預警模型（簡稱 Z-Score 模型），奧爾森（Ohlson，1980）最早在財務預警模型研究中應用條件概率模型（Conditional Probability Analysis Model）以及以數量統計方法和計算機技術為依託的人工神經網路分析模型。但是，企業在發生財務困境之前，企業已經經歷初始創業期、成長期與成熟期，在成長與成熟期間，企業組織內部已經累積沉澱大量冗餘資源（資源冗餘、財務冗餘、技術冗餘、人力資源冗餘等），這些資源卻沒有引起所有者和管理層的高度關注，大部分企業存在未指明用途的閒置（冗餘）資源，財務報表表現為流動性奇高、有息負債率偏低甚至為零，資源配置無效率。由於現代企業製度兩權分離特質及管理層尋租等客觀或主觀上的原因，企業內部大量滯留冗餘資源，這些資源會誘生管理層貪圖享樂、懈怠、在職消費等鬆懈行為，一旦遭遇宏觀經營環境巨變，企業無從應對，最終走向破產。

經歷初始創業，不斷成長與進入成熟期是大部分企業的典型特徵。企業在初始創業時期，面對缺乏資金、技術、員工、市場等重重困境，企業初始創業人員能夠眾志成城，歷經千辛萬苦，克服各種困難，使企業由無變有、由小變大，逐步在競爭異常激烈的市場中佔有一席之地。但是，一旦企業步入正軌，一些企業很難再見到始創時期，企業所有者、管理層以及基層員工那種艱苦奮鬥、臥薪嘗膽、眾志成城等的創業精神，取而代之的是勾心鬥角、組織渙散、思想鬆懈、毫無鬥志，有資料記載中國民營企業平均壽命僅為 3.5 年。雖然企業從創立到成長，再從成熟到衰退，受國家宏觀經濟環境、企業中長期戰略決策、市場環境等諸多「天災」因素影響，但是思想鬆懈、貪圖享樂、不思進取等「人禍」因素不容忽視。正所謂「萬里江山千鈞擔，守業更比創業難」。

經濟全球化、信息化、技術進步、市場競爭等因素導致企業所面臨的環境日趨不確定。以經濟全球化為視角，世界經濟與區域經濟趨向一體化融合，企業經營活動面臨商品、服務、人員、技術、信息的跨國大流動必然是大勢所

趨,跨國企業的國籍界限越來越模糊,各國經濟波動、政策變動、技術進步、市場波動等均會直接或間接加劇企業所面臨環境的不確定程度。信息化步伐與技術創新進一步導致企業環境不確定增強,一方面,信息化促進經濟快速增長,同時也促進企業與環境緊密連接,經濟急遽波動的風險加大;另一方面,技術創新促進技術更加快速變化,從而導致企業產品生命週期縮短,產業組織與產品更新換代變化加快,企業經營環境更為多變。中國自加入WTO以來,企業的經營環境的不確定性越來越強,尤其是美國次貸危機與歐債危機所誘發的全球性金融危機給中國企業所帶來更多的不確定性,企業面臨著國家經濟政策不斷調整、人民幣升值、通貨膨脹等諸多不確定性因素,為避免環境不確定性給企業帶來的不利影響,唯有提前謀劃企業的經營戰略、調整企業投融資方向。但是,不論是經營戰略還是投融資決策,都離不開企業先前儲備的財務鬆懈資源,正所謂「手中有糧,心中不慌」。

　　面對高度不確定性的環境,一定量的財務鬆懈資源顯得尤為重要,同時也為企業管理層滯留財務鬆懈資源找到了美麗的「謊言」。現代企業典型特質為控製權與經營權分離,如何使所有者與管理層的目標達到一致,從而實現企業價值最大化,一直以來,這是國內外公司治理孜孜不倦追求的方向。亞當・斯密在《國富論》中經典論述:「股份制公司的董事管理著別人的錢而不是自己的,不能指望他們會像私人合夥公司的合夥者一樣時刻警覺、謹慎地經營著自己的財富。就像是財主的管家,他們經常關心一些與主人利益無關的瑣事,卻不認為自己失職。因此,不論嚴重與否,粗心大意和揮霍浪費都會在這樣的公司管理層中滋生。」[1] 在股份公司的業務管理中,漫不經心、浪費與鬆懈總是無所不在,企業為應對不確定性而儲備的財務鬆懈資源給管理層的在職消費、財務鬆懈行為提供了「溫床」。

　　中國的資本市場是新興加轉軌的市場,雖然經過20多年的快速發展,為中國經濟快速、可持續發展提供了強有力保障。但與美國等西方成熟市場相比,不僅在製度建設、資本市場規模、上市公司治理等方面存在一定差距。而且上市公司股權結構不合理、產品與市場壟斷、地方保護、內部人控制、投資者權益保護等不合理現象在中國資本市場依然存在。失效的競爭機制、弱化的約束機制、不健全的激勵機制等,造成了資本市場資源在中國資本市場配置效率低下和管理層財務鬆懈行為現象嚴重。管理層注重眼前利益,從而犧牲企業

---

[1] M C Jensen, W H Meckling. Theory of the Firm: Managerial Behavior, Agency Costs and Ownership Structure [J]. Journal of Financial Economics,1976,3:305-360.

的長遠利益，嚴重影響了企業長遠發展。深層次問題和矛盾在資本市場發展中的逐步顯現，影響了中國資本市場的健康發展。

梳理現有研究文獻，國內外學者的研究更多地關注衰退階段的財務危機預警機制。而能否按照企業生命週期理論，將研究前置到企業的成長與成熟階段？財務鬆懈具體內涵及形成機理如何？能否借鑑企業財務危機模型建立企業財務鬆懈識別模型，提前判定企業財務鬆懈行為以及企業財務鬆懈程度？財務鬆懈與公司治理結構是否有內在聯繫？財務鬆懈如何影響企業投資？企業財務鬆懈行為影響了企業業績還是企業業績影響了財務鬆懈？面對日益劇烈的競爭和資源約束的巨大壓力，處於複雜動盪轉型經濟環境中的中國企業的管理者，如何充分開發利用好企業的財務鬆懈資源改進公司業績，這對提高中國企業競爭力具有非常重要的意義。本文研究切入點見圖1-1。

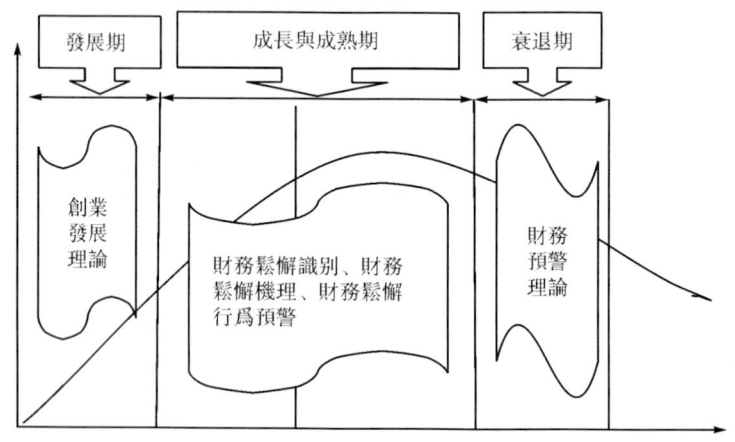

圖1-1 企業生命週期理論與財務鬆懈研究切入點示意圖

1.1.2 研究意義

2007年美國次貸危機與2010年歐債危機引發了全球性金融危機，並對全球實體經濟帶來巨大衝擊，部分企業因缺乏彈性而遭受滅頂之災，但也有部分企業利用先期儲備的財務冗餘資源，抓住了投資機會，實現了企業健康、可持續發展。近年來，有關財務彈性、財務鬆懈等內容的研究日益得到國際財務理論界與實務界的廣泛重視與關注。但與其他財務理論相比，財務鬆懈理論研究尚屬相對新興的研究領域。中國上市公司發展歷程與西方發達經濟體相比，不論是規模、製度建設，還是公司治理、激勵機制等方面，均存在一定差距。由國有企業改制而來的大部分中國上市公司中，公司治理結構仍然存在較多問

題。主要表現在股權結構不合理，國有股權高度集中，「一股獨大」局面依然存在；董事會成員職責不清，董事會成員與公司高層經理人員的重疊現象、獨立董事不獨立等嚴重限制董事會自身功能的有效發揮；公司監督機制不完善，內部人控制現象使上市公司監事會只能起到「裝飾」作用。因此，全面、系統地研究中國上市公司財務鬆懈行為具有一定的理論與現實意義。

1.1.2.1 理論層面

本書研究以組織行為理論、資源基礎理論、心理學理論、社會學理論、預期理論等為理論基礎，結合信息不對稱理論、委託代理理論、啄食順序理論、權衡理論等現代財務主流理論，分析上市公司財務鬆懈行為形成的背景、誘因、影響因素、作用機理以及財務鬆懈行為的經濟後果，並比較公司財務保守、財務彈性、自由現金流量與財務鬆懈之間的區別與聯繫。具體來說，本書的理論研究有助於豐富組織冗餘（鬆懈）理論、委託代理理論、融資優序理論、組織行為理論和權衡理論。財務鬆懈（Financial Slack，國內部分學者譯為「財務冗餘、財務鬆弛」）是企業組織鬆懈的重要組成部分，眾多文獻主要研究組織鬆懈，而系統、全面研究財務鬆懈的相對鮮見，然而以整體的財務政策為視角，研究財務鬆懈更符合現代公司的現實需要。組織鬆懈文獻研究認為，在資源約束的情境下，企業鬆懈資源能夠用於公司試驗新的戰略和創新項目。希爾特和麥切（Cyert & March, 1963）、伯杰瓦（Bourgeois, 1981）認為鬆懈是一種過量的，能隨意使用的資源，鬆懈資源是一種現實或潛在的應對環境變化的資源緩衝物（Buffers）[①]。而代理理論認為，財務鬆懈資源是組織一項「贅肉」，由於現代企業的兩權分離，管理層存在自利行為，企業鬆懈資源會成為管理層進行在職消費等不利於企業價值最大化行為的主要影響因素。學術界對財務鬆懈資源的研究，形成兩種具有代表性的對立觀點，反對者將財務鬆懈資源視同企業的一項不必要的成本，有損企業績效；支持者認為，財務鬆懈資源能改善組織內部利益聯盟之間的合作，消除組織目標衝突，有利於組織創新，增強企業應變外界經營環境突變的能力，有利於提高組織績效。本書利用已有相關文獻，重點分析組織鬆懈核心組成部分——財務鬆懈，利用組織鬆懈理論、代理理論和權衡理論，分析財務鬆懈行為的誘生因素、財務鬆懈行為的經濟後果以及治理上市公司財務鬆懈行為的措施等。因此，研究財務鬆懈具有重要意義，一是可以進一步豐富現有資源基礎理論、組織行為理論、組織鬆

---

① R M Cyert, J G March. A Behavioral Theory of the Firm [M]. New Jersey: Prentice-Hall, 1963.

懈理論、代理理論和權衡理論等；二是有利於豐富和發展財務管理理論。縱觀國內外研究，大部分學者重點集中研究財務危機預警、財務失敗等相關財務管理內容，往往忽視企業財務鬆懈研究。當企業進入高速成長時期，企業管理層往往淡化財務鬆懈管理，盲目樂觀，過度投資，一旦企業陷入困境，再想進行財務危機管理，為時已晚。迄今為止，中國財務研究人員對財務鬆懈研究甚少，因此對企業財務鬆懈的因素、作用機理與經濟後果等缺乏應有的理論支持和實踐指導。因此，可以說，關於財務鬆懈行為的專題研究對於中國財務管理理論的健全與完善具有重大的意義。

1.1.2.2 實踐層面

中國資本市場發展 20 多年以來，為企業不斷發展、壯大籌集了大量資金，為國家經濟建設作出應有的貢獻，但是，新興加轉型是中國目前典型的經濟特徵，資本市場尚存在許多製度性、體制性等方面的缺陷，公司治理機制與激勵機制的完善程度與西方成熟經濟體尚存在一定差距，上述諸多因素均有能誘生中國上市公司產生有損股東價值、利益相關者利益等方面的財務鬆懈行為。上市公司過度的財務鬆懈會誘發管理層不思進取、思想懈怠、過度投資或投資不足以及公司財務鬆懈資源泛濫；上市公司財務鬆懈資源過度缺乏，會加大管理層經營壓力，不易抓住稍縱即逝的投資機會，因此，適度的財務鬆懈才是公司所追求的效果，既杜絕資源過度鬆懈誘發管理層敗德行為，又避免投資機會來臨而沒有鬆懈資源擴大公司投資，這對中國上市公司具有很強的現實指導意義。

1.2 研究對象和研究目標

1.2.1 研究對象

中國上市公司經過 20 多年的發展，規模逐漸擴大，製度建設逐漸規範，為國家經濟建設作出重大貢獻。近年來，中國證券監督管理委員會作為中國上市公司的直接管理部門，不斷出抬相關製度，規範上市公司管理。中國會計與審計準則也逐漸與國際趨同，上市公司信息披露製度也日益完善。與此同時，國內部分信息諮詢公司不斷開發數據庫，如國泰安信息技術有限公司開發的中國上市公司數據庫，Wind 資訊系統等，這都為研究中國上市公司財務鬆懈行為提供了上市公司數據支持。因此，本書研究以中國滬深證券交易所上市交易的上市公司為主要研究對象。

1.2.2 研究目標

本書研究以組織冗餘理論、組織行為理論、預期理論、代理理論、權衡理論等理論為背景，通過比較企業財務彈性、財務柔性、財務保守等財務行為，在國內外理論和實踐基礎上，運用規範研究與實證研究、案例研究相結合的研究方法，深度揭示上市公司財務鬆懈行為。本書研究的具體目標如下：

(1) 研究財務鬆懈的內涵界定、測度、理論背景與作用機理。
(2) 研究財務鬆懈的表現形式以及影響因素，構建財務鬆懈度識別模型。
(3) 研究上市公司財務鬆懈行為對公司績效的影響。
(4) 上市公司財務鬆懈行為的治理對策研究。

1.3 研究方法與研究思路

1.3.1 研究方法

合理、科學的研究方法是研究成功的關鍵因素，本書研究主要採用以下兩種研究方法。

1.3.1.1 規範研究與經驗研究相結合

研究領域應用的研究方法多種多樣，但不可否認的是，規範研究與經驗研究方法是目前研究領域的主流研究方法。規範研究是以價值判斷為準繩，提出具體標準作為研究經濟現象的依據，進而達到具體目的，並提出與之對應的政策、措施與建議，規範研究主要解決「應該什麼樣」的問題；而經驗研究不受價值判斷標準或倫理構念等已有理念、理論的約束，經驗研究運用適當的數理統計計量等工具，分析經濟活動過程中所呈現出來的各種經濟現象，並給予科學、客觀、合理的描述與闡述，經驗研究主要解決「是什麼」的問題。規範研究與經驗研究引入到會計學研究領域，則稱為規範會計研究與經驗（實證）會計研究。國內外學者研究認為，兩種研究方法各有利弊。如於玉林（2009）認為，「會計研究中的實證會計研究與系統會計研究是會計研究的兩種形式或兩種研究模式，這兩種研究模式在很多方面具有共性，如以一定理論為指導，根據客觀需要確定研究任務，提出理論前提（假設），搜集資料，採用相應的研究方法，進行分析、對理論進行檢驗等。實證會計研究與系統會計研究在共性的基礎上，雖然存在差異但可以發揮各自特點，在研究任務、研究方法、研究資料等方面相互協調、相互借鑑，以便在會計理論與會計學科建設

中發揮會計研究的重大作用」[①]。因此，本研究通過實證研究，對中國上市公司在一定環境下的財務鬆懈行為進行客觀的分析與描述，從而明確中國上市公司財務鬆懈行為狀況，並以此為研究基礎，根據中國上市公司財務鬆懈行為的現狀，應用規範分析，探析中國上市公司財務鬆懈行為，進而提出治理中國上市公司財務鬆懈行為相關政策建議。

1.3.1.2　歸納法與演繹法相結合

「歸納法是從認識個別的、特殊的事物推出一般原理或普遍事物，而演繹法則由一般或普遍到個別。歸納是一種或然性的推理，而演繹則是一種必然性推理。歸納法和演繹法二者可以相互補充、相互滲透，並在一定條件下相互轉化。因此，本書研究通過演繹法界定上市公司財務鬆懈行為的內涵，按其內涵搜集中國上市公司在經營過程中的財務鬆懈行為，並利用經驗研究方法，分析上市公司財務鬆懈行為的經濟後果。著重根據現有理論知識背景，全面界定財務鬆懈行為內涵，並揭示財務鬆懈行為在上市公司的表現形式，並根據實證結論提出治理上市公司財務鬆懈行為的相關措施與政策；本書在研究中還不斷穿插歸納法，利用上市公司財務鬆懈案例驗證財務鬆懈行為給上市公司帶來的經濟後果，由此歸納並驗證財務鬆懈行為內涵。

1.3.2　研究思路

本書研究運用資源基礎理論、組織行為理論、信息經濟學、委託代理理論、優序融資理論、權衡理論、信息不對稱理論等現代微觀經濟理論，結合管理學、財務學、政治經濟學等基礎知識，運用歸納法與演繹法、規範研究與經驗研究等多種研究方法，多視角對中國上市公司財務鬆懈行為進行研究。本書研究按如下思路展開：首先，對上市公司財務鬆懈行為進行理論背景分析，探索財務鬆懈行為的理論淵源，在厘清財務鬆懈理論的基礎上，界定上市公司財務鬆懈行為的內涵。通過對國內外財務鬆懈研究文獻進行系統分析以及比較上市公司自由現金流量、財務保守、財務柔性與財務鬆懈的異同，來確定上市公司財務鬆懈行為研究切入點；其次，根據財務鬆懈行為的表現形式與內涵特質，構建識別財務鬆懈行為模型，利用中國上市公司年報財務數據驗證所構建的模型有效性。在識別出上市公司財務鬆懈行為的基礎上，探索財務鬆懈行為的影響因素；再次，利用影響財務鬆懈行為的因素實證研究財務鬆懈行為對上市公司績效的影響路徑；最後，針對上市公司財務鬆懈行為提出治理措施。

[①]　於玉林. 實證會計研究與系統會計研究 [J]. 會計研究，2009 (9)：42-50.

1.4 研究內容與預期可能創新點

1.4.1 研究內容

本書針對中國上市公司財務鬆懈行為進行全面系統研究，通過梳理現有研究中比較豐富的財務彈性、自由現金流量、財務保守的研究成果，分析財務鬆懈、財務彈性、財務保守與自由現金流量之間的內在聯繫，從而系統地界定財務鬆懈行為內涵。本書研究從資源基礎理論、公司行為理論、代理理論、權衡理論、信息不對稱理論等視角，揭示誘生上市公司財務鬆懈行為的理論淵源，剖析中國上市公司財務鬆懈行為產生的理論背景；本書研究以中國滬深A股上市交易的上市公司為研究對象，全面系統地研究中國上市公司存在的財務鬆懈行為，利用上市公司披露的財務報告，構建財務指標體系，測度中國上市公司財務鬆懈行為，借鑑波士頓矩陣思想，構建財務鬆懈識別模型，並以中國上市公司為研究樣本，檢驗財務鬆懈識別模型的有效性，從而識別存在財務鬆懈行為的上市公司；本書研究從上市公司資本約束與管理層背景特徵為視角，揭示中國上市公司發生財務鬆懈行為的誘因，並以財務鬆懈為解釋變量，分析財務鬆懈是促進上市公司績效提升還是有損上市公司績效，最後針對研究結論，提出治理中國上市公司財務鬆懈行為的相關對策與建議，從而提高上市公司財務資源有效配置，實現中國上市公司的可持續發展。具體而言，本文研究的主要內容如下：

第一部分：全文的研究背景、研究問題、研究意義與研究目的，簡要闡述研究方法、研究內容等。

第二部分：對國內外與財務鬆懈相關或相近的研究文獻進行回顧，通過對與財務鬆懈相近的諸如自由現金流量、財務彈性與財務保守等相關研究成果進行比較，揭示研究財務鬆懈的方向。

第三部分：從「經濟人」假設、資源基礎、公司行為、代理等相關理論視角出發，剖析財務鬆懈行為的理論淵源。

第四部分：以中國上市公司為研究背景，全面分析中國上市公司存在的財務鬆懈行為，分析上市公司財務鬆懈行為的表徵及財務鬆懈行為的誘生因素。

第五部分：通過上市公司財務指標與非財務指標，對財務鬆懈行為進行定量與定性兩維視角的度量與測度。以財務鬆懈定量測度的財務指標為基礎，構建財務鬆懈識別模型，並驗證模型的有效性。

第六部分：以上市公司資本約束與管理層背景特徵為視角，實證研究財務鬆懈行為的誘因，並以財務鬆懈為解釋變量，實證研究財務鬆懈的經濟後果。

第七部分：針對中國上市公司財務鬆懈行為誘生背景，提出相應治理對策。

第八部分：對全文進行總結。

本書的研究框架示意圖如圖 1-2：

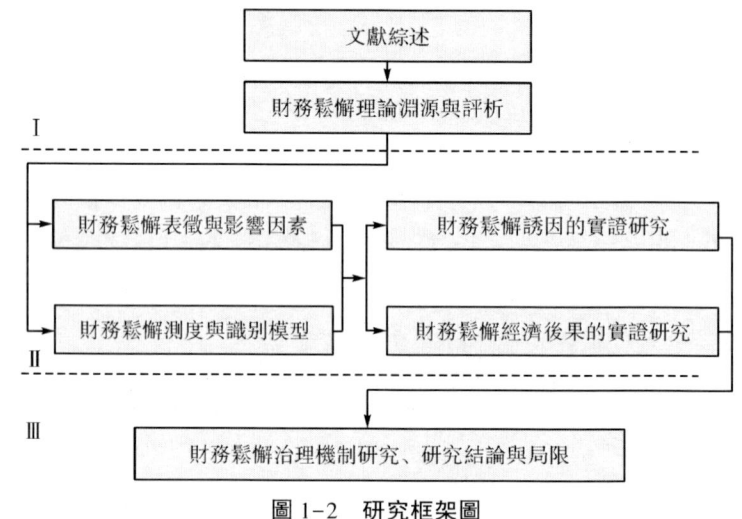

圖 1-2 研究框架圖

1.4.2 創新點

本書的創新點主要在以下幾個方面：

第一，在委託代理、資源基礎、公司行為等理論基礎上，借鑑財務行為理論，界定財務鬆懈行為的內涵與動因，厘清財務鬆懈、財務彈性與財務保守等相關概念的區別與聯繫；並利用財務與非財務指標構建財務鬆懈測度和合理性評價體系。

第二，構建上市公司財務鬆懈行為識別模型，並利用中國上市公司財務數據驗證財務鬆懈行為識別模型的有效性。

第三，從資本約束強度、上市公司管理層背景特徵、終極控股股東差異等視角，實證上市公司財務鬆懈行為的誘生因素，並檢驗上市公司財務鬆懈行為的經濟後果。

第二章 文獻綜述

索科和沃博達（Soko & Volberda, 2008）認為，在高度動態的競爭環境中，企業超額利潤不再源自專門化的慣例，而是來自企業的彈性化能力，高績效表現的企業必須具備極強彈性化能力[1]。美國次貸危機和歐洲主權債務危機波及全球，誘發全球金融危機，對新興經濟體影響深遠，財務鬆懈資源不足、缺乏彈性的部分實體經濟，應變經濟環境突變（波動）的能力較弱，從而不得不削減企業投資規模，部分企業申請破產保護甚至破產倒閉；相反，財務鬆懈充足、現金流充溢、有息負債率低下的企業，因為具有較高財務彈性，所以能在外部環境突變中，尋找到新的投資和盈利機會。通過梳理國外相關文獻，筆者發現國外學者從不同理論視角對財務鬆懈進行了研究，資源基礎理論（Penrose, 1959）和公司行為理論（Cyert & March, 1963）認為，在快速變革的經濟發展中，財務鬆懈扮演著穩定公司績效，促使公司適應外部環境的角色，它有利於提高公司績效[2]。然而代理理論（Jensen & Meckling, 1976）卻認為，在企業所有權與經營權相分離且信息不對稱存在的情況下，財務鬆懈容易誘發管理層進行在職消費、過度投資等自利行為，從而產生代理成本，形成低效率，不利於提高公司績效[3]。這兩種觀點的不同體現在：前者將管理者定義為能自主利用財務鬆懈促進變革、提高績效的引領者；而後者，管理者僅僅被看成是代理者，他們為股東管理並組織生產，但同時更希望利用財務鬆懈來尋求自身利益最大化[4]。

充足的財務鬆懈可以讓企業管理層從容面對外部競爭以及宏觀經濟環境波

---

[1] 趙華，張鼎祖. 企業財務柔性的本原屬性研究 [J]. 會計研究, 2010 (6): 62-70.

[2] R M Cyert, J G March. A Behavioral Theory of the Firm [M]. New Jersey: Prentice-Hall. 1963: 89-98.

[3] M C Jensen, W H Meckling. Theory of the Firm: Managerial Behavior, Agency Costs and Ownership Structure [J]. Journal of Financial Economics. 1976, 3: 305-360.

[4] 王文兵，干勝道，段華友. 終極控股股東差異、財務鬆懈與公司績效——來自2007—2011年中國證券市場的經驗證據 [J]. 財經理論與實踐, 2013 (1): 52-56.

動，並能合理規避風險，抓住新的投資與獲利機遇，為企業可持續發展奠定堅實的基礎；但是，過度的財務鬆懈，容易誘發管理層過度使用自由裁量權進行在職消費、過度投資或投資不足等行為，有損企業績效。本文通過梳理國內外相關文獻，追溯財務鬆懈的起源，分析財務鬆懈對企業戰略、企業投融資決策、企業收益分配的影響，以及進行財務鬆懈如何影響企業績效的研究，以期引起國內學者和企業管理層對財務鬆懈的關注。由於中國屬於新興經濟體，經濟正處於轉型期，因此，加強企業財務鬆懈研究，理論上可以拓展豐富企業財務行為理論；實踐上可以促進企業改善財務資源配置，提高企業績效，積極應對金融危機、外部環境突變和自身系統的不確定性給企業帶來的不利影響。

2.1　財務鬆懈起源與內涵界定

2.1.1　財務鬆懈起源

財務鬆懈是組織鬆懈（Organizational Slack）的重要組成部分。巴納德（Barnard）於 1938 年在他的著作中對鬆懈的作用進行了研究，但是「鬆懈」（Slack）一詞是麥切（March）和西蒙（Simon）於 1958 年首次第提出。伊迪絲·彭羅斯（Edith Penrose，1959）在《企業成長理論》著作中論述企業鬆懈資源（閒置資源）源於企業的增長過程，根據企業成長理論，企業都有某些生產資源，企業用這些資源提供的服務來利用它所面臨的生產機會。企業之所以存在增長機會，是因為閒置的生產性服務總是存在企業內部，企業可以利用這些閒置的生產性服務來發展企業新的生產業務領域，也有可能繼續利用這些閒置的生產性服務來發展企業原有的業務。企業之所以存在閒置資源，主要是因為閒置資源的不可分割性。因此，即便在管理力量不變，不降低企業原有的經營效率的情況下，企業擴張仍有可能利用到管理服務。隨著各項業務領域的建成與成熟，管理、營運等日趨成熟，並趨向常規化，企業對原有的管理資源需求規模將逐漸減少。可以說，至少在一定範圍內，企業的管理力量會隨之被擴大，已經形成的、現有的經驗，可以傳授給新任管理層；但是，管理服務重新定向的速度越快，每個新任經理給總的管理服務帶來的增量就下降得越快（彭羅斯（Penrose）效應）①。希爾特和麥切（Cyert & March，1973）認為，儲

---

① 路易斯·普特慢，蘭德爾·克羅茨納．企業的經濟性質 [M]．孫經緯，譯．上海：上海財經大學出版社．2009：151-152.

備在企業組織內部並超出組織維持正常運轉的實際需要的資源被稱為鬆懈資源，這些資源被組織聯盟或組織個人佔有或利用，或被組織用來緩衝外部環境突變對組織的衝擊。由此可知，組織實際已經購買的鬆懈資源是超出組織實際營運需要的多餘資源，是組織目前現有的資源與已維持組織正常運轉且發揮正常作用的資源之間的差額；在好年景累積的一部分富餘資源以及未開發的產品或市場機會，因各種因素影響，組織不可能全部且充分應用其擁有的所有資源。這些未利用的機會和閒置資源，會隨著市場環境變化，逐漸作為組織應對外部不景氣時期的一種緩衝器。鬆懈資源能夠平滑組織績效劇烈波動，在經濟不景氣期間能延緩組織績效下滑。伯杰瓦（Bourgeois，1981）將組織中一種潛在的、實際的，並應對環境變化的資源緩衝物作為閒置資源，它可以幫助組織有效地應對組織外部宏觀政策改變以及組織內部調整所引發的壓力，並促使組織進行產品、市場等戰略變革[1]。諾里亞和古拉蒂（Nohria & Gulati，1996）認為，鬆懈資源是超出組織在生產一種給定水平的產出時，組織必須投入最低的資源而產生的資源累積[2]。格林利和奧特邁吉（Greenley & Oktemgil，1998）研究發現，鬆懈資源是沒有被企業組織優化利用的，這種資源有利於企業增值並應對、緩衝環境變化[3]。喬治（George，2005）認為鬆懈是潛在資源，可以被組織利用，組織通過轉化和利用這些資源，能夠實現企業組織的目標，因而鬆懈資源是相對的和暫時的[4]。蓋革和麥克瑞（Geiger & Makri，2006）指出，鬆懈資源是超出給定水平產出量所需最小投入部分的資源，企業組織可獲得，以及已經進入企業組織生產流程之中，但可以被組織重新利用的資源[5]。斯密塞克（Simsek，2007）等學者認為，鬆懈資源是管理層可以自由支配的並超出公司現實業務實際需要的過剩資源[6]。邁耶（Meyer，1982）將財務鬆懈、技

---

[1] Bourgeois L J. On the Measurement of Organizational Slack [J]. Academy of Management Review, 1981, 6 (1): 29-39.

[2] Nohria N, Gulati R. Is Slack Good or Bad for Innovation? [J]. Academy of Management Journal, 1996, 39 (5): 1245-1264.

[3] Greenly G E, Oktemgil M. A Comparison of Slack Resources in High and Low Performing British Companies [J]. Journal of Management Studies, 1998, 35 (3): 377-398.

[4] George G. Slack Resources and the Performance of Privately Held Firms [J]. Academy of Management Journal, 2005, 48 (4): 661-676.

[5] Gerger S W, Makri M. Exploration and Exploitation Innovation Process: The Role of Organizational Slack in R&D Intensive Firms [J]. Journal of High Technology Management Research, 2006, 17 (1): 97-108.

[6] Simsek Z, Veiga J F, Lubatkin M H The Impact of Managerial Environmental Perceptions on Corporate Entrepreneurship: Towards Understanding Discretionary Slack's Pivotal Role [J]. Journal of Management Studies, 2007, 16 (1): 3-27.

術鬆懈與人力資源鬆懈等作為組織鬆懈的幾類形式①。因此，從上述研究文獻可以看出，財務鬆懈是組織鬆懈的一種表現形式並起源於組織鬆懈。

2.1.2 財務鬆懈內涵界定

學術上首次提到財務鬆懈（Financial Slack），是梅耶斯（Myers，1984）在論述新融資優序理論時提出的，企業必須具有足夠的財務鬆懈，才能保證企業在籌措外部資本時優先採用債務融資，這是融資優序理論成立的一個前提條件，並指出企業現金餘額、短期證券以及發行無風險債的能力之和為財務鬆懈②。從組織理論出發，「財務資源超出維持組織所需要的那部分資源，是過多的財務資源」③（Ang & Straub，1998）。「財務鬆懈是組織已經獲得，但並沒有指定用於必要的消費，企業管理層可以自主使用，是組織冗餘資源的一種主要形式」④（Dimick & Murray，1978）。梅耶斯和麥吉羅夫（Myers & Majluf，1984）以信息不對稱為視角，認為流動資產以及超過滿足目前的經營和債務還本付息需要的無風險借貸能力就是財務鬆懈。詹森（1986）在論述代自由現金流量時，涉及財務鬆懈，認為超出正的淨現值項目所需的多餘的現金流量為自由現金流，此處的多餘現金流被視同為財務鬆懈。因為自由現金流量和財務鬆懈均具有獨特而精確的內涵，所以斯密斯和科姆（Smith & Kim，1994）一致認為，想從經驗上區分兩者的概念，是非常困難的⑤。多納恩（Donaldson，1984）、布瑞勒（Brunner，1988）、阿勒（Allen，2000）、坎特斯（Triantis，2000）等學者也對財務鬆懈內涵進行了有益探索。如布瑞伊勒等（Brealey，et al，2000）將企業的現金、短期可變現的有價證券及其他資產、備用舉債能力、隨時獲得最低的融資等界定為財務鬆懈的內涵⑥。在《公司財務理論主流》專著論述優序融資理論時，沈藝峰、沈洪濤（2004）將「Financial Slack」譯為「閒置財務資產」，並指出「企業現金餘額、短期證券以及發行無風險債

---

① Meyer A D. Adapting to Environment Jolts [J]. Administrative Science Quarterly，1982，27：515-537.

② Myers S C. The Capital Structure Puzzle [J]. Journal of Finance，1984，39（3）：575-592.

③ S Ang，D W Straub. Production and Transaction Economies and IS Outsourcing: A Study of the U. S. Banking Industry [J]. MIS Quarterly，1998，22，535-552.

④ D E Dimick，V V Murray. Correlates of Substantive Policy Decisions in Organizations: The Case of Human Resource Management [J]. Academy of Management Journal，1978，21：611-623.

⑤ Smith R L，Kim J H. The combined effects of free cash flow and financial slack on bidder and target stock returns [J]. Journal of Business. 1994，67（2）：281-310.

⑥ Brealey R，Myers S，Partington G，et al. Principles of Corporate Finance [M]. 1st Australian edu. McGraw-Hill，Sydney：New South Wales，2000.

的能力之和稱為閒置財務資產」[1]。「Financial Slack」被畢曉方、姜寶強（2010），顧乃康、萬小勇、陳輝（2011）譯為「財務鬆弛」。最早由邁耶斯和麥吉羅夫（1984）提出的財務鬆弛是組織冗餘的重要組成部分，現金與負債鬆弛政策組成了財務鬆弛政策。財務鬆弛程度可以反應企業低風險地滿足資金需求的能力，企業財務靈活性直接體現了財務鬆弛程度[2]。也有學者將「Financial Slack」譯為「財務冗餘」，如鐘和平、張旭梅、方潤生（2008），劉春林、李曉翔（2011、2013）等，他們還對財務冗餘進行了內涵界定，即無風險借貸能力可以動用的資金超過企業現有營運和債務需要的流動資金的部分為財務冗餘，它可以使企業在不用擔心風險問題下，自由追逐具有正的淨現值的投資機會。羅宏、郝以雪（2011）結合國外研究成果進行分析，認為財務鬆懈是以應對經營環境、財務環境的動態變化和防範風險為直接目標，以影響企業戰略、融資、投資、創新及管理者決策為路徑，以經營業績和價值創造為結果的一種綜合能力的體現[3]。

國外學者界定財務鬆懈內涵，主要基於組織理論和代理理論研究視角，而國內研究學者界定財務鬆懈內涵基本是借鑑國外研究成果，因此至今尚無統一內涵。財務鬆懈按照組織理論視角分析是指企業維持正常運轉所需要的財務資源的富餘資源；從代理理論視角分析，財務鬆懈是自由現金流量的主要組成部分，認為財務鬆懈是企業的多餘資金，是誘發管理層自利的主要因素，認為財務鬆懈就是自由現金流量；按照財務鬆懈的表徵形式，財務鬆懈包括現金、現金等價物、有價證券、隨時可出售的其他資產以及企業為後續發展而儲備的發行債券、向金融機構舉債的能力。按邏輯學常識，對所定義對象的內涵和外延做出明確界定，才能界定一個合適的概念定義。上述財務鬆懈內涵僅是學者從不同研究視角並按其表徵形式進行界定，因此缺乏嚴謹的理論基礎。

2.2 財務鬆懈的最優數量與企業經營決策

財務鬆懈被組織理論界定為解決組織內部矛盾、緩衝組織外部環境波動以

---

[1] 沈藝峰，沈洪濤. 公司財務理論主流 [M]. 大連：東北財經大學出版社，2004：30.
[2] 畢曉方，姜寶強. 財務鬆弛對公司業績的影響研究——基於融資約束和代理成本的視角 [J]. 商業經濟與管理，2010（4）：84-89.
[3] 羅宏，郝以雪. 財務冗餘與企業價值創造——內在機理與實現方式 [J]. 當代會計評論，2011，3（2）：66-79.

及推動組織創新的工具；而代理理論卻認為過多的財務鬆懈給組織帶來不必要的浪費以及低效率。面對上述兩種截然不同的觀點，國內外學者試圖找出財務鬆懈的最優數量以及財務鬆懈對企業經營決策的影響。

2.2.1 財務鬆懈的最優數量

學術界已經意識到財務鬆懈的重要性，但是，任何資源的過多或過少都影響企業價值最大化的實現，影響企業的可持續發展，因此，國內外學者廣泛關注企業財務鬆懈資源是否存在最優數量。針對此類問題，國內外學者從確定企業持有現金餘額的最優數量及最優的債務政策等兩個方面直接或間接研究的財務鬆懈的最優數量。塞泊澤和張（Sapriza & Zhang，2004）通過評估企業財務彈性對企業價值的影響來間接證實企業存在最優數量的財務彈性[1]，而亨利斯和瓦迪特（Hennessy & Whited，2005）從企業財務政策安排視角研究了企業存在最優的財務政策[2]。國內學者羅宏、郝以雪（2011）借鑑了莫耶（Moyen，2004）的最優投資決策、融資決策，亨利斯和瓦迪特（2005）的財務彈性評估以及塞泊澤和張（2004）的最優財務政策的研究思路，分析企業稅、個人所得稅以及外部融資成本的變化，同時引入債務發行成本，用折舊後的價值貼現計算資本，構建最優財務鬆懈數量動態規劃模型，經模型推導，發現企業的債務政策和現金餘額保留政策都存在一個最優值，從而證明企業財務鬆懈中的現金資源部分有一個最優值[3]。

由於企業財務鬆懈的數量受宏觀經濟政策、行業規模、產品市場競爭程度、企業經營政策、管理層經營風格等多種因素影響，財務鬆懈的數量又是一個不斷變化的動態數值，學術界又缺乏財務鬆懈的計量測度研究，因此，不論是在理論上還是實踐上，都有很大難度準確確定企業財務鬆懈的最優數量。從上述國內外對財務鬆懈最優數量的研究文獻中可以看出，理論上雖然可以證實存在財務鬆懈最優值，但是在實踐上很難操作。

2.2.2 財務鬆懈資源與企業戰略

摩西斯（Moses，1992）認為，當企業財務與經營環境運行良好時，財務

---

[1] Sapriza H, Zhang L. A neoclassical model of financially constrained stock returns [J]. Working Paper, AFA2005 Philadephia Meetings.

[2] Hennessy C A, Whited T M. Debt Dynamics [J]. Journal of Finance, 2005, 60: 1129-1160.

[3] 羅宏、郝以雪. 財務冗餘與企業價值創造——內在機理與實現方式 [J]. 當代會計評論, 2011, 3 (2): 66-79.

鬆懈資源充足的企業會選擇更激進的定價策略，企業為增加自身市場份額，會利用財務鬆懈資源進行積極的定價策略①。充足的財務鬆懈資源有助於企業通過戰略併購來增加企業的知識存量，並影響企業縱向一體化和差異化戰略（Huber，1991；Karim & Mitchell，2000；Corts，2001）。國內學者戴德明等（2006）指出，當企業持有一定的備用資源時，有利於企業具有較大的戰略選擇彈性空間，並選擇最適合自身的戰略，從而有助於提高企業績效②。當企業在市場上處於有利地位時，他們可以利用財務鬆懈資源，採取更積極的競爭策略去攻擊他們的競爭對手③（Baskin，1989）。查克瓦西（Chakravarthy，1986）認為，績效較差的企業持有較少的財務鬆懈資源，因此戰略選擇彈性空間較小④。當企業外界競爭環境發生變化時，這些企業調整戰略的餘地較小，從而導致競爭優勢喪失，甚至影響企業生存⑤（Greenley & Oktemgil，1998）。從上述文獻可以看出，財務鬆懈資源直接影響企業戰略的選擇與實施，當企業持有充足的財務鬆懈資源，其選擇戰略彈性較大，有助於改善企業經營業績，避免業績下滑；財務鬆懈資源不足或業績較差的企業，選擇戰略彈性較小，企業不能迅速調整戰略，競爭優勢喪失。

2.2.3 財務鬆懈資源與企業創新

改革創新伴隨著企業的發展，新產品開發和新市場開拓是企業改革創新的主要內容。諾里亞和古拉蒂（Nohria & Gulati，1996）認為，產品開發的一個先決條件是具有財務鬆懈資源，它能促進新產品開發，還為產品開發購買資源提供了必要條件⑥。伯杰瓦（Bourgeois，1981）認為，財務鬆懈資源是經理自主權的重要來源，是管理層決策的一項重要影響因素，企業充足的財務鬆懈資源是管理層不斷開發新產品的動力源泉。較多的財務鬆懈可以保證企業持續投

---

① Moses D. Organizational Slack and Risk-taking Behavior: Tests of Product Pricing Strategy [J]. Journal of Organizational Change Management，1992，5（3）：38-55.

② 戴德明，毛新述，鄧璠. 2006. 上市公司戰略選擇彈性與業績關係的實證研究 [J]. 南開管理評論（9）：76-83.

③ Baskin J. An empirical Investigation of the Pecking Order Hypothesis [J]. Financial Management，1989：26-35.

④ Chakravarthy B S. Measuring Strategic Performance [J]. Strategic Management Journal，1986，7：437-458.

⑤ Greenley G，Oktemgil M. A Comparison of Slack Resources in High and Low Performing British Companies [J]. Journal of Management Studies，1998，35：377-398.

⑥ N Nohria，R Gulati. Is Slack Good or Bad for Innovation[J]. Academy of Management Journal，1996，39.

入研發資金，這種持續投入對於企業的研發來說是至關重要的，財務鬆懈資源還為企業推廣新產品提供資金儲備，確保在第一時間將企業新產品推向市場，在市場競爭日趨激烈的情況下，提升企業新產品的市場推進速度能促使企業處於先行者優勢地位，避免產品過時，跟不上市場步伐[1]（Lieberman，1989）。在此情況下，持有充足財務鬆懈資源的企業能夠利用資金的槓桿作用來獲得所需要的資源，並減輕來自競爭的壓力；當企業財務鬆懈資源不足時，企業將失去新產品研發資金支持，企業管理層的管理自由裁量權將受到嚴重限制，因而缺乏創新動力，最終導致企業失去競爭力。

2.2.4 財務鬆懈資源與投融資及收益分配決策

資金籌集對企業融資與投資至關重要。邁耶斯和麥吉羅夫（Myers & Majluf，1984）研究發現，擁有充足現金儲備的企業不會放棄 NPV 為正的投資項目。面對大量的投資機遇，企業可以利用財務鬆懈資源投資獲利、吸引人才。財務鬆懈資源還可以通過資本運作，圍繞企業核心競爭力實現上下游產業鏈的整合，實現多元化併購，從而謀求廣闊的投資渠道；財務鬆懈資源為企業不斷提升核心競爭力提供強大的資金保障，在經濟衰退時能緩衝宏觀經濟波動對企業的衝擊[2]（Cheng & Kesner，1997）。而企業缺乏財務鬆懈資源，就會導致企業投資不足（Smith & Kim，1994）。阿爾梅達等（Almeida, et al, 2004）指出財務鬆懈資源可以緩解企業融資約束問題，融資約束是企業財務行為的一項重要影響因素。當其他來源的資金成本較高時，財務鬆懈資源提供了一項成本較低資金來源，尤其是發生金融危機時，財務鬆懈資源對企業的價值更加凸顯。在日常經營環境中，財務鬆懈資源為企業進行現金分紅、股票回購等提供資金來源，持有較多財務鬆懈資源可以避免融資成本較高的股權融資[3]。從上述文獻研究可以發現，財務鬆懈資源影響企業的投資和融資及收益分配決策。

在財務鬆懈資源與企業戰略、創新與投融資決策的關係上，國內外學者主要從理論上分析了財務鬆懈資源對企業經營戰略、企業創新活動與企業投融資決策的影響，結果發現企業持有適度的財務鬆懈資源能夠使企業戰略富有彈

---

[1] Lieberman M B. The Learning Curve, Technology Barriers to Entry, and Competition [J]. Strategic Management Journal，1989，10（5）：431-447.

[2] J L Cheng, I. F. Kesner. Organizational Slack and Response to Environmental Shifts: The Impact of Resource Allocation Patterns [J]. Journal of Management，1997，23：1-18.

[3] Almeida H Campello M, Weisbach M. The Cash Flow Sensitivity of Cash [J]. Journal of Finance，2004，59（4）：1077-1084.

性，可以緩解企業融資約束，降低融資成本，提升企業投資規模，並推動企業創新活動。但是，財務鬆懈資源如何影響企業價值創造及實現，目前國內外相關研究還缺乏深入系統的研究。

2.3 財務鬆懈與企業績效

關於財務鬆懈的理論研究，組織理論與代理理論形成兩種截然不同的觀點，為了探索財務鬆懈資源如何影響企業績效，國內外學者利用不同變量、不同國家經濟體樣本、不同研究方法實證考量了財務鬆懈資源對績效的影響。但是，因為學者選擇變量、樣本以及實證方法的不同，至今尚未形成財務鬆懈對企業績效的影響的一致結論。

2.3.1 線性正相關

布諾密利（Bromiley，1991）認為，財務鬆懈資源充足的企業，可以抓住環境變化所提供的機會，擁有更多的戰略選擇，因其財務鬆懈資源充足，所以能提升企業績效[①]。財務鬆懈資源促使企業流動性強，企業管理層會充分利用財務鬆懈資源進行企業創新，企業競爭優勢得到強化，有利於企業績效提升。當企業財務鬆懈資源不足時，管理層會謹慎對待投資項目或投資機會，優中選優，利用有限的資源支持一些前景和績效好的項目，加大監管和控製。因此，財務鬆懈資源不足，企業管理層因壓力會採取謹慎營運的方式，將有限的資源，集中在風險相對較低的項目以及降低成本、改進質量、創新等方面，努力提升企業績效。喬治（George，2005）認為，財務鬆懈資源越緊張的企業，管理層壓力越大，這可能迫使管理層採取更為可行的方案，進而提升組織效率，因此財務鬆懈資源不足與企業績效之間是正相關關係。萊瑟姆和布萊恩（Latham & Braun，2009）以美國 2001—2003 年軟件行業為樣本，實證研究經濟衰退與恢復時期，財務鬆懈資源對績效的影響，實證結果表明，在經濟衰退初期，擁有財務鬆懈資源越多的公司，在經濟衰退後期，公司的恢復率越高；在經濟衰退初期，擁有財務鬆懈資源越少的公司，在經濟衰退後期，公司的恢

[①] Bromiley P. Testing a Causal Model of Corporate Risking Taking and Performance [J]. Academy of Management Journal, 1991, 34 (1): 37-59.

復率越低[1]。李燦根（Sanghoon Lee, 2011）以美國公司1990—2008年間的數據組為固定樣本，研究了財務鬆懈資源如何影響公司績效，實證結果表明，財務鬆懈資源與公司績效之間為正相關關係；可利用與潛在冗餘資源與公司績效之間也為相關關係；正向影響著重體現在代用冗餘變量的第 $t-1$ 階段和潛在冗餘變量的 $t-2$ 階段；冗餘和績效之間不存在 U 形曲線關係；小微企業的正向效應比大公司的更為顯著。在解釋美國工業公司財務鬆懈對其影響時，潛在證實了公司資源行為理論優於代理理論這一重要理論[2]。畢曉方、姜寶強（2010）以中國1998—2007年的上市公司為樣本，實證研究了財務鬆懈資源與企業績效之間關係，得出財務鬆懈資源和企業業績為正相關關係的實證結論[3]。

2.3.2 線性負相關

「代理理論認為，鬆懈會引發代理問題，即孕育無效、抑制冒險，從而損害公司業績」（Fama, 1980; Jensen & Meckling, 1976）。自從詹森和麥克林（1976）提出了基於委託代理理論的公司資本結構，重新闡釋了公司治理理論的觀點後，公司治理的相關研究也就在此框架之下開展。這樣看來，上市公司內部的最大問題是上市公司股東與經理層之間的衝突是由所有權和經營權分離而導致的（Berle & Means, 1932）。這是因為期望上市公司價值提升的股東目標與追求自身利益最大化的經理層目標不一致造成的。因此，為了使公司所有者與經營者目標趨於一致，有效的公司治理監管機制是非常必要的，以確保管理層目標與股東目標趨於一致。根據這種觀點，有效的監管減少了上市公司代理成本，上市公司績效便會隨之提升。因此，當上市公司在缺失有效公司治理機制的情況下，上市公司管理層將會想辦法運用公司資源來追求自己的私利。也就是說，當上市公司存在大量財務鬆懈資源時，上市公司管理層壓力減輕，束縛降低，會隨意放大自由裁量權的空間，管理層將財務鬆懈資源更多地投資劣質項目，為自己謀取私利[4]（Leibenstein, 1969; Jensen, 1993）。從上述理

---

[1] Scott F. Latham, Michael R Braun. The performance Implications of Financial Slack during Economic Recession and Recovery: Observations from the Software Industry (2001-2003) [J]. Journal of Managerial Issues, 2008, 1: 30-50.

[2] Sanghoon Lee. How Financial Slack Affects Firm Performance: Evidence from US Industrial Firms [J]. Journal of Economic Research. 2011, 16: 1-27.

[3] 畢曉方, 姜寶強. 財務鬆弛對公司業績的影響研究——基於融資約束和代理成本的視角 [J]. 商業經濟與管理. 2010 (4): 84-89.

[4] Lieberman M B. The Learning Curve, Technology Barriers to Entry, and Competition [J]. Strategic Management Journal, 1989, 10 (5): 431-447.

論分析中可以發現，財務鬆懈資源將誘使管理層耗費股東更多的資源來追求自身私利最大化，這就充分說明了財務鬆懈資源與公司績效之間為負相關關係，直接有損公司績效。梳理國內外相關研究文獻，目前實證研究尚未證實財務鬆懈資源與公司績效之間存在負相關。

2.3.3 其他非線性關係

布諾密利（Bromiley，1991）將鬆懈資源分為可用鬆懈、可恢復鬆懈和潛在鬆懈主要，冗餘資源與企業績效之間存在的「U」形關係被證實，但兩者之間沒有顯著關係[①]；中國學者蔣春燕、趙曙明[②]（2004）以滬深 A 股 179 家上市公司為樣本，以流動比率、資產負債率和銷售、管理、一般費用占銷售收入比率為冗餘指標，實證分析證明冗餘資源與企業績效在階段一正相關、階段二負相關、階段三正相關的較為明顯的「U」形關係。

諾里亞和古拉蒂（Nohria & Gulati，1996）證實冗餘資源與企業績效之間存在倒「U」形關係，他們採用的主要方法是問卷調查法[③]；蓋格和克斯恩（Geiger & Cashen，2002）以可用冗餘、可恢復冗餘為指標，實證證明冗餘資源與業績指標之間卻存在倒「U」形關係[④]；冗餘資源與企業利潤率之間存在倒「U」形關係，也被譚和彭（Tan & Peng，2003）所證實[⑤]。

國內學者鐘和平、張旭梅、方潤生（2008）通過實證分析，提出了財務鬆懈與企業績效之間的「N」形關係，當企業的財務鬆懈資源不足時，財務鬆懈資源與公司績效為正相關關係；財務鬆懈與績效呈負相關是在企業財務鬆懈適度時才出現；當企業的財務鬆懈資源過多時，財務鬆懈與績效之間又呈正相關關係[⑥]。

財務鬆懈與企業績效之間的關係，國內外學者從不同視角進行了探索。由於財務鬆懈是組織冗餘的主要組成部分，因此，大部分學者在研究組織冗餘對

[①] Bromiley P. Testing a Causal Model of Corporate Risking Taking and Performance [J]. Academy of Management Journal，1991，34（1）：37-59.

[②] 蔣春燕，趙曙明. 組織冗餘與績效的關係：中國上市公司的時間序列實證研究 [J]. 管理世界. 2004（5）：108-115.

[③] N Nohria，R Gulati. Is Slack Good or Bad for Innovation? [J]. Academy of Management Journal，1996，39：1245-1264.

[④] Geiger S W，Cashen H. A Multinational Examination of Slack and Its Impact on Innovation [J]. Journal of Managerial Issues，2002，14（1）：68-84.

[⑤] Tan J，Peng M W. Organizational Slack and Firm Performance During Economic Transitions：Two Studies from an Emerging Economy. [J]. Strategy Management Journal，2003，24（13）：1249-1263.

[⑥] 鐘和平，張旭梅，方潤生. 財務冗餘與企業績效的關係 [J]. 管理現代化. 2008（5）：31-33.

企業績效的影響的同時，才會考慮到財務鬆懈，系統或專題研究財務鬆懈的文獻比較鮮見。國內外學者用不同經濟體數據、不同樣本、不同變量、不同時間窗口、不同模型考察了財務鬆懈對企業績效的影響，實證結論主要為線性正、負相關與非線性等幾種不同關係，說明財務鬆懈促進或抑制企業績效。但是，國內外學者在財務鬆懈對企業績效的作用機理以及實現方式、財務鬆懈所誘發的財務鬆懈行為等方面尚未能進行系統深入研究。

2.4 與財務鬆懈相關或相近的研究比較[①]

財務彈性（Financial Flexibility，也稱財務柔性）、自由現金流量（Free Cash Flow）、財務保守（Financial Conservation）與財務鬆懈（Financial Slack）的研究近年來已引起學者的廣泛關注。國外諸多學者利用統計描述和對企業資本結構的觀察時發現，採取保守財務政策的許多企業內部滯留大量自由現金流量或財務鬆懈資源，財務報表顯現較高的財務彈性，財務槓桿遠遠低於主流資本結構理論所預測的財務槓桿理論值；關於財務鬆懈的研究，國外學者主要以資源基礎理論和公司行為理論為研究視角，認為財務鬆懈資源能緩衝企業外部環境突變或波動，提升企業績效；以代理理論為視角對自由現金流量的研究認為，管理層滯留自由現金流量後，會進行過度投資、在職消費等誘生代理行為；但是，也有學者以代理理論為研究視角，認為企業採取財務保守財務政策，擁有較高的財務彈性和財務鬆懈資源，容易誘發管理層不進取、滿足現狀、在職消費等財務鬆懈行為，這會產生代理成本，有損企業績效。從四者表徵來看，維持財務保守行為的企業，財務彈性高，企業內部滯留大量財務鬆懈資源與自由現金流量，但四者之間內在動因是什麼、有何聯繫與區別，學者關注鮮見。

2.4.1 內涵界定與比較

2.4.1.1 內涵界定

1. 財務鬆懈

根據前文 2.1.2 財務鬆懈內涵界定，並結合本文研究內容，筆者認為，「財務鬆懈是指面對複雜且不斷變化的客觀世界，組織沒有全部利用組織資

---

① 本節內容主要部分已經發表在《華東經濟管理》2013 年第 7 期《企業財務保守、財務彈性與財務冗餘的比較研究》，作者為王文兵、干勝道、段華友。

源、沒有積極協調個體差異來有效組織各層次實際活動，實現組織目標。這裡沒有全部利用組織資源和沒有積極協調組織個體差異是財務鬆懈的內涵，有效組織企業各層次活動實現企業目標是財務鬆懈的外延。沒有全部利用組織資源指的是企業內部留有富餘資源——企業存在鬆懈資源，具體可以區分為有形的和無形的，有形的主要表現為現金、有價證券等，無形的表現為備用負債能力。沒有積極協調個體差異指的是管理層、雇員等個體目標偏離組織總目標的現象——企業存在個體鬆懈行為，如企業管理層懈怠不進取、在職消費、風險厭惡等行為」[①]。

2. 自由現金流量

企業在滿足了淨現值大於零的所有項目所需資金後的那部分現金流量被詹森（Jensen，1976）界定為自由現金流量。隨後，詹森不斷地重申自由現金流量概念。受此影響，國內外眾多財務學者，根據詹森所提出的自由現金流量，進行了大量研究，並結合各自的研究視角，分別歸納出不同的自由現金流量內涵。「湯姆·卡普蘭和蒂姆·科勒研究認為，自由現金流量等於公司的稅後經營利潤加上非現金費用支出，再減去營業流動資金、物業、廠房與設備及其他資產方面的投資。而詹姆斯·範霍恩認為自由現金流量是從預計收益減去預期經營成本和為了提高現金流量而花的費用之後剩下的現金流」[②]。國內學者對自由現金流量概念也進行了大量而有益的探索，其中干勝道等（2009）對自由現金流量進行了比較詳細的論述。通過梳理研究文獻，將自由現金流量分為股東自由現金流量、企業自由現金流量、經營者自由現金流量三個層次。用於股權估價和對經營者的業績評價為股東自由現金流量；用於財務估價和企業創值能力評估為企業自由現金流量；用於考察自由現金流量代理成本問題為經營者自由現金流量。企業資金分為資金存量、資金流量和資金增量，按此視角，自由現金流量就有自由現金存量、自由現金流量和自由現金增量等概念。自由現金流量來自於經營活動現金淨流量，扣除相應的為成長性所做的合理資本支出及配套營運資本等剩餘部分，也稱內生性自由現金[③]。由此可知，自由現金流量的內涵至今尚無統一內涵，是否將企業籌資活動所產生的現金流量納入自由現金流量的範疇，是國內學者研究的主要分歧點，其主要原因是研究視角不同。

---

① 王文兵，干勝道，宋侃. 企業財務鬆懈行為研究［J］. 江淮論壇，2013（1）：41-45.
② 符蓉. 自由現金流量、隨意性支出與企業業績變化研究［D］. 成都：四川大學，2007.
③ 干勝道. 自由現金流量專題研究［M］. 大連：東北財經大學出版社，2009：8-17.

3. 財務彈性

財務彈性（Financial Flexibility）亦稱財務柔性、財務適應性或財務靈活性。阿爾斯蘭等（Arslan, et al, 2008）學者以 1998 年亞洲金融危機為背景，將財務彈性定義為高現金持有和低負債[1]。伽碼和坎特斯（Gama & Triantis, 2005）研究認為，財務彈性是企業以低交易成本獲得財務資源或重構財務活動的能力。佰楊（Byoun, 2008）將財務彈性界定為企業調動其財務資源而採取反應性、掠奪性與預防性行動，以最大化企業價值的能力和速度水平[2]。丹尼爾（Daniel, 2008）指出，財務彈性是指企業面臨現金流和投資機會方面的意外變動所具有的及時並以有利於企業價值最大化的方式進行反應的能力[3]。而美國財務會計準則委員會（FASB, 1984）將財務彈性定義為企業採取有效行動改變現金流的數量和時間以應對意外需求和機會的能力。美國註冊會計師協會（AICPA, 1993）認為財務彈性是企業採取行動消除企業所需要或預期的現金支出超過預期現金流入的能力[4]。國內學者葛家澍、占美松（2008）指出，財務彈性也稱為財務適應性（Financial Adaptability），它是指企業採取有效措施來改變現金流量的金額、時間分布，借以應付意外的需要和有利的機遇的能力[5]。趙華、張鼎祖（2010）運用柔性理論、系統論和整合理論，認為財務彈性即財務柔性，是以主動適應動態變化的財務環境和處理系統不確定性財務風險為目標，以財務資源、能力有效整合為基礎和動力，以財務行為決策優化為路徑，以財務行為的風險管理過程和結果為表現的一種系統綜合能力[6]。顧乃康、萬小勇、陳輝（2011）認為財務彈性是指企業動用所持有的現金以及所保留的融資能力抓住未來可能出現的投資機會或應對未來不確定時間衝擊的能力[7]。

---

[1] Arslan, Florackis, Ozkan. How and Why Do Firms Establish Financial Flexibility? Working Paper. 2008.

[2] Byoun, S. Financial Flexibility and Capital Structure Decision. Baylor University, Working paper. 2008.

[3] Daniel N D, Denis D J, Nveen L. Sources of Financial Flexibility: Evidence from Cash Flow Shortfalls. Drexel University, Working paper. 2008

[4] 曾愛民. 財務柔性與企業投融資行為研究 [M]. 北京：中國財政經濟出版社. 2011, 15-16.

[5] 葛家澍, 占美松. 企業財務報告分析必須著重關注的幾個財務信息——流動性、財務適應性、預期現金淨流入、盈利能力和市場風險 [J]. 會計研究, 2008 (5): 3-9.

[6] 趙華, 張鼎祖. 企業財務柔性的本原屬性研究 [J]. 會計研究, 2010 (6): 62-70.

[7] 顧乃康, 萬小勇, 陳輝. 財務彈性與企業投資的關係研究 [J]. 管理評論, 2011 (6): 115-121.

4. 財務保守

西方學者基於資本結構理論，認為財務保守是持續採用低槓桿的財務政策的一種行為，主要通過一個固定的臨界值加以區分。米利頓和瑞克（Mintonh & Wruck, 2001）指出，一個企業的長期負債率連續 5 年屬於所有公司最低的 20% 之列，即財務槓桿低於理論預測值，則為財務保守型企業[①]。部分學者從產品市場競爭與資本結構互動解釋財務保守，研究認為，資本結構影響企業在產品市場上的競爭力和業績，財務槓桿高的企業容易陷入財務危機，因此，面對市場競爭壓力，企業採取財務保守行為。還有部分學者從公司治理視角解釋財務保守行為，包括代理理論、信息不對稱理論，研究發現，因兩權分離、信息不對稱，企業管理層奉行保守的財務政策。也有部分學者試圖通過企業大量持有現金的動機來解釋財務保守，如達姆達蘭（Damodaran, 2005）認為交易費用、預防準備、未來投資準備、季節性波動準備等戰略性考慮，都是企業採取財務保守政策的動機。國內學者趙蒲、孫愛英（2004）指出財務保守行為是指企業在較長的時間內持續採用低財務槓桿的財務政策的一種行為[②]。

2.4.1.2　內涵比較

從上述四者內涵界定可以看出，由於國內外學者研究視角不同，導致四者至今尚無統一內涵。從內涵表徵形式來分析，財務鬆懈由財務鬆懈資源和財務鬆懈行為兩方面內容構成，從資源基礎理論視角來看，財務鬆懈資源由現金餘額、有價證券、隨時可出售的資產與備用舉債能力等組成；從代理理論、經濟人假設理論視角分析，滯留財務鬆懈資源誘生公司管理層財務鬆懈行為。自由現金流量的內涵隱含扣除企業所有淨現值為正的投資項目後富餘現金流，沒有嚴格的定義什麼是自由現金流量，這也是眾多學者從不同視角考察自由現金流量，從而出現多種自由現金流量的內涵的原因之一。詹森認為，因兩權分離，管理層囤積自由現金流量，企業所有者需要承擔代理成本，從而引出自由現金流量概念。詹森從經濟學的角度來研究現金流量，他的目的是為了研究管理層利用自由現金流量所產生的代理成本。財務彈性由低負債和高現金持有量組成，而財務保守的表徵形式主要是低槓桿財務政策，財務槓桿是指由於債務的存在而導致普通股每股利潤變動大於息稅前利潤變動的槓桿效應，財務槓桿效應主要是負債的利用，財務保守企業負債偏低，從而導致低槓桿。從四者內涵的外延來看，財務鬆懈內涵外延寬於財務彈性和財務保守，財務彈性的外延寬

[①] 張志強. 財務保守現象剖析 [J]. 財經問題研究, 2010, 6: 101-106.
[②] 趙蒲, 孫愛英. 財務保守行為：基於中國上市公司的實證研究 [J]. 管理世界, 2004 (6): 109-106.

於財務保守。但是，從概念上區分財務鬆懈與自由現金流量有一定難度。財務彈性、自由現金流量、財務保守與財務鬆懈均包含高流動性（如高現金持有量）和低槓桿，而財務鬆懈既包括高流動性、低槓桿，又包括企業尚未利用的舉債能力（Spare Debt Capacity）以及財務鬆懈行為。滿足企業當期所有淨現值為正的投資項目所需資金後的剩餘現金即自由現金流量，此處的現金是廣義現金含義，剩餘現金即暫時閒置未用或未指定用途的現金，從資源基礎視角來分析，此時的自由現金流量與財務鬆懈資源具有同源性或相近性。財務彈性主要表現為高流動性，其主要表徵形式是企業為應對不確定性而儲備隨時可以動用的現金或儲備一定備用舉債空間，故財務彈性並不認為儲備的現金為閒置未用，而是為了應對環境突變而儲備一定財務彈性。財務保守與企業管理層所執行的財務政策有關聯，與管理層的風險喜好存在一定內在聯繫，風險喜好型的，可能採取激進型財務政策；風險厭惡型的，可能會採取溫和保守的財務政策；而風險中立性可能介於兩者之間。同時，企業戰略、宏觀經濟環境等因素影響可能會影響企業的財務政策。因此，財務保守的主要表徵形式為低槓桿。通過上述分析，如從資源基礎視角來分析，財務鬆懈、自由現金流量、財務彈性與財務保守均包含閒置未用的或未指定用途的資源，財務鬆懈與財務彈性既包括閒置未用的資產又包括備用舉債。而自由現金流量僅指閒置未指定用途的現金流量，財務保守指的是低財務槓桿，即備用舉債空間大。從代理理論與人性假設理論視角出發，只要存在兩權分離，只要企業滯留鬆懈資源，均有可能誘生財務鬆懈行為。由此可知，四者之間具有一定的內在聯繫，但區別也是比較明顯。可以確定，財務彈性內涵起源可以追溯到邁耶斯所提及的財務鬆懈，在論述修正的融資優序理論時，邁耶斯認為，融資優序理論成立的一個前提是企業需要具備足夠的財務鬆懈，才能保證企業在籌措外部資本時優先採用債務融資。由此可知，國外學者由財務鬆懈引出財務彈性概念。財務鬆懈內涵的理論背景為融資優序理論、資源基礎理論、公司行為理論與代理理論；自由現金流量的理論背景為委託代理理論；財務彈性內涵的理論背景為主要是融資優序理論、柔性理論與系統論；而財務保守內涵的理論背景為資本結構理論、產品市場競爭理論、代理理論與信息不對稱理論。

2.4.2 動因分析與比較

2.4.2.1 動因分析

企業保持財務彈性，採取財務保守政策與滯留財務鬆懈資源、自由現金流量的動因，國內外學者從不同研究視角進行了分析。

1. 財務鬆懈

以資源基礎理論和公司行為理論為視角，國外學者研究認為企業滯留財務鬆懈資源的動因主要是財務鬆懈資源能夠充當環境波動減震器、組織內部衝突解決工具及企業創新助推劑。沙曼（Sharfman，1988）等學者研究指出，「當公司外部環境突變時，公司內部擁有富餘鬆懈資源，公司管理層將會有更大的管控餘地，特別是公司遭遇環境突變或經濟危機時期，富餘的鬆懈資源，促使公司堅持原有的經營規模，從而度過危機時期」[1]。西爾特和麥切（Cyert & March，1963）與莫切和龐迪（Moch & Pondy（1977）指出，鬆懈資源能夠減少組織內部不必要的政治活動。而當企業內部鬆懈資源充足時，即企業內部資源不綳緊，富餘鬆懈資源能夠緩解企業內部聯盟之間政治活動和各種衝突。當組織內部鬆懈資源嚴重缺乏時，即企業內部資源綳緊，組織內部成員最有可能為了佔有屬於他們自己的資源而熱衷追求構建聯盟、討價還價等政治活動，因此，莫切和龐迪（Moch & Pondy，1977）認為，當組織存在鬆懈資源時，就能解決一切問題[2]。「鬆懈資源提供了企業改革創新活動中所需的資金支持，推動了企業的革新，促使企業更好地適應環境」[3]（Cyert & March，1963）。辛格（Singh，1986）指出，鬆懈資源會使管理者從心底產生冒險的慾望，因此，較多的鬆弛資源很可能會導致更高的收益。即鬆弛資源可以緩衝組織業績的顯著下滑，而合理的嘗試也不會被眾人質疑[4]。「對環境的適應，在很大程度上涉及對組織新措施的接受和履行，相比沒有鬆懈資源的企業，存有鬆懈資源的企業在應對環境變化時，會採取更為激進大膽的舉動」[5]（Cheng and Kesner，1997）。但是，詹森和麥克林（1976）從代理理論視角出發，認為鬆懈資源是公司的不必要成本，由於股東和管理層有著各自不同的目標，即股東追尋公司價值最大化，而管理層追求自身利益，如權利、晉升、在職消費等利益。因此，當企業存在財務鬆懈資源時，管理層有動機會利用鬆懈資源投資於淨現值

---

[1] M P Sharfman, G Wolf, R B Chase, et al. Tansik. Antecedents of Organizational Slack. Academy of Management Review, 1988, 13: 601-614.

[2] M K Moch, L R Pondy. Review: The Structure of Chaos: Organized Anarchy as a Response to Ambiguity [J]. Administrative Sci-Ence, 1977, Quarterly 22: 351-362.

[3] R M Cyert, J G March. A Behavioral Theory of the Firm [M]. New Jersey: Prentice-Hall, 1963.

[4] Singh J V. Performance, Slack, and Risk Taking in Organizational Decision Making [J]. Academy of Management Journal, 1986, 29: 562-585.

[5] J L Cheng, I F Kesner. Organizational Slack & Response to Envi- ronmental Shifts: The Impact of Resource Allocation Patterns [J]. Journal of Management, 1997, 23: 1-18.

為負的項目（即過度投資）或在職消費而產生代理成本，從而給企業帶來低效率[1]。

2. 自由現金流量

詹森提出自由現金流量的目的是為了研究代理成本。自詹森提出自由現金流量以來，自由現金流量逐漸成為國內外學術界關注熱點，目前，已經成為最流行的公司財務理論核心概念之一。實際上，按照詹森所定義的自由現金流量，直接從財務報表沒有辦法直接獲得，因此，學術界許多學者對自由現金流量進行了大量而有益的探索。出現這種情況的主要原因在於詹森是從經濟學角度來考量自由現金流量的。詹森考察的重點是自由現金流量概念的外延，即重點不是界定自由現金流量內涵，而是關注企業管理層如何支配企業內部的自由現金流量。詹森認為，企業管理層寧願將大量的自由現金流量投入到淨現值為負的投資項目上，也不願通過增加利潤分配，或贖回企業股票，把企業滯留的自由現金流量還給股東。如此簡單的道理，管理層實際上非常清楚，但是，管理層仍不願意通過增加股利分配或回購企業股票，把自由現金流量還給股東。詹森對企業管理層滯留自由現金流量的動因進行了研究並得出兩點結論：一是如果把自由現金流量還給股東，勢必減少企業管理層所能控制的企業資源，而對企業資源的控制能夠實現企業增長，企業實現增長對管理層有利，因為現代企業管理層的報酬與公司的增長相掛鈎；二是如果把自由現金流量還給股東，將會直接減少企業內部融資額度，當企業新項目需要資金時，只有通過舉債（負債）來解決，而負債是要還本付息的，企業管理層無法保證「按時還本付息」的可能性增加，即企業破產可能性增加，這樣企業管理層實際上給自身套上了「資本市場監督」的枷鎖，這是企業管理層不願看到的結局[2]（沈藝峰、沈洪濤，2004）。由此可知，企業管理層滯留自由現金流量的最主要動因是維護自身利益不受損。在缺乏有效制約的情況下，公司管理層可以從事很多行為為自己謀利益，一般情況下，公司自由現金流量越多，管理層從事違法行為為自己謀利益的可能性就越大。公司管理層之所以這麼做，一方面是為了逃避資本市場對於他們過去業績的審查，具體來說，因為管理層滯留自由現金流量，所以他們不用向公司外部融資，實際上就可以規避資本市場對於他們過去業績的審查，也不必花費太多精力去說服資本市場，使市場相信他們要投資的項目前景很好；另一方面，也是最重要的，自由現金流量可以使管理層保障自

---

[1] Michael Jensen, William Meckling. Theory of the Firm: Managerial Behavior, Agency Costs and Ownership Structure [J]. The Journal of Financial Economics, 1976 (3): 305-360.

[2] 沈藝峰，沈洪濤. 公司財務理論主流 [M]. 大連：東北財經大學出版社. 2004: 57-60.

己的工作，從而獲得更高的工作收益。

3. 財務彈性

一是持有現金動因。在完善的資本市場假設下，企業的財務決策與企業價值無關，即企業的最佳現金持有量為零，但是，完善資本市場假設很難成立，企業便因各種誘因持有現金，而企業持有現金的多少直接影響財務彈性。邁耶斯和麥吉夫（Myers & Majluf, 1984）的融資優序理論強調了企業持有現金以儲備財務彈性。索能（Soenen, 2003）明確指出，現金儲備能為企業創造相應的財務彈性和戰略機會，在經濟不景氣的情況下，企業的現金越多，企業抓住有利的投資機會越大，越有利於企業[1]。凱恩斯（Keynes, 1936）的貨幣需求理論指出，企業因交易、預防與投機動機而持有貨幣資金。因此，企業現金持有量越高，財務彈性越大；二是外部環境不確定性動因。達坎（Dunccan, 1972）對環境不確定性進行闡述，企業無法預知環境對決策的影響，外部環境不確定性的複雜性與變動性，管理層在決策時對於相關環境因素信息的缺乏，無法得知決策結果，這都促使管理層保持一定財務彈性，以應變未來環境不確定性。三是資本結構動因。普瓦特萬（Poitevin, 1989）、比利特（Billet, 2007）、拜恩（Byoun, 2008）等國外學者從資本結構視角出發，強調企業管理層通過低槓桿獲取財務彈性，採取低槓桿政策的企業保留了未來提高槓桿比率為投資或增長機會籌措資金的能力，槓桿越低，財務彈性越大[2]。

4. 財務保守

資本結構研究的最新成果表明，企業財務保守的動因多種多樣，一是戰略公司財務動因。國內外學者從產品市場競爭與公司資本結構互動視角研究財務保守行為，以公司經營戰略、產品市場競爭與產業特徵分析企業財務政策影響。沙瓦特（Showalter, 1995）研究發現產品市場競爭存在不確定，當成本不確定時，價格競爭企業增加負債不會獲得戰略優勢，債務增加會導致行業價格和預期收益下降，故企業寧願選擇較低槓桿而採取財務保守行為[3]。國內學者朱武祥等（2002）認為，企業基於其產品競爭市場永續經營戰略考慮，選擇較低財務槓桿，從而儲備財務彈性，以便在隨後的市場競爭中保持後續投資能力或價格競爭優勢，高財務槓桿對企業後續投資能力和營銷競爭力產生顯著負

---

[1] Soenen L. Cash Holdings: A Mixed Blessing? [J]. AFP Exchange, 2003, 23 (5): 54-57.

[2] 馬春愛. 企業財務彈性指數的構建及實證分析 [J]. 系統工程, 2010 (10): 61-66.

[3] Showalter D. Oligopoly and Financial Structure: A Comment [J]. American Economic Review, 1995, 85: 647-653.

面影響①。二是行為公司財務動因。貝克和瑞格（Baker & Wrugler, 2002）等國外學者突破經典公司財務理論的經濟人假設和有效市場假設，引入心理學研究成果，提出市場時機選擇的資本結構理論，研究認為市場時機動因對企業資本結構選擇具有持久影響，企業往往選擇在市場高估時發行股票，在低估時回購股票，因此市場時機的好壞是企業財務保守行為的動因之一②。三是公司治理結構動因。股權與債權對企業形成不同的控制權，共同構成公司治理結構的基本內容，公司治理的主要任務是解決信息不對稱條件下的有效激勵問題，因此，激勵機制影響企業管理層，誘發管理層為了聲譽、政治地位、在職消費等自利而採取財務保守行為。四是債務契約約束動因。企業的高槓桿（高負債）會軟化其產品競爭，使企業處於競爭弱勢，導致產出減少、收益降低。在企業績效下降時，債務契約約束的高昂成本會刺激競爭對手採用掠奪戰略，從而迫使企業減少市場份額或退市，企業為了避免掠奪或退市的途徑，只能減少負債，採取低槓桿策略，維持財務保守行為，因此債務契約約束的強弱是企業採取財務保守行為的動因之一③。

2.4.2.2 動因比較

從上述動因分析可以看出，四者之間具有內在必然聯繫，企業面臨內外部環境的不確定性是一個最基本的客觀事實，為了減少不確定性，企業採取財務保守政策、持有較高財務彈性、滯留財務鬆懈資源和自由現金流量來應對內外部環境的不確定性，因此，不確定性是四者最主要的動因之一。但是，從代理理論視角來看，企業採取財務保守政策，勢必形成企業較高財務彈性，進而形成大量閒置未用的財務鬆懈資源與自由現金流量，四者均易誘發管理層不思進取、在職消費等財務鬆懈行為，從而產生代理成本，有損企業績效，即企業在採取財務保守政策、持有較高財務彈性、滯留財務鬆懈資源和自由現金流量時，要付出一定代價。因此，企業須權衡利弊，慎重利用財務彈性、財務保守、財務鬆懈、自由現金流量。四者動因的主要區別是，持有較高財務彈性的動因主要是企業管理層所執行的財務政策，激進型管理層傾向財務彈性越小越好，保守型管理層傾向財務彈性越大越好。企業持有現金可以抓住交易、投資

---

① 朱武祥，陳寒梅，吳迅. 產品市場競爭與財務保守行為：以燕京啤酒為例的分析 [J]. 經濟研究，2002（8）：28-36.

② Baker, Malcom, Jeffery Wurgler. Market Timing and Capital Structure [J]. Journal of Finance, 2002, (57): 1-37.

③ 吳昊旻. 產品市場競爭動態與企業財務保守行為選擇研究述評 [J]. 經濟與管理研究，2009（8）：58-66.

等戰略機會，較高財務彈性會使企業根據市場變化，隨時調整企業股利支付政策，向市場傳遞對企業有利的信號；滯留自由現金流量的動因主要是兩權分離，由於存在契約不完全性以及代理行為，管理層為了自利而滯留自由現金流量，不願承受資本市場壓力，以維護自身利益不受損失；企業採取財務保守政策的動因主要與管理層特質相關，管理層由不同個體——人所組成，而每個人對風險偏好不盡相同，管理層的風險偏好分為風險厭惡型、風險追求性與風險中立型，當企業所面臨產品市場競爭越激烈，風險厭惡型管理層越容易採取保守財務政策。維持財務彈性和採取財務保守政策對企業是利是弊，應區別對待，當企業面臨經濟危機時，財務彈性和財務保守對企業有利。當企業面臨經濟繁榮時期，財務保守型企業因持有較高財務彈性不利企業發展，容易被資本市場「獵食者」併購；而企業內部滯留財務鬆懈動因一方面是管理層認為財務鬆懈資源能夠緩衝外部環境突變，能夠解決組織內部衝突以及可以進行創新活動。另一方面，現代企業因兩權分離特質、信息不對稱以及所有者疏於監管，故缺乏有效的激勵機制，導致管理層過度使用自由裁量權以及進行在職消費行為。企業滯留過多財務鬆懈資源，從而誘發財務鬆懈行為。從四者動因分析，財務彈性與財務保守有企業管理層戰略考慮動機，按代理理論視角分析，企業內部滯留大量財務鬆懈資源與自由現金流量，容易誘發管理層過度投資或投資不足、在職消費等自利的財務鬆懈行為，因此財務鬆懈含有管理層隨機考慮動機。四者動因比較示意圖見圖 2-1。

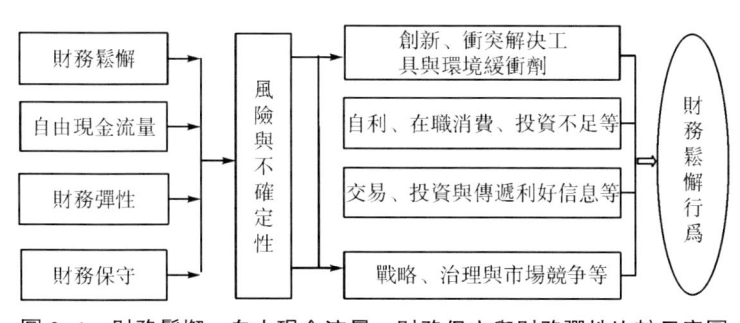

圖 2-1　財務鬆懈、自由現金流量、財務保守與財務彈性比較示意圖

2.4.3　定量研究與比較

2.4.3.1　定量研究

國內外學者根據不同理論視角對財務彈性、財務保守與財務鬆懈構建不同模型，從企業投融資決策、企業績效與價值等方面進行了實證研究。

1. 財務鬆懈測度與經驗研究

梳理國內外研究文獻時，鮮見學者系統地研究財務鬆懈行為，關於財務鬆懈測度，目前尚未發現學者研究。國外學者實證研究主要是關注財務鬆懈對企業績效的影響，萊瑟姆和布萊恩（Latham & Braun，2009）研究經濟衰退與恢復期間財務鬆懈對績效的影響，以資產報酬率（ROA）為因變量，以流動比率作為財務鬆懈的替代變量，以研發強度（R&D Intensity）、銷售與營銷強度（Sales and Marketing Intensity）、管理層持股（Managerial Ownership）與公司規模（Firm Size）為控制變量，選取2001—2003年美國軟件行業作為研究經濟衰退與恢復時期財務鬆懈對績效的影響的樣本，採用分層線性模型（Hierarchical Linear Model，HLM）進行了實證研究。實證結果表明，在經濟衰退初期公司擁有財務鬆懈資源越多，那麼在經濟衰退後期公司的恢復率越高，在經濟衰退初期公司擁有財務鬆懈資源越少，那麼在經濟衰退初期公司的績效下滑越嚴重，進而證明了財務鬆懈對企業績效的促進作用[1]。李燦根（Sanghoon Lee，2011）以1952家美國公司1990—2008年的數據組為樣本，運用最小二乘迴歸模型、線性模型、滯後模型、二次迴歸和虛擬動態模型，實證結果表明財務鬆懈資源促進公司績效提升；可利用鬆懈資源和潛在鬆懈資源都對企業績效產生正向影響；小公司的正向效應比大公司的更為明顯[2]。國內學者畢曉芳、蔣寶強（2010）以中國1998—2007年的上市公司為樣本，實證檢驗了財務鬆懈對企業績效的影響，研究發現財務鬆懈和企業業績正相關，融資約束提升了財務鬆懈的價值，代理成本在非融資約束情況下財務鬆懈和業績負相關[3]。

2. 自由現金流量測度與實證研究

（1）自由現金流量測度

自詹森首次提出自由現金流量概念以來，學界進行了大量研究。「不幸的是，目前並沒有自由現金流量的簡單定義，沒有一個分析師可以運用現金流量

---

[1] Scott F Latham, Michael R Braun. The performance Implications of Financial Slack during Economic Recession and Recovery: Observations from the Software Industry (2001-2003) [J]. Journal of Managerial Issues, 2008, 1: 30-50.

[2] Sanghoon Lee. How Financial Slack Affects Firm Performance: Evidence from US Industrial Firms [J]. Journal of Economic Research. 2011, 16: 1-27.

[3] 畢曉方, 姜寶強. 財務鬆弛對公司業績的影響研究——基於融資約束和代理成本的視角 [J]. 商業經濟與管理, 2010 (4): 84-89.

報表中的財務數據計算出精確的自由現金流量」①。（漢克爾，李凡特，2001）。因此，自由現金流量只能大致地預測。按照詹森提出的自由現金流量的內涵，是無法精確計算測度自由現金流量的。最主要的原因在於無法準確估量投資項目的淨現值。但是，國內外學者對自由現金流量測度研究一直沒有停止。萊恩和波爾森②（Lehn & Poulsen, 1989）等就自由現金流量測度進行了有益嘗試，後來眾多學者直接模仿他們測算自由現金流量。他們計算自由現金流量的公式為：

自由現金流量＝折舊前營業利潤－所得稅－長短期負債的利息總額－優先股股利－普通股股利

國內學者沈洪濤等（2003）、沈紅利等（2007）、王培林等（2007）採用此公式計算自由現金流量。當然也有部分學者按照詹森（Jensen）的自由現金流量定義提出了下來計算公式，如弗朗西斯等（Francis, et al, 2007）的計算自由現金流量公式為：

自由現金流量＝（營業收入－營業成本費用－折舊費）×（1－所得稅稅率）＋折舊費－營運資本的變動－資本支出③

理查森（Richardson, 2006）提出下列計算公式：

自由現金流量＝經營現金流量－維持性投資＋研發支出－新增投資④

國內學者干勝道等（2009）提出以下計算公式：

自由現金流量＝經營活動現金淨流量＋投資活動現金流入－分配股利、利潤或償付利息支付的現金－資本性支出＋隨意性支出⑤

謝德仁（2013）提出下列計算公式：

自由現金流量＝經營現金流－利息支出＋投資現金流⑥

從國內外學者提出的自由現金流量測度公式可以看出，由於學者對自由現金流量的理解與研究視角不同，分別提出了不同的計算公式。「萊恩和波爾森（Lehn & Poulsen, 1989）的計算公式只是粗糙地模擬了經營現金流，根本沒有

---

① 漢克爾，李凡特．現金流量與證券分析［M］．張凱，劉英，譯．北京：華夏出版社，2001：262．

② Lehn K, Poulsen A. Free Cash Flow and Stockholder gains in Going Private Transactions［J］. Journal of Finance, 1989, 44：771-788.

③ 干勝道．自由現金流量專題研究［M］．大連：東北財經大學出版社，2009：11-17．

④ Richardson Scott. Over-investment of Free Cash Flow［J］. Review of Accounting Studies, 2006, 11：159-189.

⑤ 干勝道．自由現金流量專題研究［M］．大連：東北財經大學出版社，2009：178-198．

⑥ 謝德仁．企業分紅能力之理論研究［J］．會計研究，2013（2）：22-32．

考慮營運資本「吞噬」或「釋放」經營現金流，而營運資本之變動對經營現金流的影響可能非常大」（謝德仁，2013）；弗朗西斯等（Francis, et al, 2007）的計算自由現金流量公式基本上是以經營現金流減去投資現金淨流出；理查森（Richardson, 2006）提出的計算公式存在把多期計量出來的自由現金流量相加，這會導致投資現金流出的重複扣除；干勝道等（2009）考慮到自由現金流量定量難的原因除了投資項目的預期收益難以估計準確外，還有一個關鍵原因是管理層出於自身利益考慮是不會承認公司存在自由現金流量，外部人只能根據公司公開的有限信息來度量自由現金流量，並將資本性支出中的隨意性支出部分納入自由現金流量；謝德仁（2013）從股東視角與經理人視角考察自由現金流量，並注重從企業股東價值創造視角來計量企業的自由現金流量。

（2）自由現金流量經驗研究

自詹森提出自由現金流量以來，眾多學者圍繞自由現金流量主題進行了大量經驗研究，並取得了及其豐富的研究成果。梳理國內外研究文獻，眾多研究主要集中在自由現金流量與公司治理、大股東掏空、併購行為以及公司業績變化等幾大領域。公司治理質量的好與壞，能夠抑制或誘生公司管理層自利行為，而管理層自利行為往往是從滯留自由現金流量開始。因此，治理質量高的公司治理能夠降低代理成本；相反，治理質量低的公司治理卻會提升代理成本，有損公司績效。國內外眾多學者從公司治理視角對自由現金流量的影響進行了大量經驗研究。如干勝道等（2009）認為公司治理質量越好，自由現金流量水平越低，即兩者呈反向關係；與此同時，部分學者分別從公司股權結構與性質等方面進行了研究。厄茲坎等（Ozkan, et al, 2002）、張（Zhang, 2005）等研究證實被大股東控制的公司，現金持有水平越高，對公司價值的負面影響越大；李維安等（2005）研究發現，公司第一大股東為民營企業的上市公司總體治理質量好於國有企業類公司。公司內部滯留大量自由現金流量會誘發大股東利益輸送、大股東掏空等行為，國內外學者分別利用不同經濟體數據進行了驗證，並證實上市公司通過關聯交易、占款、關聯購銷、擔保、利潤分配等方式掏空上市公司，有損公司績效以及中小股東權益[①]；符蓉（2007）利用中國上市公司數據驗證了自由現金流量與公司績效之間的關係，實證結論發現，公司滯留高自由現金流量很可能誘發公司高隨意性支出，而高隨意性支出的增加又將阻礙公司績效增長，這種結果無疑將減少成熟公司的吸引力和生

---

① 李維安，等. 公司治理評價與指數研究 [M]. 北京：高等教育出版社. 2005: 67-69.

命力，使投資者本應在企業成熟期享受到的投資回報大打折扣①。因此，處於成熟期的企業存在大量自由現金流量。從上述自由現金流量經驗研究中，可以看出，自由現金流量增加了公司代理成本，有損公司績效。

3. 財務彈性測度與實證研究

（1）財務彈性測度

目前有關財務彈性的測度主要側重於以數量維度來衡量企業財務彈性，主要有單指標判斷法、多指標結合法和多指標綜合法。單指標判斷法就是依據企業單一財務指標值的高低來判斷財務彈性的強弱，其中經常被採用的財務指標包括財務槓桿和現金持有量，一種是目標值判定法，一種是百分位判定法。但僅僅依靠單一指標可能會導致某些誤判，根據迪安基諾等（DeAngelo, et al, 2007）的觀點，他提出可以用同時結合資產負債表、現金持有量和股利支付率三項指標的多指標結合法來判斷企業財務彈性的大小②。西方學者阿斯拉（Arslan, 2008）用 KZ 指數的多指標綜合法來判別企業財務彈性的高低③。國內學者葛家澍、占美松（2008）指出，企業財務彈性主要來自四個方面：在短期內籌集新資金的能力；在保證持續經營的前提下通過出售資產來獲得現金的能力；憑藉其良好信用、信譽以及同金融業的長期合作關係，對到期債務有可能推遲償還期的能力；及時調整生產經營活動與增加現金流入要求相適應的能力④，但沒有研究具體說明如何計量財務彈性。馬春愛（2011）提出由現金、槓桿與外部融資成本指標組成多維財務彈性指標體系，對不同層次指標進行分層處理並賦予不同權重來構建財務彈性指數，通過指數高低判別財務彈性強弱⑤。

（2）財務彈性實證研究

第一，財務彈性對支付決策影響。列（Lie, 2005）研究發現，支付政策的選擇取決於企業面臨的財務彈性⑥。奧德（Oded, 2008）認為股利支付政策

---

① 符蓉. 自由現金流量、隨意性支出與企業業績變化研究 [D]. 成都：四川大學, 2007.

② DeAngelo H, DeAngelo L. Capital Structure, Payout Policy, and Financial Flexibility [J]. University of Southern California, Working Paper, 2007.

③ Arslan O C, Florackis, Ozkan A. How and Why Do Firms Establish Financial Flexibility? [J]. Working Paper, 2008.

④ 葛家澍, 占美松. 企業財務報告分析必須著重關注的幾個財務信息——流動性、財務適應性、預期現金淨流入、盈利能力和市場風險 [J]. 會計研究, 2008（5）：3-9.

⑤ 馬春愛. 企業財務彈性指數的構建及實證分析 [J]. 系統工程, 2010（10）：61-66.

⑥ Lie E. Financial Flexibility, Perfprmance, and the Corporate Payout Choice [J]. Journal of Business, 2005, 78（6）：1-23.

取決於保持財務彈性和利用股利消除代理成本之間的平衡①。奧德和麥切克（Oded & Marchica, 2007）研究發現，企業停發股利是提高財務彈性的手段②。國內學者關於財務彈性對支付政策影響的研究比較鮮見。

第二，財務彈性對投融資決策影響。菲茲瑞、哈伯德和彼得森（Fazzari, Hubbard & Petersen, 2000）研究發現，融資約束越嚴重的企業，其投資支出對企業內部現金持有量越具有顯著敏感性，即投資—現金流敏感性與企業所受融資約束正相關③。但是卡普蘭和津加萊斯（Kaplan & Zingales, 2000）研究發現，相比融資約束程度嚴重的企業，融資約束程度較輕的企業具有更大的投資—現金流敏感性，即投資—現金流敏感性與企業所受的融資約束負相關④。國內學者曾愛民（2011）認為，一方面，企業的融資約束直接對企業的投資產生負面影響，使企業將更多的現金流用於增強財務彈性；但另一方面，企業的財務彈性反過來會正向影響企業的投資決策⑤。

第三，財務彈性的價值。格莫巴和坎特斯（Gamba & Triantis, 2008）認為，在一個不完善的資本市場中，具有較高財務彈性的企業能夠在遭遇外部環境突變時避免陷入財務困境，可以在獲利機會出現時低成本獲得投資資金⑥。阿爾斯蘭等（Arslan, et al 2008）學者以金融危機為背景，實證了企業在金融危機前會選擇較低槓桿和保持較高現金儲備，在遇到金融危機時既能很容易擺脫財務困境，又能利用危機增加投資機會，從而提高企業績效⑦。莫瑞和碼切克（Mura & Marchica, 2007）以企業規模擴張為視角，認為企業保持低財務槓桿能實現更大規模的資本擴張，進而提高企業績效⑧。

---

① Oded J. Payout Policy, Financial Flexibility, and Agency Costs of Free Cash Flow [J]. SSRN eLibrary, 2008.

② Mura R, Marchica M T. Financial Flexibility, Investment Ability and Firm Value: Evidence from Low Leverage Firms [J]. SSRN eLibrary, 2007.

③ Fazzari S M, Hubbard R G, Petersen B C. Investment-cash Flow Sensitivities Are Useful: A Comment on Kaplan Zingales [J]. Quarterly Journal of Economics, 2000, 115 (2): 695-705.

④ Kaplan S N, Zingales L. Investment-cash Flow Sensitivity Are Not Valid Measures of Financing Constraints [J]. Quarterly Journal of Economics, 2000, 112 (1): 169-215.

⑤ 曾愛民. 財務柔性與企業投融資行為研究 [M]. 北京：中國財政經濟出版社，2011：23-35.

⑥ Gamba A, Triantis A, The Value of Financial Flexibility [J]. Journal of Finance, 2008, 63 (5): 2263-2296.

⑦ Arslan O C, Florackis, Ozkan A. How and Why Do Firms Establish Financial Flexibility? [J]. Working Paper, 2008.

⑧ Mura R, Marchica M T. Financial Flexibility, Investment Ability and Firm Value: Evidence from Low Leverage Firms [J]. SSRN eLibrary, 2007.

4. 財務保守測度與研究

（1）財務保守測度

國外學術界對財務保守的測度主要有四類：一是米騰和瑞克（Minto 和 Wruck，2001）的研究認為，當一個企業的長期負債率連續 5 年屬於所有企業最低的 20% 之列時即為財務保守企業；二是以企業實際負債率是否達到事先計算的目標資本結構為標準，即長期負債率小於或等於資本結構目標值時界定為財務保守企業；三是英奧、萊奧尼達和厄茲坎（Inoa、Leonida & Ozkan，2004）提出的閥值標準；四是以現金充裕度標準來界定企業財務保守行為。

（2）財務保守之謎

國內外學者試圖通過代理理論與信息不對稱、融資順序與控製權理論以及投資與產品市場競爭等方面詮釋財務保守之謎，但至今沒有令人信服的解釋。布蘭德和盧易斯（Brander & Lewis，1986）以債務的有限責任效應理論構建兩階段雙寡頭古諾競爭模型，分析資本結構對產品市場競爭行為的影響，研究證實了資本結構會影響產品市場均衡[①]。隨後大量學者又引入不確定性、不完全市場、價格競爭模型、博弈論與信息經濟學等原理對上述模型進行修正，實證結論認為，公司負債水平會影響其所在行業的市場競爭結構，從而導致行業集中度的變化。而市場競爭結構也會反過來影響公司的資本結構，因此，公司資本結構與其行業的市場競爭結構之間存在雙向互動效應。詹森和麥克林（Jensen & Meckling，1976）、邁耶和維切斯（Meyer & Vichers，1995）等基於信息不對稱假設，施密特（Schmidt，1997）基於清算威脅假設以及範克斯和梅耶（1990）等基於聲譽激勵假設等三種研究視角，對公司治理效應與動力機制進行了實證研究，基本結論認為產品市場競爭對公司治理具有顯著強化效應。企業面臨內部和外部壓力，企業的融資策略更加趨向謹慎，企業會通過預留更多現金、縮減債務規模等選擇並表現出更加明顯的財務保守行為。國內學者朱武祥等（2002）利用國內資本市場數據構建兩階段雙寡頭壟斷競爭模型，實證了企業對未來市場競爭激烈狀況的預期會導致企業選擇較低的財務槓桿，並以燕京啤酒案例分析了中國上市公司的財務保守行為[②]。趙蒲、孫愛英（2004）對朱武祥等（2002）的研究模型進行了擴展，從產品創新型研究開發、市場營銷與價格戰等視角分析了特定的行業規模和技術密集型特質對企業

[①] Brander, James A, Tracy R Lewis. Oligopoly and Financial Structure: the Limited Liability Effect [J]. American Economic Review, 1986 (76): 956-970.

[②] 朱武祥，陳寒梅，吳迅. 產品市場競爭與財務保守行為：以燕京啤酒為例的分析 [J]. 經濟研究, 2002 (8): 28-36.

財務保守行為的影響①。但是，也有國內學者提出完全不同的實證結果，如章細貞（2007）基於代理理論與戰略管理理論融合的觀點，對企業外部環境與其財務保守行為之間進行理論分析和實證檢驗，同上述結論相反，越是在動態環境、市場競爭激烈的行業，負債比率越高；越是環境穩定、市場競爭程度低的行業，企業財務政策越保守②；張志強（2010）利用 ZZ 槓桿模型和現實數據研究發現，企業實際財務槓桿水平與理論最優標準之間沒有明顯差距，企業總體上不存在財務保守問題③。

2.4.3.2 定量研究比較

四者的定量研究均引起國內外學者的廣泛關注，自由現金流量、財務彈性與財務保守的測度研究均比較深入，雖然學界沒有形成統一的測度公式，但是，至少已經有相關定量測度公式可以借鑑，而財務鬆懈定量測度研究比較鮮見，尤其是缺乏公司流動性與備用舉債兩者聯合測度財務鬆懈的研究。正如上文所述，實際上這四者之間具有一定內在聯繫。單純從資源視角來看，財務鬆懈資源主要是指沒有指定用途的暫時閒置資源，自由現金流量也是滿足公司所有淨現值為正的投資項目後的多餘現金。因此，如果不考慮財務鬆懈另外一部分——備用舉債能力，那麼，可以用自由現金流量計算公式間接計算企業的財務鬆懈資源。而財務彈性是指從管理層視角，考慮企業面對的風險和不確定性，從而儲備一定隨時可以動用的資源，即提高企業財務應變彈性。如果按照國內學者葛家澍等指出企業財務彈性主要來自四個方面的論述，來測度企業財務彈性。那麼，企業籌措新資金能力與資產變現能力，就可以利用企業備用舉債能力以及可以短期處置資產變現能力來測度財務彈性，此時測度財務彈性的方法有一部分，即籌措新資金能力就與財務鬆懈測度有相似之處。財務保守測度單純從資產負債率的高低進行測度，而資產負債率就反應了企業負債的情況，當企業負債水平低於行業均值，即表明企業維持財務保守政策。從另一方面來看，企業負債率與行業負債率之間的絕對值差額，實際上也就是企業備用舉債能力，可以看出，財務保守與財務鬆懈之間又存在一定的內在聯繫。但是，不同企業所處行業不同、生命週期不同、管理層能力與聲譽不同等各個方面均會影響到企業的舉債能力。因此，綜上所述，全面測度四者還是存在一定區別，單純從某一種視角或某一方面，四者測度可以近似替代。經分析發現，

---

① 趙蒲，孫愛英. 財務保守行為：基於中國上市公司的實證研究 [J]. 管理世界，2004 (6)：109-106.
② 章細貞. 外部環境與企業財務保守行為 [J]. 財經論叢，2007，134 (6)：70-77.
③ 張志強. 財務保守現象剖析 [J]. 財經問題研究，2010 (6)：101-106.

因研究者研究視角、樣本選擇不同造成了上述差異；關於自由現金流量，結論支持自由現金流量與公司績效為負向關係，原因是自由現金流量誘生管理層代理行為，增加了企業代理成本，有損公司績效，也有較少的經驗研究發現自由現金流量促進公司績效提升；財務彈性方面的經驗研究主要集中在財務彈性對公司現金持有量、股利支付以及公司績效等方面的影響，從國內外已有研究發現，企業保持一定的財務彈性有助於企業績效提升。圖2-2為研究總結的四者對公司績效影響示意圖。

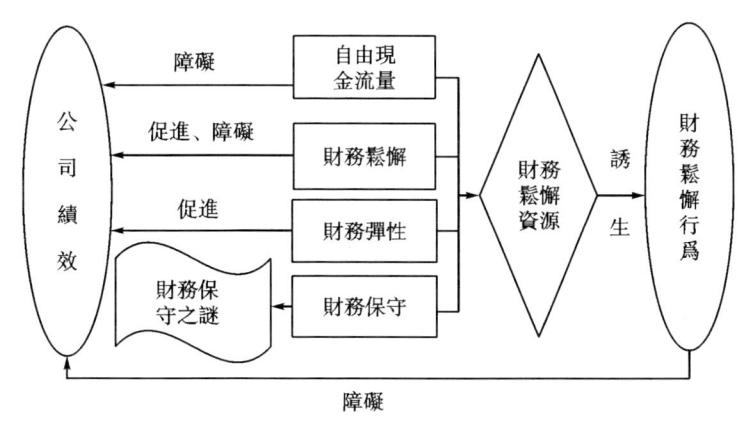

圖 2-2　財務鬆懈、自由現金流量、
財務彈性與財務保守對公司業績影響圖

2.5　現有研究簡評

由於美國次貸危機影響深遠，歐債危機陰影揮之不去，中國經濟發展又出現放緩趨勢，面臨外部競爭壓力，企業保持適度財務鬆懈顯得尤為重要。從目前研究現狀來看，財務鬆懈的研究主要脫胎於組織鬆懈研究，由於財務鬆懈是組織鬆懈的重要組成部分，財務鬆懈已經引起國內外學者的關注，但是，現行財務鬆懈的研究不夠系統、全面、深入。本書認為未來財務鬆懈研究可以拓展以下方面的研究：

（1）財務鬆懈的判別、計量與度。財務鬆懈至今尚無統一內涵，主要原因是學者研究視角不同。由於財務鬆懈的定義不統一，直接影響對企業財務鬆懈的判別。筆者認為應結合企業資產負債表、利潤表、現金流量表以及報表附註等財務報告全面分析企業財務鬆懈，單純從某一種報表無法判別財務鬆懈，

同時還應結合企業內外部環境、企業生命週期等因素綜合判別。財務鬆懈的計量如同詹森（1986）的代理理論提及自由現金流量一樣，很難準確計量，從上述文獻可以看出，財務鬆懈是由現金、現金等價物、有價證券、可出售的資產以及備用舉債能力計量的，尤其是企業的備用舉債能力應該最難計量。按照財務鬆懈持有量的多少，財務鬆懈可以分為財務鬆懈不足、財務鬆懈適度與財務鬆懈過度，那麼不同企業在不同經濟週期應該持有財務鬆懈的度是未來研究的重點。

（2）財務鬆懈的理論淵源與作用機理。任何事物的形成都有一定理論淵源，企業財務鬆懈的形成也不例外，哪些理論支持企業財務鬆懈形成？從上述文獻中可以看出，國外學者認為資源基礎理論、公司行為理論是財務鬆懈形成的主要理論根據，是否還有其他理論更好地支持財務鬆懈？而代理理論不支持財務鬆懈，是否還有其他理論也不支持企業財務鬆懈？

（3）財務鬆懈誘發管理層財務鬆懈行為。現代企業特徵是兩權分離，企業財務鬆懈從某種視角來看是企業的富餘資源，只要企業存在富餘資源，就有可能誘發管理層財務鬆懈行為出現。企業財務鬆懈行為主要表現在管理層主觀不努力、在職消費、隨意提高員工薪酬、過度投資等行為。上述文獻較少關注企業財務鬆懈引起的管理層財務鬆懈行為對公司績效的影響，未來研究應考慮管理層財務鬆懈行為對公司績效的影響，如公司治理結構、資本結構、激勵機制、管理層持股等。

（4）財務鬆懈的非財務指標影響。上述文獻主要利用財務指標和部分非財務指標實證企業財務鬆懈對績效的影響，除了公司規模、年份虛擬變量等非財務指標以外，本書認為還應考慮企業屬性（國有或民營）、公司治理特徵、產品市場競爭態勢、行業特徵（如製造業、房地產業等）、區域特徵、產品市場競爭態勢、企業生命週期、宏觀經濟環境、融資約束等非財務指標，全面分析財務鬆懈對績效的影響。

（5）流動性與備用舉債能力結合。從國外文獻研究中可以發現，企業財務鬆懈主要由流動性與備用舉債能力兩大部分組成，但是，至今尚沒有文獻關注兩者結合對公司績效影響的研究。未來研究應結合流動性與備用舉債能力全面考察財務鬆懈對企業績效的影響，二者結合是否影響公司投資決策、經營決策，從而最終影響企業績效。

（6）規範研究與實證研究相結合。梳理國外財務鬆懈研究文獻發現，規範研究很少，理論上應高度關注財務鬆懈的研究，只有在理論上全面而深入地研究，才能為實證研究提供理論支撐。實證研究的方法要有多樣性，模型要有

科學合理性，未來可以引入案例分析法、心理實驗法、問卷調查法等方法。中國屬於新興經濟體，經濟正處於轉型期，國外的研究框架不一定適合中國資本市場，因此，可以利用中國資本市場上市公司數據，研究分析財務鬆懈如何影響企業績效。規範與實證研究相結合，優化研究設計，借鑑國外研究成果，不斷推行中國企業財務鬆懈理論與實踐研究。

綜上所述，財務鬆懈是企業的一種新型戰略資本，是企業有效應對組織系統的不確定性和風險的一種戰略資源，企業應科學管理財務鬆懈資源，適度持有財務鬆懈資源，實現財務資源高效配置，不斷提升企績效，最終實現企業的可持續發展。

第三章 財務鬆懈理論淵源與評析[①]

3.1 財務鬆懈理論淵源

3.1.1 「經濟人假設」理論

「人性假設」理論由美國心理學家麥格雷戈於 1957 年首次提出，之後眾多學者以此為基礎不斷地進行深入研究，其中，比較有代表性的「人性假設」理論包括：經濟人假設、社會人假設、自我實現人假設、復雜人假設等[②]（杜穎，2008）。「經濟人假設」理論產生於早期科學管理時期，最早由美國心理學家麥格雷戈提出，1957 年麥格雷戈在著作《企業的人性問題》中把「經濟人假設」為主題的管理理論概括為 X 理論。「經濟人假設」認為人對物質、經濟的基本需求是客觀實際的，具有科學性的一面[③]。科學管理之父泰勒是以 X 理論為指導進行研究的典型代表。「經濟人假設」理論主要關注人對物質、經濟的基本需求，認為人對經濟的需求是客觀存在的，這是科學合理的一面。但機械化、簡單化是「經濟人假設」的缺陷，處在社會中的人，無法脫離社會以及人與人交往，人具有明顯的社會性和復雜性的特點。梅奧是人際關係學說代表人物之一。20 世紀 20 年代初，經過長達 10 年之久的「霍桑實驗」後，「社會人假設」被提出。該假設的主要觀點是：人不僅是經濟人，更是社會人；員工勞動積極性受到人的心理、情感等社會性因素影響；人的需求既有物質需求，又有精神需求，人除了需要滿足自然的需求外，還需要安全感、尊重、歸屬感與友情等社會性需求。從上述觀點可以看出，「社會人假設」較

[①] 本節內容已發表在《江淮論壇》2013 年第 1 期，《企業財務鬆懈行為研究》，王文兵，干勝道，宋侃。

[②] 杜穎．人性假設演進與管理模式選擇 [J]．科技管理研究．2008，5：210-212．

[③] 鐘和平．基於企業冗餘資源的技術創新激勵機制研究 [D]．重慶：重慶大學，2009．

「經濟人假設」前進了一大步。但是,「社會人假設」依然將人性看作是被動的、消極的,未能考慮人的能動性與創造力,人的價值觀、思想性以及修養等也未能觸及。20 世紀 50 年代,馬斯洛提出了人類需要的最高層次是自我實現,即人在工作中追求成就,進而實現自治和獨立,同時發展特殊能力及技術,使人具有了彈性,能夠根據環境與社會的變化而變化,這就是「自我實現人假設」理論。麥格雷戈在馬斯洛的需要層次理論的基礎上,進一步提出了 X 理論和 Y 理論。Y 理論認為人並不是天生懶惰的,一般情況下,人是願意承擔責任且熱衷於展示自己的才能和創造性的,對工作是一種滿足還是一種懲罰取決於人對工作的喜好與憎惡。按照「自我實現人假設」理論,組織或企業需要對員工採取必要的激勵模式,為員工提供充分施展自我才能以及提供富有挑戰性的工作,滿足員工個體發展、自我實現的需要(杜穎,2008)。「自我實現人假設」是「社會人假設」理論的繼承與發展,它進一步強調了人性的主動性和創造性,但是人具有復雜性,無法保證每個人都會追求「自我實現」,這說明「自我實現人假設」理論在某些方面過於理想化。20 世紀 60 年代,肖恩提出了「復雜人假設」,該理論認為,「經濟人假設」「社會人假設」與「自我實現人假設」都具有合理性的一面,但並不適合一切人。一個現實的人,其心理與行為會因個體、環境的不同而存在較大差異,這種差異會因時、因地、因環境等因素會發生諸多變化,人具有復雜性,人的需求和能力會隨著環境、時間、地點的變化而變化。該理論認為,組織或企業不存在一種一成不變、具有普適性的管理模式,組織或企業應當結合自身實際發展狀況以及環境等因素採取適當的管理措施。「復雜人假設」理論本質並未能突破「經濟人假設」「社會人假設」以及「自我實現人假設」理論,僅是認識到以前理論的不足之處。

實際上,「經濟人假設」的思想早在中國漢朝就有學者進行了比較深刻的論述。中國漢朝史學家司馬遷認為追求自我利益是人之本性,他在《史記·貨殖列傳》中寫道:「天下熙熙,皆為利來;天下攘攘,皆為利往。」[1]「經濟人」的思想內涵一般認為是由亞當·斯密最先完整地表述出來。他在《國民財富的性質和原因的研究》一書中,系統地提出了人們行為動機的自利原則,並把它引入經濟學理論體系之中。他指出:「每個人都努力使其生產物的價值能達到最高程度……他通常既不打算促進公共的利益,也不知道他自己是在什

---

[1] 阮青松. 對「理性」和「自利」的反思——新視角中的企業經歷層激勵約束 [M]. 上海:上海世紀出版集團,2010:39-40.

麼程度上促進那種利益……他只盤算他自己的安全。由於他管理產業的方式目的在於使其生產物的價值能達到最大程度，他所盤算的也只是他自己的利益。」① 後來的經濟學家把亞當·斯密的論述概括為人們行為動機上的趨利避害。最早提出「經濟人」概念的是美國心理學家麥格雷戈，其理論來源於西方享樂主義哲學和亞當·斯密關於勞動交換的經濟理論。這種假設認為人是由經濟誘因來引發工作動機的，人參加生產勞動是希望獲得最大的經濟利益。趨利避害是人的本性，追求物質利益的最大化是個人行為的根本動機與根本出發點②。

　　任何公司都由兩種不同性質的權利平衡來保證公司的實力乃至生存：一是擁有公司的人的權力；二是經營公司的人的權力。公司依賴股東提供資本，但卻由管理層控製公司日常的經營活動，這為公司高效運行創造了機會，其效率大大超過了那些只擁有單個所有者或管理者的公司，甚至大大超過了那些擁有一群所有者或管理者的公司。但是，這種體系在創造效率的同時，也產生了諸如權力濫用、思想鬆懈、敗德等問題，這就是現代公司的一個令人百思不得其解的「謎」。對於這個「謎」，卡爾·馬克思與亞當·斯密的解釋非常相似，一致認為公司的組織形式是不切實際的，儘管現實中已經出現了所有權與控製權的分離，他們設想公司能創造一種既能保證效率又能保證公平的模式。亞當·斯密不但批評了那些在合股公司的人，也批評了那些管理股份公司的人，同時他也認為投資者「幾乎不想瞭解公司經營上的任何事情」，在提到董事會時，他說：「由於是管理別人的財富而不是自己的財富，我們很難指望他們會像私人合夥企業裡的個人那樣滿腔熱情地監督別人的財產」。那麼，是不是就沒有什麼能讓管理層像股東那樣，積極關心公司的績效？答案不得而知，但可以肯定的是，公司的經營不能建立在股東全體表決的基礎上，管理者必須被授予迅速地作出決策的權力，並且承擔合理的決策風險。如果每一個管理者決策都傳達給所有者，產業將不可能進步，並且所有人都會蒙受經濟上的損失。當公司股東將巨大的權力委託給公司管理層時，就必須保證這些權力不會被濫用，也必須保證管理層按照股東意願行使經營決策權力，不能出現鬆懈行為。由於公司的所有者可能成千上萬，分散在世界各地，這就導致股東根本不可能去監督他們所雇傭的管理者。

　　現代經濟學以新古典經濟學為基礎，邏輯起點是追求個人效用最大化的經

---

① 莊宗明，楊旭東.「經濟人假說」：爭論與超越——兼論中國經濟學的創建 [J]. 學術月刊，2001（2）：28-29.

② 鐘和平. 基於企業冗餘資源的技術創新激勵機制研究 [D]. 重慶：重慶大學，2009.

濟主體，即經濟人假設。根據經濟人假設，企業很容易找到諸如詐欺、舞弊、功利、鬆懈、道德風險等敗德行為的自我合理化借口。任何企業都是由不同個體——人所組成（股東、管理層、員工等），根據人性假設理論，由於不同個體的目標、人性、需要等與團體組織目標不盡相同，勢必造成企業組織內部發生各種摩擦、衝突。作為股東，希望企業價值最大化；作為管理層，希望自身價值得到體現，包括政治晉升、在職消費等；作為員工，希望從企業獲得更多薪酬、降低勞動強度、延長休息時間等。因此，企業在運行過程中，管理層、員工會出現偷懶、逃避、懈怠等鬆懈行為，從而規避各種監管，預留財務鬆懈資源，來滿足個人慾望的實現。現代企業（公司）的最大特徵是「所有權與經營權兩權分離」，管理層厭惡風險、利己主義、滿足現狀的思想，因信息不對稱，管理層以各種借口囤積自由現金流量，保持過度鬆懈的財務資源，因此，「經濟人假設」理論為企業的財務鬆懈行為提供了理論依據[1]。

3.1.2 不確定性與風險理論

未來不確定性是任何商業組織所面臨的無法迴避的事實，這就意味著企業對未來規劃都是建立在對未來的預期的基礎上。不同企業的不同預期導致企業對未來設置的置信度不同。所謂預期是指對某一特定行為或一系列行為未來各種可能結果的估計。所謂不確定性是指企業家對他的估計或預期的信心；風險則是指行為的可能結果，尤其是指在採取一定行為之後可能會遭受的損失[2]（Penrose，1958）。一般情況下，組織或企業的不確定性與風險是在擴張規劃中產生的，企業管理層在對企業進行成本和收入核算時，要比正常時有意識地、主觀地低估需求和高估成本，以此來應付企業在擴張中所遇到的風險和不確定性，也就是說，企業管理層提前考慮了企業擴張失敗的可能性以及估計失敗這樣一種不確定性所造成的影響。

經濟學研究文獻對不確定性與風險進行了詳細論述，分別從三個方面討論了不確定性與風險，即保險、投機以及企業家活動。相關方面研究的經典文獻有羅斯的《作為一種生產要素的不確定性》、萊斯利和克里夫的《經濟領域中的已知與未知》以及拉文頓的《與利息率相關的不確定性》等，而奈特在專著《風險、不確定性與利潤》中，以邏輯實證入手，借鑑經驗事實，以一種

---

[1] 王文兵，干勝道，宋侃. 企業財務鬆懈行為研究[J]. 華東經濟管理，2013（7）：40-44.
[2] 伊迪絲·彭羅斯. 企業成長理論[M]. 趙曉，譯. 上海：上海人民出版社，2007：63-64.

不可知態度，全面分析了風險與不確定性的內涵，並將不確定性區分為可量度的不確定性和不可量度的不確定性，他把前者稱為「風險」，把後者稱為「不確定性」，並用「客觀」概率和「主觀」概率分別表示「風險」和「不確定性」。一般情況下，「風險」一詞適用於從不利的偶然性角度看待的所有不確定性，從而將「風險」表示是一種損失，將「不確定性」表示是一種獲得。由此可知，企業在發展的任何階段，都充滿了「風險」與「不確定性」，面對「風險」與「不確定性」，企業家活動必須嚴格區分二者，並針對企業所面臨的「風險」與「不確定性」，找出適當的方法來消除「風險」或「不確定性」①。

當企業為了擴張而加大投資時，隨著投資的每一單位的增加，在存在一定損失概率下，企業所面臨的風險也就變得更加嚴重起來。假定企業處於負債狀況，則其財產狀況會開始惡化，企業的流動性狀況或滿足未預料到的對現金流的需求能力將變得不確定。隨著時間的推移，企業將耗盡自己的原有儲備，當企業進行新的投資項目時，因變現能力很差而影響企業的融資功能，這就是許多經濟學文獻中論述的「風險遞增」現象②。因此，除非企業願意承擔無法準確預測的風險並且不在乎不確定性，一般情況下，企業管理層均會根據現行理論，降低風險和不確定性，減輕其抑制企業擴張規劃的影響。

從上述分析中可以看出，企業管理層屬於典型的消極「風險承受者」，它隱含了企業管理層無法減少任何行為所帶來的不確定性和風險。企業管理層面對風險，選擇承擔還是退縮，將取決於管理層性格。但是，消極接受風險與不確定性不是管理層唯一的應對方式，管理層會想盡一切方法或路徑來降低或消除不確定性和風險對自身或企業的影響。那麼，管理層首先考慮的是利用自己可以控製且可以使用的管理資源來進行風險規避。一些企業傾向於保留較多的流動準備金，還有一些企業則拒絕使用外部資金降低有息負債率。企業可能會固守一些約束其擴張規劃的融資政策，甚至不願意借錢來進行最有希望的嘗試，這就是缺乏進取精神的鬆懈行為的關鍵表現，即使是最有進取心的企業管理層在某些時候也不願冒更大的風險去嘗試進行企業擴張規劃。伊迪斯·彭羅斯（Penrose，1958）曾尖銳地指出：「與其說企業管理層是由於面對風險與不確定性而選擇財務保守主義，還不如說是一個企業管理層素質問題。這兩者之間區別不大，就好像一家企業之所以拒絕借錢，要麼是因為它保守，不喜歡風

---

① 弗蘭克·H. 奈特. 風險、不確定性與利潤 [M]. 安佳，譯. 北京：商務印書館，2012：45-54.

② Kalecki. The Principle of Increasing Risk [J]. Economica, 1937 (11)：440-447.

險，要麼是因為它相信花完借來的錢不道德。」① 這句話從側面證實了企業管理層會以客觀存在的不確定性與風險為借口，停止繼續擴張的規劃。

彭羅斯在《企業成長理論》專著中以資源依賴為視角，全面分析了企業在成長過程中應如何應對所面臨的各種「風險」或「不確定性」，並指出企業在任何時期進行的任何擴張都有一個合理的、明確的限度，超過這一限度，企業就會發現其所得無法與所冒的風險相匹配②。然而，企業在擴張過程中其財務狀況會出現風險上升的情況，為應付風險和不可避免的不確定性，一些企業傾向保留較多的流動準備金等鬆懈資源，一些企業會拒絕借用外部資金，壓縮負債，還有一些企業則會奉行大膽的財務擴張政策。從彭羅斯的企業成長理論中，可以清晰地看到，企業在情況不妙或為應付風險和不可避免的不確定性時，或通過累積，或保持流動儲備金來使其渡過難關，或拒絕借入超過一定數量的款項，使企業自動限制了借入資金的能力，其所能獲得的資金量就會有限，只能使用自身業務所賺來的錢。由此可知，企業為了應對風險或不確定性，在擴張過程中，或適當考慮以前年度所儲備下來的流動資金等鬆懈資源，或適當壓縮負債規模，謹慎從外部舉債。從鬆懈資源儲備和儲備備用舉債空間兩維視角分析企業適度財務鬆懈，主要是為了應對企業在成長（擴張）期間所遇到的困境，從而確保企業維持可持續發展。

3.1.3 資源基礎理論

國外學者將組織或企業擁有的資源分為四大類：組織資本資源（Tomer，1987）、物質資本資源（Williamson，1975）、財務資本資源和人力資本資源（Becker，1964），其中財務資本資源包括企業的所有收入（包含負債、權益、留存收益等）。巴尼和克拉克在專著《資源基礎理論》中明確指出，資源本身並沒有任何價值，僅當其用於實施戰略的時候才能為企業創造價值，而學者們應該研究這些戰略創造的價值，從而推斷企業資源的潛在價值③。資源基礎理論的基本觀點是：組織或企業建立強有力的資源優勢遠勝於擁有突出的市場地位優勢；組織或企業的競爭優勢來源於它所具備資源的數量、質量及其使用效

---

① 伊迪絲·彭羅斯. 企業成長理論 [M]. 趙曉，譯. 上海：上海人民出版社，2007：68-70.
② 伊迪絲·彭羅斯. 企業成長理論 [M]. 趙曉，譯. 上海：上海人民出版社，2007：78-81.
③ 巴尼·克拉克. 資源基礎理論 [M]. 張書軍，蘇曉華，譯. 上海：格致出版社，上海三聯出版社，上海人民出版社，2011：69-81.

率；企業自身的資源是企業競爭優勢的源泉與基礎。儘管資源的開發過程傾向於使企業靈活性降低，但資源基礎理論依然認為開發過程產生的獨特資源仍是企業競爭優勢的潛在源泉，並使企業效益達到最高水平。由於各個企業發展道路各不相同，所擁有或控制的資源狀況也就不可能完全相同，從而營運效率和盈利率也存在差別[①]。「資源基礎理論強調企業的特殊資源，並且認為公司將運用所持有的特殊資源獲得競爭優勢。它指出企業需要有價值的資源，並且通過對其有效利用，以獲得持續競爭優勢。能夠有效利用所擁有的特殊資源，將使一個企業擁有實質性優勢」（Sanghoon Lee, 2011）。資源基礎理論中的財務鬆懈是指沒有被利用的資源，而一旦這種資源被有效利用，可能會為企業帶來競爭優勢。在這種理論下，鬆懈資源成為企業帶來進行擴張的原動力，它促使企業改革創新。對多餘資源進行有效的整合利用，會促使企業發展自己的核心競爭力。資源基礎理論把企業看作具有不同適用性的各種資源的集合，即企業的資源可被配置於不同最終產品的各種業務內。一個成功的戰略依賴於開發和積聚專門化資源，並通過創造業務單位來開發利用資源，使資源與市場機會相匹配。資源基礎理論假定了資源的異質性和不可轉移性，由此得出的戰略結論為：一方面，有效的資源配置、開發和保護是企業取得最佳績效的必由之路；另一方面，並不是所有資源都能成為企業持續競爭優勢的來源，企業資源中很多是企業生存必需的、能夠在市場上購得的普通資源，只有具有價值性、稀缺性、難以模仿性的資源，才有利於企業競爭優勢的創造與保持。但是，資源基礎理論同時認為，企業的資源價值需要得到開發機會，即資源的價值是由其開發資源的機會決定的，這些機會瞬息萬變，使資源價值從有到無，並且關係到在競爭中重要資源的稀缺性，如果競爭者也具備了相同或相似的資源與能力，該企業就失去了競爭優勢。重要的競爭性資源的另一個標準就是難以模仿，企業擁有的資源越難以模仿，企業獲得行業平均利潤率就越高，企業可持續發展的時間也就越長。

伊迪斯·彭羅斯（1959）提出，企業的發展壯大需要有多餘的資源。「因此，資源基礎理論把財務鬆懈看作是一種獲取競爭優勢的潛在資源，而不僅僅是一種無用的剩餘」（Sanghoon Lee, 2011）。「鬆懈資源吸收了外部環境的（不利）波動，在急遽變化的環境中起著穩定局勢的作用，提供給公司持續經營所需的物資。鬆懈資源直接關係到公司充分利用面臨的各種商機，減少外部

---

① 王薔. 柔性化組織：柔性嬗變與路徑選擇 [M]. 上海：上海財經大學出版社，2007：251-252.

的不利影響的能力」（Sanghoon Lee，2011）。漢姆布瑞克和斯諾（Hambrick & Snow，1977）認為鬆懈資源允許公司進行新戰略試驗，即新產品、新市場開發等。實際上，管理層經常需要財務鬆懈資源來完成有利可圖的投資項目[①]。希爾特和馬奇（Cyert & March，1963）指出，由於鬆懈資源為創新提供資金，因而鬆懈資源起到推動創新作用[②]。因此可以說，「只要鬆懈資源存在，就能解決一切問題」（Moch & Pondy，1976）。

資源基礎理論從資源屬性視角進行分析，認為財務鬆懈資源屬於企業資源，當企業存在財務鬆懈資源，企業外部宏觀經濟環境與企業內部經營環境發生波動時，財務鬆懈資源能夠吸收內外環境波動給企業帶來的不利影響，維護企業的可持續發展，這時財務鬆懈資源便充當了環境波動的穩定器；當企業擁有充足的財務鬆懈資源時，企業管理層可以利用這些鬆懈資源進行新產品開發、新市場的開闢等創新活動，並為企業產品升級換代提供研發創新資金，給企業帶來新鮮血液，這時財務鬆懈資源起到了充當企業創新的推動劑的作用。資源基礎理論從另外一種視角研究，認為企業擁有的各種資源能應對外部不確定性與風險，當企業資源具有價值性、稀缺性、不可模仿性以及不可替代性時，企業將獲得較強的產品市場競爭力。因此，資源基礎理論認為財務鬆懈資源可以充當波動穩定器、吸收器和創新推動劑，這就為企業存在財務鬆懈資源提供了理論依據。

3.1.4 公司行為理論

希爾特和馬奇（Cyert & March，1963）在《公司行為理論》著作中專題論述了組織鬆懈（Organizational Slack）。他們將組織看成是一個聯盟，一個商業組織包括管理者、股東、雇員、供應商、消費者、律師、監管機構、稅務人員等聯盟成員。在現有公司框架下，如果支付給聯盟中各成員的報酬足以把他們留在組織內，那麼組織聯盟是可行的；如果資源是用來滿足所有需求，而這些資源的分布也滿足這些需求，聯盟也是切實可行的。但是，組織在支付和需求的共同調整中會發生各種各樣的摩擦，因此在組織可得到的資源與維持組織生存所需要的支付之間就存在不對等。總資源與必要的總支付之間的差額，就是組織鬆懈（Organizational Slack）。鬆懈資源可以從多種不同形式存在於企業

[①] D C Hambrick, C C Snow. A Contextual Model of Strategic Decision Making in Organizations [J]. Academy of Management Pro-Ceedings. 1977, 6 (11)：109-112.

[②] 希爾特，馬奇. 公司行為理論 [M]. 李強，譯. 北京：中國人民大學出版社，2008：45-47.

內部，如較多的紅利、較低的產品價格、較高的薪水、更多的員工以及閒置的設備。鬆懈資源分為可見的、可測量的（如未分配利潤）和不可見的、不可測量的（如過多的紅利和薪酬）、財務的和非財務的等。沙夫曼等（Sharfman, et al, 1988）按照流動性和使用靈活性的高低把冗餘資源分為非沉澱性冗餘資源和沉澱性冗餘資源兩類。非沉澱性冗餘資源流動性和靈活性均較高，包括現金、現金等價物、信用額度等；沉澱性鬆懈資源流動性和靈活性較低，且面向特定主題，包括支付給員工的較高報酬、管理費用、加工中或已加工的產品、熟練工、閒置的生產設備等[1]。國內學者李曉翔、劉春林（2011）認為，企業擁有的鬆懈資源，既可以將其以非沉澱性鬆懈資源形式保存，也可以以沉澱性鬆懈資源形式保存。非沉澱性鬆懈資源由於沒有沉澱於企業內部，可以適用於較多情境，能給管理者較多的選擇和支配空間，但是其價值的實現還需要將其轉化為沉澱性資源，例如，把現金用於購買設備等才能滿足生產力增加的需求；沉澱性鬆懈資源則可以直接適用於特殊情境，例如，閒置的機器設備可以直接響應需求的增加，但是若要將其轉換以面向其他需求時，需要一定的時間，因此在其他情境下的適用性受到制約。這兩類鬆懈資源除了流動性、靈活性有所區別之外，更重要的是沉澱性鬆懈資源由於已經內嵌於企業流程，和企業的「內核」（如關鍵業務流程）緊密聯繫，沉澱性鬆懈資源在對企業內核形成保護的同時，也降低了企業對這類鬆懈資源利用的隨意性；而非沉澱性鬆懈資源則更多地是作為一種資源存在。由此可見，鬆懈資源存在形式的不同會造成企業對其利用能力的區別[2]。

傳統經濟理論研究中，都假定組織鬆懈資源為零，即組織不存在鬆懈資源，而管理經濟學研究中，經常將關注的焦點放在組織的一部分鬆懈資源上，同時假設組織其他鬆懈資源維持在零的水平以上。實際上，上述任何觀點與假設在公司實際經營過程中均無法實現，即組織常常存在各種各樣的鬆懈。組織中既然存在各種形式的鬆懈資源，那麼具體存在哪些鬆懈資源呢？希爾特和馬奇（Cyert & March, 1963）採用列舉法描述了組織鬆懈資源存在的形式：支付給股東的紅利超過將股東（或銀行）留在組織內所需要的數量；定價過低不能從買者那裡得到足夠的收入；工資超過維持勞動所需要支付的工資額；提供給私人的服務和奢侈品超過了留住他們所需要的數量；不對額外支出和額外收

---

[1] Sharfman M P, Wolf G, Chase R B, Tansik D A. Antecedents of Organizational Slack [J]. Academy of Management Review, 1988, 13 (4): 601-614.

[2] 李曉翔，劉春林. 冗餘資源與企業績效關係的情境研究：兼談冗餘資源的數量變化 [J]. 南開管理評論，2011 (3): 4-14.

入的關係進行認真分析就允許部門的擴張；提供的公共服務超過了必要水平①。

「公司行為理論認為，鬆懈資源由支付給組織聯盟中的成員超過繼續維持組織聯盟的費用，以及支付給把公司看成是在組織調研和學習過程中的一項調劑系統的費用組成。這樣看來，鬆弛（鬆懈）資源是該系統調節願景水平和期望水平過程中的緩衝器，管理層運用鬆懈資源來減少利益相關者之間的衝突。也就是說，鬆懈資源化解了組織聯盟中成員間的直接摩擦，是矛盾緩解的催化劑」（Sanghoon Lee, 2011）。組織鬆懈資源吸收了大部分企業環境的潛在變動，起到了穩定和調整的作用。實際上，組織內部聯盟參與者的需求會隨著組織的成功而不斷進行調整，從而達到進一步穩定組織系統。鬆懈資源會通過兩條途徑穩定組織系統，一是在相對較好的環境下（即組織發展穩定期間），鬆懈資源通過吸收過多的資源，拖延了組織聯盟成員期望向上調整；二是在相對較差的環境下［即組織外部環境突變（波動），組織遇到發展困境時］，通過提供一個緊急資源池，使組織聯盟成員的期望得以維持或實現。由此可知，當環境變得更加不利時，組織鬆懈資源就成為一個減震器。資源稀缺性引起重新交易，並且傾向於大大削減在奢侈時期採取的各種超額支付。例如，瑞德（Reder, 1946）在報告指出，福特公司在1946年前三季度虧損了大約5,000萬美元，隨後福特公司宣稱它已經發現了（在一個給定的產出水平上）每年減少大約2,000萬美元運行成本的方法②。

公司行為理論從組織聯盟視角，分析了鬆懈資源可以用來平滑組織聯盟成員間在組織發展過程所發生的各種衝突，並將鬆懈資源的功能定位為減震器，同時列舉了鬆懈資源的具體存在形式。當企業內部成員之間、組織與成員之間因目標不一致而發生摩擦、衝突時，財務鬆懈資源可以解決摩擦、衝突，充當解決摩擦與衝突的工具。

3.1.5 代理理論

委託代理理論是西方現代產權經濟學的一個主要分支，其理論核心是設計一種合理的激勵機制，給代理人提供各種激勵和動力，使代理人能按照委託人的預期目標努力工作，進而使代理人與委託人在相互博弈的過程中實現「雙

---

① 希爾特，馬奇. 公司行為理論［M］. 李強，譯. 北京：中國人民大學出版社，2008：36-44.
② 希爾特，馬奇. 公司行為理論［M］. 李強，譯. 北京：中國人民大學出版社，2008：30-35.

贏」的局面。1932年伯利和米恩斯（Berle & Means）在著作《現代公司與私有產權》裡指出現代公司「所有權與經營權相分離」的製度後，許多經濟學家開始關注管理者控制企業而產生的問題①。「亞當·斯密在《國富論》中論述道：「公司的管理者管理著的是別人的錢而不是自己的，不能指望他們會像私人合夥公司的合夥者一樣時刻警覺、謹慎地經營著自己的財富。他們就像是財主的管家，經常關心一些與主人利益無關的瑣事，卻不認為自己失職。因此，不論嚴重與否，粗心大意和揮霍浪費都會在這樣的公司管理層中滋生。」②任何公司的實力甚至生存，都取決於兩種性質不同的權力的平衡：那些擁有公司的人的權力和那些經營公司的人的權力。一個公司依靠股東來提供資本，但是卻由管理層來維持日常的經營活動。這種機制確實為現代公司的高效運行創造了機會，從而讓公司所實現的效率遠遠超過了那些只擁有所有者或管理者的企業，甚至大大超過了那些只擁有一群所有者或管理者的企業，但是，這樣的機制卻為管理層濫用權力創造了千載難逢的機會。法瑪（Fama，1980）在《代理問題和企業理論》中論述了企業管理層一旦獲得了董事會的控製權，最高管理層可能覺得，串謀和剝削股東財富要比自相競爭更好③。詹森和麥克林（Jensen & Meckling, 1976）在《企業理論：經理行為、代理成本和所有權結構》中詳細論述了代理關係，把代理關係定義為一份合同。在這份合同關係中，一個或多個人（委託人）雇傭代理人為他們進行某些活動，並把某些決策權交給這個代理人，如果關係雙方都是效用最大化者，我們有充分理由相信，代理人不會總為委託人的最佳利益行動。為解決這種局面，一般情況下委託人會設計恰當的激勵合同和監督成本來限制代理人的越軌活動，從而降低自己利益的受損程度。對代理人來說，通過花費資源向委託人保證他不會進行損害委託人利益的行動，或向委託人保證他如果進行了這種行動，委託人會得到補償，是有利可圖的。但是，委託人不可能以零成本保證代理人作出的決策（從委託人角度看）是最優的。在大部分代理關係中，委託人都要監督代理人或要求代理人保證成本，並且，在所有的代理關係中，代理人的決策和那些最大化委託人福利的決策之間可能會存在某些偏差。由於這種偏差導致的委託人福利的下降的貨幣等價也是代理關係的一種成本，這種成本稱作為「剩餘損

---

① 鐘和平. 基於企業冗餘資源的技術創新激勵機制研究 [D]. 重慶：重慶大學，2009.
② 路易斯·普特曼，蘭德爾·克羅茨納. 企業的經濟性質 [M]. 孫經緯，譯. 上海：上海財經大學出版社，2009：298-299.
③ Fama. Agency Problems and Theory of the Firm [J]. Journal of Political Economy，1980，88：287-307.

失」，即代理成本①。

德姆塞茨（Demsetz，1983）進一步發展了伯利和米恩斯的著名論斷「現代公司中的所有權與控製權分離」。由於現代公司所有權十分廣泛地分散在大量股東間，以至於一般股東無法運用權力去監督現代公司的管理業績，公司股東喪失了對其資源的控製權。與企業由所有者管理的情況或者和所有權更集中的情況相比，在現代公司中，管理階層在企業資源的使用上有更大的自由②。「麥瑞斯（Marris，1964）分別從不同角度研究管理者與所有者之間存在的利益衝突，以及在公司制企業中如何激勵管理者的代理行為，使之與股東委託的目標相一致」③。詹森和麥克林（1976）提出的代理理論認為，所有權與經營權分離，經理人與股東利益的分化，使管理者並不追求股東利益最大化，而是更多考慮自身利益最大化。因此，管理者為避免公司出現財務危機或破產對自身聲譽造成影響，會使企業保持較高財務鬆懈，儲備過多財務鬆懈資源，成為企業現金需求「緩解器」，降低財務危機的概率，以此來防禦財務風險；為了追求自身利益最大化，管理層可能存在大量在職消費，營造「商業帝國」，持有大量財務鬆懈資源來滿足自己的私欲。

代理理論已經成為現代公司財務理論研究的主流，企業經營權與所有權相分離，委託人與代理人存在道德風險和代理人預算約束，所有人與經理人存在利益衝突，管理層存在道德風險和逆向選擇等問題，是任何股份有限公司所面臨的難題。可以肯定的是，公司治理機制設計的再好，也無法從根本上杜絕公司所有者與管理者之間的利益衝突。只要公司管理層在經營管理過程中滯留財務鬆懈資源，就有可能誘生管理層財務鬆懈行為發生，因此，可以確定，只要承認現代企業兩權分離特質存在，公司就會發生財務鬆懈行為，也就是說，比較健全、科學合理的公司治理機制，在某種程度上能降低公司管理層財務鬆懈行為發生的可能性。

3.1.6 優序融資理論

優序融資理論（The Pecking Order Theory）是當前國內外公司財務學最為

---

① 路易斯·普特曼，蘭德爾·克羅茨納. 企業的經濟性質 [M]. 孫經緯，譯. 上海：上海財經大學出版社，2009：301-302.

② Harold Demsetz. The Structure of Ownership and the Theory of the Firm [J]. Journal of Law and Economics, 1983, 26: 375-390.

③ Marris R. The Economic Theory of Managerial Capitalism [M]. Glencoe: The Free Press, 1964.

流行的理論流派之一，學界也有部分學者稱其為「融資層級理論」（The Financing Hierarchy Theory）。該理論的創始人為美國麻省理工學院教授斯圖爾特·梅耶斯。他在1999年所發表的論文《資本結構》中表述了優序融資理論的內容，認為當信息不對稱只與公司外部相關時，公司偏好內部融資超過外部融資；在「既定」的股利政策情況下，企業因發放股利而減少現金，無法為資本支出提供融資；倘若企業資本支出需要向外部融資，那麼企業將首先考慮發行安全的債券或股票證券來滿足企業資本支出項目融資需求；當企業內部現金流量滿足甚至超出企業資本支出項目所需融資的資金需求時，關於剩餘現金流量，企業將首先考慮償還企業債務，其次考慮回購股票及退股；隨著企業資本支出項目所需資金逐步增加，企業將會首先考慮安全性較高的債務融資，最後才會考慮發行股票進行融資以滿足資本支出項目的融資需求①。從邁耶斯的優序融資理論的內容中可以看出，公司優序融資的順序是將公司內部產生的現金流量首先作為公司資本投資所需資金的第一來源。對於公司內部所產生的現金流量，梅耶斯將其稱為「Financial Slack」，即公司內部留存尚未指定用途的財務資源。梅耶斯和麥吉洛夫（Myers & Majluf（1984）認為，與外部投資者相比，公司管理層擁有公司資產價值、投資項目等信息，而外部投資者是公司局外人，無法從公司所發布的財務報告獲得公司資產價值、投資項目營利性等信息，從而不能準確判斷公司資產價值、投資、經營等信息，即信息不對稱，因此，公司股票價值可能被外部投資者錯誤地低估②。由於股票價值被低估，使得現有股東會選擇放棄一些淨現值為正的投資項目，從而產生「投資不足」。相對於被市場低估的股票籌資，累積的內部資金成為投資項目籌集的首選，其次是信息不對稱成本和其他融資成本相對較小的債務融資，最後才使用發行股票來為項目籌資。根據融資優序理論，當企業投資項目需要籌集資金時，企業首先考慮內部累積留存收益，其次是債務融資，最後才是股權融資。只有當公司內部資金不足，累積留存收益不足支付當前的投資需求時，才會考慮債務籌資，債務籌資不能滿足時，才進行股權籌資。因此，依據邁爾斯（Myers, 1984）、邁爾斯和邁基里夫（Myers & Majluf, 1984）的分析，公司管理層與投資者間存在信息不對稱現象，從而導致公司存在這樣一個融資順序：留存收益、債務融資、權益融資。

---

① Myers S C, The Capital Structure Puzzle [J]. Journal of Finance Economics, 1984（39）: 575-592.

② Myers S C, Majluf N S. Corporate Financing and Investment Decisions When Firms Have Information that Investors Do not Have [J]. Journal of Finance, 1984（13）: 187-221.

優序融資理論的提出，為公司預留財務鬆懈資源提供了理論依據。與此同時，當企業外部環境出現波動或突變（如金融危機、通貨膨脹、銀根緊縮等）時，債務或股權融資將成為一種奢望，只有公司長期預留的財務鬆懈資源才能滿足稍縱即逝的投資機會。

3.1.7 權衡理論

權衡理論在 20 世紀 70 年代中期形成，其核心內容是企業最優資本結構是在負債的稅收收益與破產成本現值之間進行權衡。因此，權衡理論在學術上往往被學者稱為企業最優資本結構理論。早期權衡理論代表學者有考斯（Kraus，1973）、利特茨恩伯格（Litzenberger，1973）、斯科特（Scott，1976）、羅比切克（Robichek，1966）等。實際上，權衡理論是在「MM」理論的基礎上發展引申而來的，「MM」理論是只有在完全和完美市場條件下方能成立的理論[1]。從時間發展角度看，學術界將權衡理論分為權衡理論與後權衡理論兩個階段。早期學者採用的模型基本引自「MM」理論的修正模型，「MM」理論只有在完全和完美市場條件下才能成立，但現實生活中不可能出現完全市場和完美市場，其中不完全市場和不完美市場的表徵就包含稅收製度和破產製度。考斯（Kraus，1973）和利特茨恩伯格（Litzenberger，1973）經過研究得出稅收製度和破產製度是一個關於資本結構對企業價值影響的實證理論的中心點。權衡理論認為，企業可以利用稅收屏蔽的作用，通過增加債務來增加企業價值，但隨著債務的上升，企業陷入財務困境的可能性也會增加，甚至可能導致破產，如果企業破產，不可避免的會發生破產成本。即使企業沒有破產，但只要存在破產的可能，或者說，只要企業陷入財務困境的概率上升，就會給企業帶來額外的成本，這是制約企業增加借貸的一個重要因素。因此，企業在決定資本結構時，必須要權衡負債的避稅效應和破產成本。制約企業無限追求免稅優惠或負債最大值的關鍵因素是由於負債上升而形成的企業風險和費用。企業債務的增加，使企業陷入財務危機甚至破產的可能性也隨之增加，同時提高的風險和各種費用會增加企業的額外成本，從而降低企業的市場價值。因此，企業最佳融資結構應當在負債價值最大化和債務上升帶來的財務危機成本以及代理成本之間選擇平衡點，即企業理想的債務與股權比率就是在稅前付息的好處與破產和

---

[1] Modigliani F, Miller M. The Cost of Capital Corporation Finance and the Theory of Investment [J]. American Economic Review, 1958, 28 (2): 261-297.

代理成本之間權衡①。後權衡理論產生於1977年米勒（Mille）的《負債與稅收》，他認為企業負債的稅收利益剛好被個人負債的稅收付出抵銷。在米勒研究的基礎上，梅耶斯（Mayers，1984）等將負債的成本從破產成本進一步擴展到代理成本、財務困境成本和非負債稅收利益損失等方面，同時，又將稅收收益從原來所單純討論的負債稅收收益引申到非負債收益方面，實際上是擴大了成本與利益所包含的內容，把企業融資結構在稅收收益與各類負債相關成本之間進行權衡②。

　　在對公司資產進行破產清算時，股東利益在清償順序的最後，因此財務危機或破產造成的公司價值減少對股東極其不利；企業債權人為了減少破產成本又往往提高利率，因此，「減少破產」對股東來說是有利可圖的。在這種情況下，一個有效的選擇就是企業通過持有財務鬆懈資源來減少破產的可能性③（Van Horne，2000）。克里福特和瑞尼（Clifford & Rene，1985）認為，企業持有財務鬆懈資源的另外一個收益是降低管理者、雇員、供應商以及顧客承擔的風險，減少他們的損失。如果這些人不能將其在企業的權益合理的多角化，他們就會要求額外的補償以避免企業的損失，這些額外補償多為支付給管理者高額津貼、給供應商高價格或給顧客低價格等，但無論哪種形式的補償都會損害股東利益④。權衡理論暗示企業管理層既要適度負債，合理利用負債可以帶來的稅收收益，同時必須權衡負債所給企業帶來的破產風險。因此，企業在實際經營過程中，要權衡負債的利與弊。大量負債或從不舉債這兩種極端，是企業所有者不願見到的。負債可以帶來稅收屏蔽作用，但同時也引發破產風險，企業為了減少破產風險，就必須保留一定財務鬆懈資源，來應對隨時到期的債務，從而降低企業破產風險。因此，權衡理論也為企業財務鬆懈行為找到了理論誘因。

3.2　財務鬆懈理論淵源評析

　　《美國傳統辭典》（American Heritage Dictionary）將公司定義為，當一伙人

---

　　①　劉媛媛. 基於歷史視角的西方公司財務理論研究［M］. 大連：東北財經大學出版社，2010：114-115.
　　②　劉媛媛. 基於歷史視角的西方公司財務理論研究［M］. 大連：東北財經大學出版社，2010：116-117.
　　③　範霍恩. 財務管理與政策教程（上）［M］. 北京：華夏出版社，2000：332.
　　④　陳霞. 上市公司流動性影響因素研究［D］. 成都：四川大學，2009.

通過法律的途徑以契約的形式把他們的整體單獨確定為一個不同於他們自己的、有特殊的權利、特權和義務的實體時，公司也就相應產生了。就像亨利·福特（Henry Ford）曾經說過的：「大公司真是大得像個具有個性的人」①。由此可知，現代公司制組織是由人組成，並按照相應契約完成公司目標。

從上述財務鬆懈理論淵源分析中可以看出，人性假設理論是從人性本源來揭示人的本質，既然現代公司是由紛繁復雜的人組成，不論是公司所有者、管理層，還是員工，都不能完全否定人性假設，即人性存在自利。即使在某種情況下會出現相反現象——利他，但是自利行為依然是人性本質表現的主流。為減少公司管理層自利、敗德等行為的出現，公司會按照相關法律法規制定相應的治理機制，但是，設計再完美的公司治理機制，均由相應的人來執行並加以落實。人性假設理論認為人性存在自利等行為，必然會誘生公司管理層諸如在職消費、過度投資或投資不足、思想鬆懈等財務鬆懈行為。而風險和不確定性理論從企業發展所面臨的外部環境視角，證實公司在經營過程中，會遇到各種各樣來自外部或內部的風險，外部宏觀經濟環境波動或突變時，企業原先運行軌跡會發生變化，因此，面臨預期的風險和不確定性，會促使公司管理層在行業規劃、經營計劃、投融資決策時，不得不慎重權衡風險與不確定性的利與弊。為保證企業健康與可持續發展，管理層不得不預留一定鬆懈資源來應對隨時出現的風險和不確定性，正如彭羅斯在《企業成長理論》專著中所言：「當企業發生情況不妙，或為應付風險和不可避免的不確定性時，可以通過累積或保持流動儲備金，或者拒絕借入超過一定數量的款項，來渡過難關。」資源基礎理論認為財務鬆懈資源為企業創新、新產品研究開發等創新活動提供了推進劑，促進企業不斷進行產品升級換代，不斷適應市場新的需求，從而實現企業可持續發展。同時，閒置未用的鬆懈資源可以應對企業內外部環境突變或波動給企業帶來的不利影響，從而促進企業績效提升。從資源基礎理論分析可以看出，企業管理層會利用財務鬆懈資源進行創新或緩衝外部環境突變，從而促進企業績效提升。因此，資源基礎理論實際上是將企業管理層視同企業創新、尋求變化的引領者，要使管理層充當企業發展、創新的引領者，那麼只要企業存在財務鬆懈資源，管理層就要合理利用鬆懈資源，不斷進行創新，以促進企業績效提升。「公司行為理論認為公司是組織的一種形式，並把組織看成是一個聯盟，而這個聯盟是由個人組成，存在不同個體預期目標與組織聯盟目標不可

---

① 羅伯特·孟克斯，尼爾·米諾. 監督監督人：21世紀的公司治理［M］. 楊界棒，譯. 北京：中國人民大學出版社，2006：8-9.

能完全一致的情況，也就是說，任何組織目標理論都必須成功地解決不同個人和集團的聯盟內固有的潛在內部目標衝突的顯著可能性」①。為了解決這種目標衝突，公司行為理論將利用組織鬆懈來緩衝組織聯盟中各成員之間的衝突，而財務鬆懈又是組織鬆懈的一種主要表現形式。因此，公司行為理論也類似資源基礎理論，將公司管理層定義為緩解組織聯盟成員衝突的領導者，即公司管理層會應用財務鬆懈資源來化解組織聯盟在經營過程中所發生的各種衝突，認為財務鬆懈資源是化解聯盟成員之間矛盾的工具。詹森的代理理論卻從另外一種角度考察公司管理層的行為，代理理論從現代公司典型特質——所有權與控製權相分離出發，將公司管理層定位為公司所有者的代理人，既然公司管理層為公司所有者的代理人，那麼，管理層就不可能像公司所有者一樣去盡心盡力地經營與管理公司所有的資產。雖然現代公司治理機制、激勵機制、經理人市場等製度日益完善，但是，完全消除管理層在職消費、過度投資或投資不足以及建造「商業帝國」等財務鬆懈行為，估計也只是公司所有者的理想境界。因此，只要公司滯留財務鬆懈資源，就有可能誘生管理層不思進取、思想懈怠等財務鬆懈行為。優序融資理論與權衡理論從公司資本結構理論出發，由於存在信息不對稱，公司在融資時，會優先考慮歷年留存收益，首先滿足公司融資需求，在留存收益之後再考慮發行債券滿足公司融資，最後才考慮股權融資。因此，公司歷年留存收益（實際上就是公司管理層尚未指定用途的閒置資金，即財務鬆懈資源）成為滿足優序融資理論成立的條件之一。而權衡理論卻從債務稅盾的益處與破產成本之間進行權衡，公司管理層既要考慮負債給公司帶來的益處，同時也要考慮負債可能誘發公司破產的可能性，因此，為了防止到期債務違約誘發公司破產風險，公司管理層就會有滯留財務鬆懈資源的動機。

綜上所述，從資源基礎、風險與不確定性、資本結構、公司行為理論視角來看，財務鬆懈是組織鬆懈的一種表徵，是公司尚未指定用途的一種暫時閒置資源，即風險與不確定性理論、資源基礎理論、公司行為理論、優序融資理論、權衡理論均將財務鬆懈作為一種資源，且為管理層未指明用途的一種資源，公司管理層可以利用財務鬆懈資源進行新產品、新技術試驗等的創新活動，可以利用財務鬆懈資源應對來自企業內部或外部風險與不確定性所誘發的環境突變與波動，可以利用財務鬆懈資源滿足企業融資以及應對企業負債所帶來的破產風險；而「經濟人假設理論」、代理理論卻從人性本質和兩權分離實質來揭示公司管理層有動機滯留財務鬆懈資源，從而誘發公司管理層進行在職

---

① 希爾特，馬奇. 公司行為理論 [M]. 李強，譯. 北京：中國人民大學出版社，2008：27.

消費、過度投資或投資不足等財務鬆懈行為。由此可知，從資源視角出發，財務鬆懈是企業的一種資源，正如莫切和彭迪（Moch & Pondy，1977）所說，當組織存在鬆懈資源時，就能解決一切問題；從人性本質視角來看，只要公司存在財務鬆懈資源，就會誘生人自利本性，從而發生財務鬆懈行為。因此，財務鬆懈對公司來說，有利有弊，公司管理層必須高度關注公司財務鬆懈資源配置，提高資源利用效率，同時應當設計科學合理公司治理機制與激勵機制，防範與抑制管理層的財務鬆懈行為。

第四章 上市公司財務鬆懈行為表徵與影響因素

4.1 上市公司財務鬆懈行為表徵

中國資本市場自20世紀90年代初成立以來，截至2013年7月31日，上海證券交易所共發行上市股票953只，深圳證券交易所主板市場發行上市股票481只，中小板發行上市股票701只，創業板發行上市股票355只。中國資本市場經過20多年的發展，為中國經濟轉型、經濟改革以及經濟建設等都做出了重要貢獻。中國資本市場中大部分上市公司是由原來計劃經濟體制下的國有企業改制而來，雖經20多年的發展，但是也存在諸多問題。例如，中國上市公司股權結構不合理，國有股或國有法人股「一股獨大」現象依然存在；上市公司內部人控製依然嚴重，監督機制不盡完善，董事會職責不清；職業經理人市場不健全；上市公司公司治理與激勵機制不盡完善；等等。部分上市公司滯留大量自由現金流，有息負債率低，甚至出現不負債現象。例如，上市公司貴州茅臺股份有限公司2012年、2013年與2014年三年總資產分別為449億元、554億元與658億元，而三年貨幣資金為220億元、251億元與227億元，三年平均達40%以上的「真金白銀」沉澱在帳面上。上述諸多問題，為上市公司管理層誘生財務鬆懈行為創造了「天然」條件。

4.1.1 財務鬆懈行為表徵之一：滯留的財務鬆懈資源與委託理財（委託貸款）

上市公司財務鬆懈行為動機主要來自上市公司大量滯留的財務鬆懈資源，當上市公司內部存在財務鬆懈資源，兩權分離、公司治理機制以及信息不對稱等會誘生上市公司管理層財務鬆懈行為。中國上市公司歷年來存在重融資輕分

配現象，同時，從上文分析中可以發現，財務鬆懈資源主要源自上市公司歷年留存收益與資本市場過度融資等方面。

中國上市公司股東回報意識淡薄，不論上市公司是否盈利，積極回報股東的真實現金分紅的情況比較少見，上市公司經常用轉增股本、送紅股等「龐氏騙局」模式來替代現金分紅，即使有部分公司進行現金分紅，但其分紅比例也無法與西方成熟資本市場的上市公司分紅比例相比，中國滬深 A 股上市公司存在一部分上市公司，自上市以來從未進行過現金分紅。據《證券日報》市場研究中心數據統計顯示，除 2011 年首次發行新股外，上市以來從未進行現金分紅的公司共有 72 家。其中，上市時間超過十年卻從未進行過現金分紅的公司達到 44 家[①]。在政策鼓勵和投資者的期盼下，2011 年上市公司分紅規模和覆蓋比例實現了跨越式增長。但是，仍有 765 家上市公司遊離在分紅派現隊伍之外，其中有 54 家上市公司 2011 年實現盈利，業績同比增長超過 30%，未分配利潤均超過 1 億元，且當年購置資產支出現金占留存收益比例低於 50%，它們屬於典型的中國資本市場「鐵公雞」。進一步分析「鐵公雞」們的財務報表，卻發現他們過度討好自己的員工，薪金支出總額從 110 億元增加到 147 億元，同比增幅高達 33%。2012 年以來，共有 94 家公司公布增發預案，估算募集資金合計達 2,129.67 億元，而這 94 家公司現金分紅卻非常吝嗇，2011 年合計派現僅為 153.07 億元，不足計劃募集金額的一成。融資和分紅為資本市場永恆的主題，但是，兩大主題如今演變兩大對立面，凸顯出產業資本與投資者的矛盾。產業資本的索取永無止境，對投資人的回報卻非常吝嗇，已經嚴重影響中國資本市場的健康發展。

上市公司過度融資也是滯留財務鬆懈資源的主要來源之一。上市公司融資的主要形式有 IPO、定向增發、配股、發行企業債券等，按照融資來源可以分為內源性與外源性融資；按照資金產權關係可以分為股權融資和債券融資。所謂過度融資是指融資數額（金額）超過了上市公司價值財富最大化時的最優融資數額（金額），即上市公司通過資本市場融資並利用到上市公司所有投資項目後，仍然有大量閒置的資金沒有被利用。產生過度融資的主要原因是中國上市公司經常編造投資項目，甚至根本就沒有投資項目的情況下，捏造投資項目，從資本市場上進行融資。過度融資所形成的財務鬆懈資源長期被閒置在上市公司內部，一方面造成資源閒置浪費，資源配置效率低下；另一方面誘生管

[①] 趙子強，孫華. 上市公司現金分紅六千億，四角度挖掘投資機會 [EB/OL]. (2012-5-12) [2016-4-5]. http://finance.qq.com/a/20120512/005171.htm.

理層財務鬆懈，有損企業績效。由於中國上市公司 IPO 定價機制、發行機制等不盡完善，公司在 IPO 時出現「高發行價、高市盈率、高募集資金」，即「三高」現象，經常發生首發公司、承銷商、機構投資者以及二級市場投資者在公司首發定價上偏離公司實際價值，造成大量上市公司出現超募資金，形成大量財務鬆懈資源。以中國創業板上市公司為樣本，選取 2011 年全年上市的創業板上市公司股票，通過東方財富網經手工搜集，2011 年上市發行的創業板股票合計 126 家，126 家創業板上市公司 IPO 具體情況見表 4-1①。

表 4-1　　　　　2011 年創業板上市公司 IPO 融資情況表

股票名稱	計劃募集（萬元）	實際募集（萬元）	超募資金（萬元）	超募比例	發行市盈率
元力股份	14,325.00	40,800.00	26,475.00	1.85	88.89
通源石油	29,800.00	86,870.00	57,070.00	1.92	73.00
先鋒新材	18,644.00	52,000.00	33,356.00	1.79	123.81
雷曼光電	14,314.00	63,840.00	49,526.00	3.46	131.49
華中數控	16,443.00	70,200.00	53,757.00	3.27	89.66
秀強股份	18,000.00	81,900.00	63,900.00	3.55	87.50
天晟新材	38,589.70	75,200.00	36,610.30	0.95	88.89
萬達信息	19,566.00	84,000.00	64,434.00	3.29	87.50
迪威視訊	20,761.28	57,023.36	36,262.08	1.75	77.70
東方國信	19,127.92	56,334.34	37,206.42	1.95	92.65
天瑞儀器	29,300.00	120,250.00	90,950.00	3.10	72.63
松德股份	15,785.30	38,063.00	22,277.70	1.41	49.60
中電環保	20,811.00	62,900.00	42,089.00	2.02	66.21
東富龍	43,166.70	172,000.00	128,833.30	2.98	96.63
漢得信息	31,161.05	75,960.00	44,798.95	1.44	72.40
四方達	18,139.79	49,500.00	31,360.21	1.73	68.75
騰邦國際	34,547.00	65,700.00	31,153.00	0.90	49.77
中海達	23,670.07	58,500.00	34,829.93	1.47	73.13

---

① 數據來源：東方財富網。

表4-1(續)

股票名稱	計劃募集（萬元）	實際募集（萬元）	超募資金（萬元）	超募比例	發行市盈率
鴻特精密	22,600.00	36,467.20	13,867.20	0.61	45.47
朗源股份	17,993.64	46,170.00	28,176.36	1.57	51.82
力源信息	16,412.56	33,400.00	16,987.44	1.04	68.97
東軟載波	18,735.03	103,625.00	84,889.97	4.53	59.23
捷成股份	20,390.00	77,000.00	56,610.00	2.78	74.32
佐力藥業	16,729.00	47,000.00	30,271.00	1.81	60.72
華峰超纖	22,060.00	78,920.00	56,860.00	2.58	51.92
永清環保	15,958.00	66,800.00	50,842.00	3.19	81.63
大華農	43,000.00	147,400.00	104,400.00	2.43	51.16
通裕重工	108,089.00	225,000.00	116,911.00	1.08	53.42
潛能恒信	24,615.08	82,920.00	58,304.92	2.37	56.03
維爾利	16,584.00	77,805.00	61,221.00	3.69	69.64
神農大豐	42,030.63	96,000.00	53,969.37	1.28	88.89
美亞柏科	16,744.86	54,000.00	37,255.14	2.22	80.00
福安藥業	40,827.20	139,879.20	99,052.00	2.43	46.02
佳士科技	38,473.70	147,075.00	108,601.30	2.82	63.10
科斯伍德	17,500.00	42,217.00	24,717.00	1.41	49.02
鐵漢生態	18,000.00	104,749.00	86,749.00	4.82	110.07
長海股份	19,669.37	55,740.00	36,070.63	1.83	46.45
長榮股份	27,516.00	100,000.00	72,484.00	2.63	53.33
海倫哲	17,100.00	42,000.00	24,900.00	1.46	51.22
高盟新材	25,000.00	58,638.40	33,638.40	1.35	62.51
翰宇藥業	31,430.00	75,475.00	44,045.00	1.40	67.09
納川股份	20,137.53	71,300.00	51,162.47	2.54	63.63
舒泰神	22,128.00	87,675.00	65,547.00	2.96	63.25
聚光科技	35,318.00	90,000.00	54,682.00	1.55	60.89
聚龍股份	15,418.00	47,445.60	32,027.60	2.08	60.32

表4-1(續)

股票名稱	計劃募集（萬元）	實際募集（萬元）	超募資金（萬元）	超募比例	發行市盈率
欣旺達	24,950.00	87,702.00	62,752.00	2.52	58.94
理邦儀器	42,411.35	95,000.00	52,588.65	1.24	60.32
天喻信息	21,818.50	79,640.00	57,821.50	2.65	66.89
森遠股份	19,000.00	41,800.00	22,800.00	1.20	46.81
天澤信息	21,102.27	68,560.00	47,457.73	2.25	61.21
恒順電氣	20,540.00	43,750.00	23,210.00	1.13	46.64
佳訊飛鴻	12,302.00	46,200.00	33,898.00	2.76	53.66
易華錄	12,503.00	51,782.00	39,279.00	3.14	68.76
億通科技	13,913.09	32,187.50	18,274.41	1.31	55.98
千山藥機	13,630.13	49,810.00	36,179.87	2.65	45.78
電科院	40,780.00	87,400.00	46,620.00	1.14	56.43
日科化學	24,344.00	77,000.00	52,656.00	2.16	37.29
鴻利光電	38,276.65	49,600.00	11,323.35	0.30	32.04
安利股份	33,072.40	47,520.00	14,447.60	0.44	32.73
東方電熱	20,894.00	59,524.00	38,630.00	1.85	31.19
科大智能	16,252.00	48,600.00	32,348.00	1.99	42.00
銀禧科技	16,999.16	45,000.00	28,000.84	1.65	43.61
金運激光	12,670.87	21,024.00	8,353.13	0.66	33.86
金力泰	30,620.00	47,600.00	16,980.00	0.55	23.41
正海磁材	44,575.93	84,360.00	39,784.07	0.89	32.45
北京君正	32,661.00	87,600.00	54,939.00	1.68	42.86
富瑞特裝	28,850.00	42,466.00	13,616.00	0.47	40.55
光韵達	8,272.65	22,066.00	13,793.35	1.67	45.54
上海鋼聯	11,969.00	23,000.00	11,031.00	0.92	38.33
銀信科技	11,500.00	19,620.00	8,120.00	0.71	30.99
永利帶業	19,005.90	29,025.00	10,019.10	0.53	34.48
拓爾思	16,600.00	45,000.00	28,400.00	1.71	31.91

表4-1(續)

股票名稱	計劃募集（萬元）	實際募集（萬元）	超募資金（萬元）	超募比例	發行市盈率
開爾新材	12,000.00	24,000.00	12,000.00	1.00	30.77
金城醫藥	26,282.07	57,660.00	31,377.93	1.19	22.68
洲明科技	31,392.00	37,140.00	5,748.00	0.18	28.14
美晨科技	24,016.00	36,793.90	12,777.90	0.53	18.18
上海新陽	17,499.99	23,800.50	6,300.51	0.36	28.38
方直科技	10,152.00	21,560.00	11,408.00	1.12	26.13
飛力達	29,178.41	54,000.00	24,821.59	0.85	32.36
東寶生物	18,387.40	17,100.00	−1,287.40	−0.07	33.48
冠昊生物	10,775.00	27,846.00	17,071.00	1.58	38.16
瑞豐高材	17,000.00	21,600.00	4,600.00	0.27	22.54
明家科技	12,041.49	19,000.00	6,958.51	0.58	37.04
瑞豐光電	24,034.43	29,160.00	5,125.57	0.21	26.54
寶萊特	12,161.00	26,250.00	14,089.00	1.16	31.27
天璣科技	18,600.00	34,000.00	15,400.00	0.83	34.13
迪安診斷	20,685.00	30,080.00	9,395.00	0.45	39.83
桑樂金	17,005.33	32,800.00	15,794.67	0.93	29.63
新開普	16,025.10	33,600.00	17,574.90	1.10	40.60
初靈信息	10,487.38	25,000.00	14,512.62	1.38	32.89
依米康	14,000.00	34,300.00	20,300.00	1.45	44.87
光線傳媒	37,782.00	143,850.00	106,068.00	2.81	61.05
金信諾	28,415.92	43,740.00	15,324.08	0.54	32.73
衛寧軟件	13,841.00	37,125.00	23,284.00	1.68	43.65
星星科技	58,753.00	52,500.00	−6,253.00	−0.11	39.62
常山藥業	52,626.35	75,600.00	22,973.65	0.44	51.80
仟源制藥	21,293.18	43,940.00	22,646.82	1.06	43.33
開山股份	67,858.00	226,800.00	158,942.00	2.34	46.99
精鍛科技	65,628.00	62,500.00	−3,128.00	−0.05	37.31

表4-1(續)

股票名稱	計劃募集（萬元）	實際募集（萬元）	超募資金（萬元）	超募比例	發行市盈率
新天科技	20,000.00	41,610.00	21,610.00	1.08	50.93
新萊應材	31,302.00	45,090.00	13,788.00	0.44	46.63
雅本化學	21,598.61	49,913.00	28,314.39	1.31	51.76
通光線纜	26,045.40	50,330.00	24,284.60	0.93	55.31
巴安水務	17,778.00	30,060.00	12,282.00	0.69	39.13
佳創視訊	14,123.00	42,900.00	28,777.00	2.04	50.00
隆華傳熱	24,397.65	66,000.00	41,602.35	1.71	55.00
萬福生科	37,925.00	42,500.00	4,575.00	0.12	33.78
爾康制藥	50,046.00	82,662.00	32,616.00	0.65	49.42
興源過濾	30,000.00	36,400.00	6,400.00	0.21	38.81
中威電子	10,802.00	35,000.00	24,198.00	2.24	42.68
聯建光電	19,355.30	36,800.00	17,444.70	0.90	38.31
紫光華宇	19,477.52	56,980.00	37,502.48	1.93	33.85
和佳股份	20,595.00	66,700.00	46,105.00	2.24	62.19
開能環保	13,750.00	31,625.00	17,875.00	1.30	36.28
陽光電源	32,635.43	136,640.00	104,004.57	3.19	41.48
梅安森	17,990.00	38,142.00	20,152.00	1.12	37.14
三豐智能	19,500.00	38,250.00	18,750.00	0.96	45.54
海聯訊	13,345.72	39,100.00	25,754.28	1.93	32.86
華昌達	20,086.00	35,935.20	15,849.20	0.79	46.00
匯冠股份	13,657.96	19,797.20	6,139.24	0.45	32.45
金明精機	20,169.83	37,500.00	17,330.17	0.86	44.42
南通鍛壓	30,770.35	35,200.00	4,429.65	0.14	34.38
和晶科技	10,573.82	24,180.00	13,606.18	1.29	31.33
蘇交科	19,875.85	79,800.00	59,924.15	3.01	35.95
溫州宏豐	29,909.03	35,420.00	5,510.97	0.18	32.32

表 4-2　　　　　　　　　　　描述性統計表

	\multicolumn{2}{c	}{Descriptive Statistics}					
	N	Minimum	Maximum	\multicolumn{2}{c	}{Mean}	Std. Deviation	Variance
	Statistic	Statistic	Statistic	Statistic	Std. Error	Statistic	Statistic
計劃募集	125.00	8,273.00	108,089.00	24,318.04	1,211.54	13,545.37	183,500,000.00
實際募集	125.00	17,100.00	226,800.00	59,878.87	3,299.63	36,890.99	1,361,000,000.00
超募資金	125.00	-6,253.00	158,942.00	35,560.83	2,601.14	29,081.67	845,700,000.00
超募比例	125.00	-0.11	1.56	0.09	0.99		9,893.46
發行市盈率	125.00	18.18	131.49	51.42	1.85	20.66	426.89
Valid N (listwise)	125.00						

　　根據2011年創業板中125家上市公司IPO情況，僅有東寶生物、精鍛科技與星星科技三家上市公司出現計劃募集資金小於實際募集資金的情況，僅占2011年創業板中125家上市公司的2.4%，而97.6%的上市公司存在超募現象。從描述性統計中可以發現125家上市公司計劃募集資金均值為24,318.04萬元，而實際募集資金均值為59,878.87萬元，超募資金均值為35,560.83萬元，嚴重存在過度融資現象。上市公司面對大量超募資金，大部分上市公司將超募資金作為閒置資金，即不能合理配置資源，把財務鬆懈資源存放在銀行，形成極大資源浪費。部分上市公司由於沒有良好的投資項目，上市公司管理層容易產生財務鬆懈行為，隨意處理超募資金形成的財務鬆懈資源，要麼用超募資金永久補充上市公司流動資金，要麼隨意變更募集資金投向。通過對125家2011年上市的創業板上市公司統計，有81家上市公司用超募資金永久補充上市公司流動資金，有51家上市公司變更募集資金投向，這些現象充分說明中國部分上市公司存在過度融資現象，而且也存在隨意處置過度募集資金，存在明顯財務鬆懈行為。

　　上市公司通過歷年留存收益或過度融資形成大量財務鬆懈資源，公司管理層有動機利用閒置財務資源進行低效率配置資源，如委託理財或委託貸款等低效率投資，屬於典型財務鬆懈行為。國內外眾多學者從詹森的自由現金流視角研究上市公司委託理財或委託貸款行為是一種代理行為，而中國資本市場具有

不同於西方成熟資本市場的製度環境等影響因素，國內學者章曉霞、吳衝鋒[1]（2006）研究發現，一方面，上市公司是否受到融資約束，對上市公司的現金持有政策沒有顯著影響，這就意味著中國部分上市公司存在濫用公司現金的財務鬆懈行為；另一方面，中國上市公司存在「一股獨大」現象，存在大股東控制上市公司進行大量「圈錢」的融資行為，上市公司管理層可以自由控制的現金可能來自於融資環節。因此，在中國的「自由現金流」有可能不是委託代理問題所引發的代理行為[2]，而極有可能是財務鬆懈行為。根據上海證券交易所資本市場研究所專題小組研究報告，2011年在上海證券交易所交易的上市公司，將大量財務鬆懈資源進行大規模委託理財或委託貸款。據統計，2011年度委託理財年初餘額為239.04億元，2011年度委託理財借方發生數為1,180.60億元，貸方發生數為1,248.43億元，委託理財2011年末餘額為171.19億元。與2010年度委託理財的餘額相比，2011年數據雖出現了一定幅度的下降，但與2010年期間發生額相比（借方發生額790.17億元，貸方發生額559.16億元），2011年數據卻出現了較大的上升幅度。上市公司從事委託理財獲得報酬的方式，主要有保本固定收益和浮動收益兩種，部分公司採取了「保本」加「浮動」等其他方式。根據專題研究小組統計，上海證券交易所2011年度上市公司委託理財中採取固定收益、浮動收益和其他方式的金額分別為411.30億元、608.67億元和160.63億元，分別占比34.84%、51.56%和13.60%。上市公司2011年採取浮動報酬方式的委託理財金額與2010年度相比，出現了大比例的上升。委託理財的預期年收益率，主要介於5%~11%，而絕大部分銀行理財產品的收益率都在6%以下。上市公司除了將財務鬆懈資源進行委託理財外，部分上市公司還將其進行委託貸款。在2011年末委託貸款的1,087.54億元餘額中，屬於上市公司向其控制的全資和控股子公司提供的委託貸款餘額為880.76億元，向非控制的參股、聯（合）營公司提供的委託貸款餘額為64.66億元，向其他關聯方提供委託貸款的餘額為7.69億元，向上市公司外部獨立第三方提供的委託貸款餘額為134.43億元。數據（見圖4-1、圖4-2顯示）：上市公司委託貸款給其控制的全資、控股子公司的發生額和餘額為707.13億元，占發生總額的82.21%；委託貸款給下屬公司以及參股子公司、聯（合）營公司的發生額為945.42億元，占發生總額的86.93%。

---

[1] 章曉霞，吳衝鋒. 融資約束影響中國上市公司的現金持有政策嗎——來自現金流敏感度的分析 [J]. 管理評論，2006，18（10）：58-62.

[2] 徐永新，薛健，陳曉. 從委託理財收益率看上市公司委託代理問題 [J]. 南開管理評論，2009，12（5）：101-108.

在這部分委託貸款中，委託貸款年利率主要集中在4%~7%；僅有少部分的貸款低於4%和高於8%；僅有浙江龍盛、中炬高新、錢江生化、京投銀泰、復星醫藥、吉林森工等幾家，委託貸款給參股、聯營子公司的年利率就高達15%以上[1]。

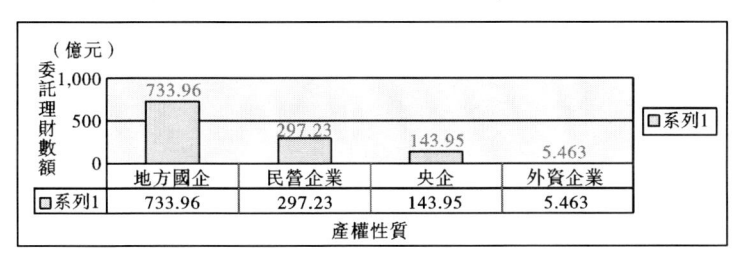

圖 4-1 2011年滬市上市公司按產權區分委託理財分布圖

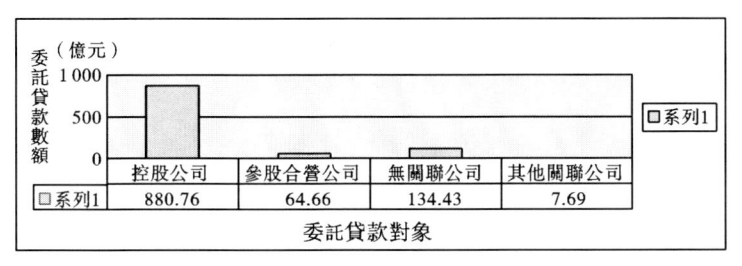

圖 4-2 2011年滬市上市公司委託貸款分布圖

　　從上述分析中可以發現，中國上市公司存在較為嚴重的重融資輕回報現象，從資本市場中籌集大量資金，形成財務鬆懈資源，誘生上市公司管理層從事低回報投資項目，諸如委託理財與委託貸款等財務鬆懈行為，有損投資者、中小股東權益，阻礙中國資本市場持續健康發展。通過對滬深A股上市公司分析，中國資本市場自2011年始終處於下降通道，股指不斷創新低。由此，中國證券監管機構自2012年12月6日起，低調暫停IPO，然而，儘管IPO在2013年一直處於暫停狀態，但是，另一只伸向股市的融資之手一刻也沒有消停，成為2013年A股市場的頭號「抽血機」。2013年上半年A股市場的融資金額竟然高達2,200億元，已經大幅度超過2012年的同期融資額。中國資本市場自1990年到2012年滬深A股融資額高達51,034.01億元，而兩市同期分紅額度僅為26,841.98億元，分紅額僅占融資額的52.6%，充分證明中國資本市場屬於典型的重融資輕回報特質。上市公司一邊不斷將手伸向資本市場

---

[1] 周長青. 滬市上市公司委託理財和委託貸款情況分析 [N]. 上海證券報，2012-08-09.

「圈錢」，一邊將圈來的錢進行低效率投資，屬於典型的財務鬆懈行為。如成飛集成（002190）在 2013 年 4 月宣布用不超過 2.5 億元的閒置募集資金投資理財產品，而該公司就在 2013 年 1 月拋出新的再融資計劃，募集配套資金 1.67 億元；再如 2013 年 6 月 14 日，海螺水泥（600585）公告 95 億元公司債券上市，但是隨後，該公司則公告投資 40 億元分別購買 3 款不同的理財產品①。這些鮮明案例均屬於典型的財務鬆懈行為案例。

4.1.2 財務鬆懈行為表徵之二：非公允關聯交易

中國資本市場滬深 A 股上市公司大部分是由原來計劃經濟體制下的國有企業經過股份制改造而來。在原有國有企業改制過程中，不少國有企業將原先優質業務單元、優質國有資產等全部裝入上市公司，留下許多包袱由集團公司承擔，即許多上市公司的母公司（即集團公司）實際上已經不存在優質業務或優質資產，這就為以後集團公司與上市公司之間存在千絲萬縷的關聯交易打下了伏筆。哥倫比亞大學商學院的卡羅米瑞斯、菲斯曼和南加州大學的王永祥②（Calomiris，Fisman，Wang）在《中國私有化中的腐敗》一文中研究了偽裝交易和關聯交易對國有企業資產流失的影響，並且考察了國企轉制之後的績效問題。研究中作者最為關心的是兩個問題：一個是企業是不是「偽裝」企業，例如，通過披露錯誤的產權信息，把國有企業打扮成私人企業；另一個是交易雙方是不是關聯企業，這樣就會涉及內部交易，交易前後企業的績效是不是得到了提升。為證實上述問題真偽，利用 1995 年 2 月 8 日起至 2007 年 9 月 26 日的公開轉讓交易的數據，剔除了只在國有企業之間以接近 0 元或者為 0 元價格的股份轉讓，得到了 2,121 宗交易，總共涉及 649 家國有企業。對每一樁交易來說，數據包括了交易最初公布時間、交易雙方企業的名字、股票代碼以及股份被交易的公司的名字、每股的價格以及總成交量。研究中先用公布的交易價格除以在消息公布前一個月市場上交易的平均價格，得出一個比率，再用 1 減去這個比率，所得的數值來衡量「流失」。結果非常明顯，那就是「偽裝交易」和關聯交易都獲得了在統計上顯著的更大的「折扣」，「賤賣」的確發生了，腐敗隱藏在其中。簡單來說，一項交易裡本來需要 100 元才能買到的，企業出於各種考慮，例如，為了流動性考慮，80 元就賣了。但這些偽裝企業

---

① 賴智慧. 上市公司「理財」狂歡 [J]. 新財經，2013，(7).
② Charles Calomiris, Raymond Fisman, Yongxiang Wang. Profiting from Government Stakes in a Command Economy: Evidence from Chinese Asset Sales [J]. NBER Working Paper No. 13774, February, 2008.

和關聯企業獲得的折扣卻比80%要更低，最後研究結論是要低5~7個百分點。並且研究中發現，經過所謂的「關聯交易」，公司績效並未出現明顯提升。這篇文獻說明了中國國有控股上市公司存在嚴重的非公允關聯交易現象，因此造成國有資產流失。

　　關聯交易是一種商業行為，既有積極意義又有消極意義。對關聯交易的研究，學術界有以下幾種觀點：觀點一是主張全面禁止關聯交易。美國學者克拉克認為，所有基本自我交易都存在濫用或不公平的巨大風險，而這種風險不會由於現行法律規定中的預防或對經理不法行為的其他管制而變得微不足道，而且，公平的自我交易所能達到的公司或社會目標，公平的外部人交易一般都能達到，因此，主張全面禁止關聯交易①；觀點二是允許關聯交易。關聯交易經歷了漫長的發展歷史，應支持現有的或經同意或經審查允許的關聯交易。「馬斯研究認為，關聯交易經歷了三個階段：第一階段是絕對禁止基本自我交易；第二階段為准許進行公平且經無利害關係的大多數董事批准的基本自我交易；第三階段為法院認為准許進行公平的基本自我交易」②。從上述研究文獻中可以發現，關聯交易的發展並不是一帆風順，關聯交易演變過程充分說明了只有經過充分授權、充分審查且不存在不公允的情況下才允許基本自我交易。實際上，關聯交易在中國的發展也是隨著資本市場逐步完善的情況下出現的，可以說，關聯交易是中國證券市場監管的三大難題之一，如何確保上市公司關聯交易公允，是中國證券市場監管的重點。「非公允關聯交易是指關聯方利用非公允價格和其他非公允方式在關聯方之間轉移資源或義務，同時不能公平合理地轉移風險和收益」③。眾所周知，由於中國特有的國有股「一股獨大」，是股權高度集中的股權結構，控股股東利用非公允關聯交易掏空上市公司等財務鬆懈行為，有損投資者利益以及資本市場健康與可持續發展。根據深圳證券交易所中小板上市公司年報數據，選取中小板上市公司2008—2012年發生的關聯交易次數、關聯交易金額以及關聯交易類型進行統計，結果見表4-3。

---

① 羅伯特·C·克拉克. 公司法則[M]. 胡平，等，譯. 北京：工商出版社，1999：145.
② 馬斯. 董事是受信託人嗎？利益衝突與公司倫理[J]. 商法，1966(22)：35.
③ 馬斯. 董事是受信託人嗎？利益衝突與公司倫理[J]. 商法，1966(22)：35.

表 4-3　　2008-2012 年深市中小板上市公司關聯交易情況表

年份	上市公司總數	存在關聯交易公司數	關聯交易總額（億元）	關聯交易次數	存在關聯交易上市公司占比
2008	273	215	27,690	12,826	0.79
2009	312	253	31,600	13,498	0.81
2010	576	481	49,700	17,751	0.84
2011	651	527	56,900	19,634	0.81
2012	701	598	64,810	22,425	0.85

數據來源：國泰安信息服務中心數據庫

從上表中可以發現，中國深圳證券交易所中小板上市公司中，平均有80%以上的公司存在關聯交易，且關聯交易金額比較大，交易次數比較頻繁，如果將滬深兩市 2,400 多家上市公司全部列為考察對象，那麼，中國上市公司發生的關聯交易金額、關聯交易次數將非常驚人。上市公司與集團公司、控股公司、關聯公司之間的關聯交易發生的次數和數額越大，上市公司發生非公允關聯交易的可能性就越大，從而發生財務鬆懈的可能性就越大。通過對上市公司關聯交易事項進行考察，中國上市公司發生關聯交易的類型主要集中在以下幾種類型：一是上市公司與控股公司、關聯公司等之間發生商品購銷業務；二是資產購銷業務；三是提供勞務業務；四是互為擔保業務獲得銀行貸款；五是債權債務關係；六是非貨幣性交易業務；七是託管經營與租賃業務等。針對上述七種關聯交易類型，只要上市公司未能按照市場交易原則，就會發生非公允關聯交易，即發生財務鬆懈行為，有損上市公司價值最大化，有損中小投資者利益。下面嘗試總結中國上市公司發生非公允關聯交易類型。

非公允關聯交易之一：轉售法。「國際公認準則研究認為，轉售法是指應從轉售價格中扣除一筆毛利，以彌補轉售者的費用並使其獲得適當利潤」[①]。也就是實現產品的銷售的轉售者應當出讓一定比例的銷售毛利，即在公司利潤表中應該體現銷售折讓或主營業務收入折讓。實際上，轉售法是國內上市公司之間較為常見的一種關聯方銷售定價法。但是，筆者通過研究發生關聯交易的上市公司財務報告發現，部分存在大量關聯銷售的上市公司中，很少能看到利潤表中出現銷售折讓情形。因此，不扣除毛利或扣除過多毛利的關聯交易的轉售法，顯然是不公允的。

---

① 李端生. 關聯交易的定價意義與方法 [J]. 財會月刊, 2005 (1)：56-57.

非公允關聯交易之二：成本加成法。國際公認準則認為，轉移價格確定，需要考慮的輔助指標是同行業可比的銷售利潤率或資本利潤率[1]。它通常發生在關聯方商品採購當中，根據上市公司財務報告發現，關聯方採購在上市公司中的普及程度遠遠大於關聯方銷售。相比關聯方銷售而言，成本加成法是一種更加隱蔽的關聯方轉移途徑。儘管關聯方採購價格表面上隨行就市，但上市公司關聯方基本上不採用在成本的基礎上增加金額，或者是雖然增加金額，但根本不足以抵消採購服務過程中所發生的相關費用。有時，受大股東控制的上市公司管理層可能因故意鬆懈，以較低價格出售給關聯方，以討好控股股東，從而損害廣大中小股東的權益。因此，不加成、多加成或少加成的所謂成本加成法也是非公允的。

非公允關聯交易之三：不加控製的可比價格法。該種方法是指關聯交易方法在交易時，交易前根本不向第三方詢價，不存在公開競賣或競買過程，整個關聯交易其本質是在控股股東的控製之下進行的。尚不論價格是否具有可比性，控股股東實際上已經控製了整個交易過程，已經使其整個交易失去了所謂的公允性。

非公允關聯交易之四：不計價格。此種非公允關聯交易法是指控股股東與上市公司之間相互贈予或相互豁免，不存在那種收取價款或價格的關聯方之間的資產、債務轉移，即非價格形式的轉移資源和義務。例如，上市公司與控股公司之間的相互擔保、資金占用、資產重組、債務重組等。

案例：離奇溢價關聯交易——以山東黃金為例[2]

因籌劃資產重組而停牌的上市公司——山東黃金（600547）於2013年7月1日向外界揭開重組方案的「神祕面紗」，並於當日開盤交易。可惜資本市場是以跌停板來迎接山東黃金的重組方案，更是在隨後的7個交易日內以超過30%以上的跌幅來「無聲聲討」山東黃金此次資產重組方案，反對山東黃金與母公司之間「默契」而不作為的關聯交易。該重組方案為上市公司山東黃金以10.1億元從母公司手中購買天承公司100%股權，而天承公司98.5%股權是山東黃金上市公司的母公司——山東黃金集團公司於2012年6月從自然人張安康手中以7.67億元購得的。也就意味著山東黃金上市公司的母公司在不到

---

[1] 任月均.關聯交易收益處理問題探討［J］.遼寧師範大學學報：社會科學版，2003（6）：75-76.

[2] 資料來源於新浪新聞網。

一年的時間，將此筆交易轉手轉讓給自己控股的上市公司山東黃金，該項關聯交易隨即發生溢價近3億元。大量投資者質疑此次資產重組方案是否存在上市公司山東黃金以關聯交易的方式向其控股公司進行利益輸送，並要求上市公司對此次非公允關聯交易向投資者詳細說明。山東黃金上市公司給廣大投資者的說明是此次收購不會低於預估價。部分專家學者對上市公司這樣的回答同樣持懷疑態度，原因是當前國際金價走勢處於標準的下降通道，通過資產評估的方式來實現如此巨大溢價，顯然是站不住腳的。

4.1.3 財務鬆懈行為表徵之三：超額支付員工薪酬

中國員工薪酬改革始終伴隨著國有企業改革全過程。中國經濟體制改革的核心，是對原有國有企業進行改革，而企業改革的關鍵是企業和職工的激勵問題[①]（錢穎一，1999）。1978—1992年為擴大企業經營自主權階段。在此期間，國有企業改革的重點是國家和企業之間的關係不斷調整了權利和責任，決定了企業的利益主體地位，充分調動企業生產管理人員的積極性，和工人建立與勞動績效相掛鉤的市場工資體制；1993-2002年為企業產權結構調整階段。此時期國家採用「抓大放小」的企業改革方針，通過兼併、改組、租賃、股份合作制、承包經營、出售等形式對中小規模、處於競爭性行業領域的國有企業進行改制，對規模較大、處於戰略地位的大型國有企業進行股份制改造。在員工薪酬方面，實行「市場機制決定，政府監督調控，企業自主分配」的工資製度；從2003年至今為以國有資產管理體制改革推動國有企業改革發展階段，此階段國家強調「關係國民經濟命脈和國家安全的大型國有企業、基礎設施和重要的自然資源等由中央政府代表國家履行出資人職責，其他國有資產由地方政府代表國家履行出資人職責」[②]。在工資方面，擴大工效掛鉤製度的實行面，也就是在這一階段，伴隨著員工工資的不斷提高，收入差距也急遽增大。中國國有上市公司從一開始就脫胎於計劃經濟時代的國有企業，因此，國有上市公司員工工資改革也是隨著國有企業改革進程不斷推進。但是，中國國有上市公司員工工資改革過程中存在「半市場化」狀態，即國有企業改革一方面極大地提升了員工工資製度的市場化程度，另一方面原有的政府行政命令與國有經濟配置資源的體制沒有完全退出，仍然對國有企業收入分配產生重要的影

---

① 錢穎一. 激勵與約束 [J]. 經濟社會體制比較, 1999 (5)：19-33.
② 中共十五屆四中全會報告 [M]. 北京：中央文獻出版社, 2001.

響」①。表現在國有上市公司層面，國有上市公司管理層大部分具有雙重身分，既是上市公司高管又是代表國家政府官員（即享有一定行政級別），同時國有上市公司高管代表國家政府行使上市公司經營管理權。由於國有上市公司所有者缺位，勢必誘生管理層過度使用自有裁量權、過度討好員工，從而發生向員工（包括上市公司管理層）過度支付薪酬的財務鬆懈行為。而非國有上市公司產權明晰，經營目標更單一，職工工資支付以市場為導向，更加注重公司自身的經濟效益和支付能力、公司長期發展與可持續發展等經濟因素，且不論高管還是普通員工，很少受到身分、上下級關係、資歷等的影響。因此，與國有上市公司相比，非國有上市公司員工薪酬普遍低於國有上市公司。同時，部分非國有上市公司是由私人或家族式企業發展而來，他們在向公司員工支付薪酬就相當於支付自己的財富，而國有上市公司向公司員工支付薪酬實際上相當於支付國家的財富。因此，從上面分析中可以看出，與非國有上市公司相比，國有上市公司更傾向於向公司員工（含公司管理層）多支付薪酬，財務鬆懈行為程度高於非國有上市公司。

經驗研究方面，國內外學者從不同研究視角，研究證實中國國有上市公司存在過度討好員工而向員工支付過高薪酬。李稻葵、劉霖林、王紅領②（2009）、羅長遠、張軍③（2009）以全行業為研究視角，白重恩、錢震杰、武康平④（2008）、黃先海、徐聖（2009）以細分行業為研究視角，發現不論是全行業還是細分行業，中國普遍存在勞動者勞動收入比重下降現象，即勞動者薪酬收入減少；而陸正飛等（2012）以企業支付薪酬數量為視角，通過分析1999—2009年中國上市公司數據，發現國有控股上市公司所支付的員工薪酬顯著高於非國有控股上市公司⑤；張車偉和薛欣欣（2008）、尹志超和甘犁（2009）等也發現國有部門的職工薪酬高於非國有部門。王燦、干勝道、孫維章（2012）以人力資本財務理論與財務公正理論相結合為研究視角，運用修正後「拉克爾系數」對四川省上市公司2007—2011年員工薪酬財務公正進行

---

① 陸正飛，王雄元，張鵬. 國有企業支付了更高的職工工資嗎？[J]. 經濟研究，2012（3）：28-39.
② 李稻葵，劉霖林，王紅領. GDP中勞動份額演變的U型規律[J]. 經濟研究，2009（1）：15-26.
③ 羅長遠，張軍. 勞動收入占比下降的經濟學解釋[J]. 管理世界，2009（5）：18-27.
④ 白重恩，錢震杰，武康平. 中國工業部門要素分配份額決定因素研究[J]. 經濟研究，2008（8）：56-67.
⑤ 陸正飛，王維元，張鵬. 國有企業支付了更高的職工工資嗎？[J]. 經濟研究，2012（3）：28-39.

測度，研究發現，川籍央企上市公司的人均薪酬遠高於地企與民企①。上述已有研究文獻僅是發現員工薪酬絕對值在上升或下降，那麼如何衡量企業員工薪酬是否適度呢？如何判斷中國上市公司過度支付員工薪酬的財務鬆懈行為？借鑑干勝道、王文兵、邱敏（2012）的研究方法，本書利用中國上市公司財務報告數據研究中國上市公司過度支付員工薪酬的財務鬆懈行為。美國學者拉克爾（R. W. Rucker）在分析了美國50年的有關統計資料之後，發現工人工資與增值額是兩個極為重要的經濟變量，即工資應占全部增值額的39.395%。這一指標稱為「拉克爾系數」（Rucker Coeffiencient），這一數值稱為「拉克爾閥值」（Rucker Threshold）。如果某個企業的拉克爾系數高於這一閥值，應採取措施提高勞動生產率，增加勞動績效；若低於這一閥值，則應增加工人工資，避免勞資矛盾惡化②。

拉克爾系數＝職工薪酬／（銷售收入－外購商品及勞務－折舊），各個具體項目均來源於公司財務報表，其中：

職工薪酬＝「現金流量表」中的「支付給職工以及為職工支付的現金」

銷售收入＝「利潤表」中的「營業收入」

外購商品及勞務＝「現金流量表」中的「購買商品、接受勞務支付的現金」

折舊＝「財務報表附註」中「固定資產明細表」的「累計折舊」年末餘額與年初餘額之差。

根據上述研究文獻分析，國有上市公司過度支付員工薪酬的可能性要高於非國有上市公司。因此，選取中國滬深A股國有控製上市公司2008—2011年年報數據，來驗證國有上市公司員工薪酬適度性。

國有控股上市公司按照實際控製人的具體範圍劃分，主要分為以下三類：一類為實際控製人為國務院國有資產監督管理委員會的上市公司，如寶鋼股份、中國石油、華僑城A等；一類為實際控製人為財政部、國土資源部、教育部、國家扶貧辦等國家部委的上市公司；一類為實際控製人為地方國有資產監督管理委員會的上市公司。本文選取第一類即由國務院國有資產監督管理委員會直管的上市公司，簡稱為央企上市公司。112家央企上市公司2008—2012年拉克爾系數描述性統計見表4-4。

---

① 王燦，干勝道，孫維章. 員工薪酬財務公正研究——基於四川省上市公司檢驗證據［J］. 四川大學學報：哲學社會科學版，2012（5）：105-113.

② 干勝道，王文兵，邱敏. 央企財務鬆懈與超額員工責任研究［J］. 南京審計學院學報 2012，4（36）：53-61.

表 4-4　112 家央企上市公司 2008—2012 年拉克爾系數描述性統計

	N	Minimum	Maximum	Mean		Std. Deviation	Variance
	Statistic	Statistic	Statistic	Statistic	Std. Error	Statistic	Statistic
2008 年拉克爾系數	112	-0.641,9	1.717,6	0.442,6	0.044,1	0.413,7	0.171,0
2009 年拉克爾系數	112	-0.503,5	1.326,4	0.413,8	0.032,3	0.314,5	0.099,0
2010 年拉克爾系數	112	-0.563,0	1.930,1	0.427,9	0.036,2	0.365,5	0.134,0
2011 年拉克爾系數	112	-0.540,4	1.815,5	0.404,5	0.035,7	0.355,3	0.126,0
2012 年拉克爾系數	112	-0.593,9	1.998,1	0.452,2	0.038,5	0.380,9	0.145,0
全樣本拉克爾系數	560	-0.641,9	1.998,1	0.437,2	0.016,6	0.365,4	0.133,0

從表中可以發現，2008—2012 年 5 年中任何一年的央企拉克爾系數均超過拉克爾黃金值 39.395%，說明 5 年中央企均向員工支付了過高的薪酬，全樣本的拉克爾系數為 0.437,2，超過拉克爾黃金值百分比為 11%。

實際上中國央企在員工薪酬支付上確實存在過度支付現象，央企管理層存在財務鬆懈行為。根據 2012 年上市公司年報披露，截至 3 月 29 日，已經披露年報的 151 家非金融國有控股上市公司 2012 年實現淨利潤 2,819.43 億元，同比下降 13.89%。受業績下滑影響，部分央企員工與高管的薪酬也有一定幅度下降，具有代表性的是中國遠洋、中國鋁業和鞍鋼股份。但是，也有一些國有控股上市公司業績下降明顯，而上市公司高管的薪酬卻不降反增。如上海石化，2011 年淨利潤為 9.44 億元，而 2012 年淨利潤為虧損 15.28 億元，但是卻絲毫沒有影響管理層的薪酬，且該公司管理層薪酬在 2011 年的基礎上均有不同程度增長。這些現象反應了國有控股上市公司過度支付員工薪酬，同樣屬於典型的財務鬆懈行為。

4.1.4　財務鬆懈行為表徵之四：過度在職消費

眾多研究文獻僅是關注在職消費的理論闡述，經驗研究相對較少。學術界普遍認為在職消費是指在員工薪酬之外的利得或報酬，特指在薪酬之外的一種

预料之内的利得，也指憑藉特權而獲得的待遇，是一種非貨幣性收益①。萬華林（2007）認為，在職消費包括高管享受的豪華辦公室、專機或專車、鄉村俱樂部會員資格以及娛樂餐飲消費等②。上市公司管理層在職消費一直是國內學術界、政府與實務界關注的熱點問題之一，而且在職消費也是中國國有企業的一個普遍現象。「就國有企業而言，國有控股股東掌握了公司多數股權或控製權，但是行使所有權的國有股東也是事實意義上的代理人，國有企業真正的所有者是國家」③。由於真正的所有者不具有人格化，因此造成實際意義上的「所有者虛位」。中國現階段屬於典型的新興加轉軌時期，在所有者缺位這個不爭的事實情況下，國家下放國有企業經營管理權，雖然國家成立國有資產監督管理部門監管國有上市公司，但是很難從根本上解決國有控股上市公司內部人控製現象，無法有效控製與監管上市公司管理層的行為④。國有控股上市公司管理層在缺乏有效監控以及激勵機制、職業經理人市場不健全等多種因素影響下，經常發生濫用管理層自由裁量權的行為，其主要表現就是管理層在職期間配備豪華辦公用車、裝飾辦公場所、公款出國考察旅遊、吃喝休閒玩樂等在職消費行為，在職消費遠遠超過其合理範圍，即過度在職消費行為。李旭紅（2003）研究發現，與經營者收入呈鮮明對比，一些企業經營者在職消費隨意性很強，過多過濫，甚至處於失控狀態，經營者職務消費水平一般在其工資收入的10倍以上⑤。是什麼原因誘發管理層在職消費？國內外學者進行了大量探索。其中，代理理論是學術界基本認同的在職消費的成因理論之一。代理理論認為，因為公司管理層直接掌握公司的經營管理權，經理人利用手中的權利進行在職消費並使其自身利益最大化。詹森和麥克林（1976）認為，在職消費具有負面的經濟後果，是經營者和外部股東的代理衝突的一種，會降低企業價值⑥。在職消費作為私人收益，即意味著其財務成本超過了其帶來的效率增量⑦（Hart, 2001）。代理理論認為在職消費有損公司價值，而國外部分研究發

---

① Hart, Oliver D. Financial contracting [J]. Journal of Economic Literature, 2001, 39 (4): 1079-1100.

② 萬華林. 國外在職消費研究綜述 [J]. 外國經濟與管理, 2007 (9): 39-41.

③ 李林峰. 外部治理環境、股權結構與國有企業現金股利政策 [D]. 成都: 西南財經大學, 2008.

④ 羅宏, 黃文華. 國企分紅、在職消費與公司績效 [J]. 管理世界, 2008 (9): 139-148.

⑤ 李旭紅. 國企老總要拿年薪了 [N]. 市場報, 2003-09-12.

⑥ Jensen, M C, Meckling W H. Theory of the Firm: Managerial Behavior, Agency Costs and Ownership Structure [J]. Journal of Financial Economics, 1976, 3: 305-360.

⑦ Hart, Oliver D. Financial Contracting [J]. Journal of Economic Literatrue, 2001, 39 (4): 1079-1100.

现，上市公司管理層在一定程度下進行在職消費能提高管理層的工作效率，強化上市公司管理層的權威與地位，提升管理層在日常經營管理中的政策執行力，即在職消費的「效率理論」。亨德森等（Henderson, et al, 1966）認為，在職消費可以減少員工儲蓄，增加了員工對企業的依賴感，因而能提高員工對企業的忠誠度，有利於企業價值提升[1]。由此可以看出，代理理論與效率理論對公司在職消費給出了截然相反的結論。關於在職消費的效率理論，目前尚無國內學者的研究證實，而在職消費的代理效應已經被國內眾多學者證實，其主要是由中國國有控股上市公司的國有性質所決定。國有上市公司特有的公司治理機制、所有者缺位、內部控製人現象比較嚴重等因素，會導致國有控股上市公司存在過度在職消費的財務鬆懈行為。

為揭示中國國有控股上市公司管理層過度消費財務鬆懈行為，本書以國有控股上市公司 2012 年公布的年報數據來分析其過度在職消費現象。在 2012 年中國滬深 A 股上市公司公布年報中，筆者通過查閱上市公司年報數據，發現有 1,720 家上市公司在年度報告中披露了「業務招待費」項目，占兩市所有 2,490 家上市公司的 69.08%，這 1,720 家上市公司披露業務招待費合計 133 億元，通過排序，業務招待費前 10 名的上市公司均為國有控股上市公司。這 1,720 家上市公司年報中披露的「會務費」就達 17.77 億元，其中有 13 家上市公司披露會務費超過 2,000 萬元，令筆者深思的是，13 家上市公司絕大部分也屬於國有控股上市公司，具體情況見表 4-5。

表 4-5　　2012 年上市公司業務招待費與會務費前 10 名分布表

排序	證券名稱	業務招待費（億元）	淨利潤（億元）	營業收入（億元）	股權性質	證券名稱	會務費（億元）	淨利潤（億元）	營業收入（億元）	股權性質
1	中國鐵建	8.37	84.79	4,843.13	國有	福田汽車	0.65	13.53	409.73	國有
2	中國交建	7.8	119.5	2,962.27	國有	紫金礦業	0.43	52.11	484.15	國有
3	中國水電	3.43	40.94	1,270.37	國有	潞安環能	0.41	25.67	200.65	國有
4	上海建工	1.78	16	931.54	國有	西山煤電	0.33	18.1	312.29	國有
5	葛洲壩	1.73	15.63	535.37	國有	隧道股份	0.3	11.51	219.89	國有
6	中國北車	1.66	33.84	924.31	國有	電廣傳媒	0.28	5.87	40.64	國有
7	中國重工	1.17	35.77	585.01	國有	中南傳媒	0.27	9.4	69.3	國有
8	中煤能源	1.13	92.81	872.92	國有	江西銅業	0.26	52.16	1,585.56	國有
9	吉視傳媒	1.11	3.84	17.64	國有	泰豪科技	0.26	0.69	24.78	國有
10	金隅股份	1.03	29.65	340.54	國有	小商品城	0.24	7.07	36.12	國有

---

[1] Peter F Drucker. The effective executive [M]. New York: Harper & Row Press, 1966.

在表 4-5 中，國有控股上市公司中國鐵建 2012 年發生業務招待費 8.37 億元，將近占公司 2012 年淨利潤 84.79 億元的 10%，其比例為所有上市公司之最。該公司年報發布後，引起廣大投資者以及中小股東一片嘩然，實際上上市公司業務招待費僅是在職消費中的一項。國內學者的研究認為，上市公司管理層在職消費包括辦公費、差旅費、業務招待費、通訊費、出國培訓費、董事會費、小車費、會議費八項內容（陳冬華、陳信元、萬華林①，2005；陳冬華、梁上坤、蔣德權②，2010；紀偉③，2008；夏冬林、李曉強④，2004）。表 4-5 中僅列示上市公司業務招待費一項，如果將上述八項內容全部統計出來，估計上市公司在職消費的數額將非常驚人。同時，中國現行《企業所得稅法實施條例》第四十三條規定，企業發生的與生產經營活動有關的業務招待費支出，按照發生額的 60% 扣除，但最高不得超過當年銷售（營業）收入的 5‰。上市公司為了合理避稅，該項規定使上市公司財務部門有動機在處理上市公司業務招待費時，不一定將上市公司發生的業務招待費全部計入該項目，可能通過其他費用項目進行轉嫁處理，以達到所謂的「合理避稅」。因此，上市公司財務部門只會少計公司業務招待費，絕不會多計公司業務招待費。通過上述分析，中國國有控股上市公司過度在職消費現象比較嚴重，是一種典型的財務鬆懈行為。

4.1.5 財務鬆懈行為表徵之五：非理性擴張

眾多國內外學者在經濟學文獻中通常採用的分析前提為理性假設，往往忽視了隱性存在的非理性假設。上市公司在進行任何一項投資決策時，也是假定在理性選擇的前提下進行投資決策。而實際上，任何決策都離不開人的因素影響，而人在進行決策時，會受到人的認識、知識以及對環境認知、項目預期收益性等多種因素限制。因此，上市公司管理層經常會受到非理性影響，即「理性經濟人」範式涵蓋下的自利與效用原則下，往往會引導公司管理層關注

---

① 陳冬華，陳信元，萬華林. 國有企業中的薪酬管制與在職消費 [J]. 經濟研究，2005（2）：92-101.

② 陳冬華，梁上坤，蔣德權. 不同市場化進程下高管激勵契約的成本與選擇：貨幣薪酬與在職消費 [J]. 會計研究，2010（11）：56-65.

③ 紀偉. 上市公司高管薪酬及在職消費對經營績效的影響 [J]. 中國科技信息，2008（10）：130-131.

④ 夏冬林，李曉強. 在職消費與公司治理機制 [C] //中國會計學會第六屆理事會第二次會議暨 2004 年學術年會論文集，2004.

公司治理中的理性假設，也在一定程度下掩蓋了或封殺了非理性假設①。上市公司擴張主要是指公司為了進行多元化經營而施行的併購，擴大上市公司原先的經營範圍，一般包括橫向和縱向併購。橫向併購是指上市公司進入全新的經營領域，公司在新領域的經營範圍、經營產品等均與公司原先的經營範圍、經營產品完全不一致，與公司原來的經營戰略、經營方針基本上沒有任何相同性或相似性；而縱向併購是指上市公司兼併公司產品的上游或下游行業，為了延長公司原來的產業鏈，被兼併的行業一般在經營產品、經營戰略、經營方針等方面具有一定的內在聯繫性或相似性。

隨著中國資本市場快速發展，上市公司併購案例呈逐年上升態勢，由原來的國內企業之間的橫向併購或縱向併購，逐漸發展到部分上市公司走出國門，實現海外併購，實現了企業的急遽擴張。這其中有不少成功案例。例如，2004年12月，聯想集團以12.5億元美元購入美國IBM的PC業務，使聯想的PC業務由原來的市場排名第九位，迅速上升為排名第三位，這次併購使聯想從品牌、技術、管理、產品、營運與戰略聯盟等多方面得到了質的提升，通過併購實現了企業多元化發展戰略，提升了企業產品市場佔有率與企業核心競爭力；2005年年底，海爾集團總裁張瑞敏在全面推行名牌化戰略的基礎上，正式實行全球化品牌戰略。海爾集團在2008年年底，在海外建立29個產品製造基地、19個貿易公司，實現了1,190億元的全球營業額。海爾集團通過戰略部署，利用多元化經營戰略，通過不斷地進行國內與國外擴張，實現了企業快速與可持續發展；吉利汽車將公司的戰略方向瞄向了海外，同樣也是通過海外併購方式於2009年收購了澳大利亞全球第二大自動變速器生產企業——澳大利亞DSI企業，隨後在2010年3月順利收購了沃爾沃汽車公司。可見吉利汽車也是通過併購方式實現了多元化擴張戰略，增強了企業核心競爭力。上述三個通過購並實現多元化擴張戰略的成功案例，充分說明了多元化擴張戰略確實促使了企業績效的提升。多元化擴張給企業帶來了益處，實際上已被國內外眾多學者經驗研究所證實。史圖斯②（Stulz，1990）的研究認為，與從事專業化生產經營的企業相比，因多元化經營能為企業構建龐大的內部資本市場，企業通過多元化經營更能夠抓住淨現值為正的投資項目或投資機會，可以緩解外部融資約束所帶來的融資壓力，進而解決企業投資不足等問題，有利於提升企業業

---

① 何大安，蘇志煌. 公司治理中的理性選擇與非理性傾向 [J]. 浙江社會科學，2013（7）：33-38.

② Stulz. Managerial Discretion and Optimal Financing Policies [J]. Journal of Financial Economics，1990，4（26）：234-256.

績。企業通過多元化建立起來的內部資本市場能夠有效替代外部不完善的資本市場，即多元化的替代效應。研究發現，在外部資本市場不健全、法律法規落後的國家實行多元化戰略的企業，其績效會得到明顯提升[①]（Khanna & Palepu，2000）。姜付秀、陸正飛（2006）研究中國經濟體數據發現，實行多元化戰略的公司，其所形成的內部資本市場具有重新配置資源功能，從而降低了公司對融資成本較高的外部資本市場的依賴性，有利於公司績效提升[②]。從上述國內外學者的經驗研究結論可得，多元化擴張會給企業帶來「多元化溢價」效應，這也是目前國內外眾多企業堅持走多元化擴張戰略的主要原因。

企業在進行多元化擴張戰略決策時，不可否認，可能會受到決策者的有限理性限制，即企業管理層在決策時會受到非理性選擇的影響，從而會導致企業在進行多元化擴張戰略時無法達到企業所預想得到的結果，最終使企業多元化擴張戰略失敗。梳理國內企業多元化擴張失敗的案例發現，企業管理層在決策時受到各種各樣非理性選擇的影響。例如，2004年中國航油股份有限公司實行走出國門戰略，因公司總經理陳久霖在投資石油期權、石油期貨中，缺乏風險監控意識，對風險投資認識不足，導致中國航油股份有限公司發生累計5.5億美元的投資損失，不得不在2004年11月4日向新加坡高等法院申請破產保護。此案例說明了中國航油股份有限公司在進行多元化經營戰略時，未能充分意識到投資高風險領域的期權與期貨業務的風險，這一方面說明了管理層在思想上存在鬆懈，在管理上未能建立良好的風險防控機制，從另一方面也說明了作為公司總經理的陳久霖，在進行高風險領域投資決策時，過多的非理性選擇導致了公司受到嚴重損失。中鋁集團於2009年2月12日與世界上三大「鐵礦石巨頭」之一的力拓集團正式簽訂戰略合作協議，以195億美元戰略入股力拓集團，對公司的上游產品——鐵礦石，進行多元化戰略購並。同時，此次戰略合作協議得到德國聯邦企業聯合管理局、澳大利亞競爭與消費者保護委員會與美國外國投資委員會等監管機構的批准。但是，2009年6月5日，力拓集團卻單方面撤銷了與中鋁集團簽訂的戰略合作協議。雖然中鋁集團因力拓集團違約獲得了1.95億美元的違約補償金，但是此次多元化戰略卻沒有成功。中鋁集團購並入股力拓集團沒有成功的主要原因可能是公司管理層未能進一步深入瞭解海外一些國家的產業政策、產業規制以及產業政策等因素。當前由於中國經

---

① Khanna, PalepuIs. Group Affiliation Profitable in Emerging Markets? —An Analysis of Diversified Indian BusinessGroups [J]. The Journal of Finance, 2000 (55): 67-76

② 姜付秀，陸正飛. 多元化與資本成本的關係—來自中國股票市場的證據 [J]. 會計研究，2006 (6): 45-56.

濟快速發展，部分國有上市公司、集團公司資金充裕（大量財務鬆懈資源），有極強的向外擴張動機，但是，由於不能更新思想觀念、外貿法律法規等，嚴重制約了其向外擴張的能力，失去了稍縱即逝的投資機會。正如一句名言「機遇是給有準備的人而準備的」。與中鋁集團失去多元化戰略擴張機會相比，中國平安保險股份有限公司增持富通股份而給公司帶來巨大虧損，不可同日而語。2007 年年底，中國平安保險動用 18.1 億歐元巨資，陸續從二級市場購入富通股份，並占富通總股份的 4.18%，後又陸續增持至 4.99%。2008 年年初，中國平安保險又宣布計劃用 21.5 億歐元收購富通公司旗下的資產管理公司的 50% 股權。但是，平安保險公司萬萬沒有想到，美國次貸危機以及隨後的歐債危機引發了全球性金融危機，富通公司未能幸免此次金融危機，其公司股價大幅下跌，僅僅不到半年時間，中國平安保險公司所購入的富通公司股票直接造成浮虧近 157 億人民幣的損失，面對投資巨額浮虧壓力，該公司不得不宣布放棄收購富通的計劃。平安保險公司的多元化擴張戰略因未能細緻評估金融危機風險，風險控製系統薄弱，導致巨額虧損，有損企業價值。實際上，中國上市公司不論是在國內進行擴張，還是在國外進行海外擴張，失敗案例不勝枚舉，給國家、企業、股東帶來了巨大損失。關於多元化擴張的折價效應，國內外學者通過實證研究發現，不論是在短期還是長期，多元化擴張存在折價效應。拉蒙特（Lamont，1997）等利用西方成熟經濟體數據，研究發現了多元化經營誘發「交叉補貼」次優投資行為。多元化經營公司之間容易發生「交叉補貼」交易，即關聯交易，「交叉補貼」使得經營不善的業務單元或部門從經營比較好的部門吸取公司的優質資源。實施多元化的企業可能會因此重新進行低效率資源配置，將資源投入到一些效益不高甚至效益為負的業務單元、部門或項目上，企業總體經濟效益被拉低，降低了企業整體效益①。國內部分學者利用中國上市公司數據對上市公司多元化經營進行了經驗研究與規範研究。張純、高吟②（2010）利用規範研究，以委託代理理論為研究視角，詳細分析了中國股權性質（國有與非國有股權）對多元化經營的影響。分析結論表明，國有控股上市公司因存在雙重代理問題、所有者虛位以及內部人控制等公司治理機制缺陷，因多元化經營而產生的「金字塔式」股權結構為大股東實施掏空行為提供了方便，嚴重侵犯中小股東的利益。而非國有控股上市公司因較少受到政

---

① Lamont O. Cash Flow and Investment：Evidence from Internal Capital Markets［J］. Journal of Finance，1997（52）：120-134.
② 張純，高吟. 多元化經營與企業經營業績——基於代理問題的分析［J］. 會計研究，2010（9）：34-42.

府部門干預，目標單一，經營獨立，非國有（民營）公司實施多元化經營是基於上市公司本身業績考慮與公司長遠發展的戰略選擇，因而代理問題與國有控股上市公司相比，代理成本相對較小，因而多元化經營提升企業價值①。陳信元、黃俊（2007）以政府部門干預上市公司為研究角度，對國有控股上市公司多元化經營的經濟後果進行了實證研究，研究發現，國有控股上市公司在政府部門干預下執行多元化經營，更多的是考慮政治目標和社會職能，背離了市場經濟與企業經濟效益原則，企業的市場化運作被扭曲了，從而降低了國有控股上市公司的業績②。

綜上所述，上市公司管理層因思想鬆懈、盲目自大、過於樂觀等鬆懈行為進行非理性擴張，過度使用自由裁量權，低效率進行資源配置，導致上市公司產生巨大虧損，有損上市公司價值，不但無法實現股東財富價值最大化，更無法實現利益相關者財富最大化。中國資本市場經過二十多年的發展，上市公司規模、公司治理機制、證券監管機制逐步完善，上市公司為中國經濟發展做出了重要貢獻。目前，中國經濟發展正處於轉型期，作為中國優質公司——上市公司應該是經濟轉型期的排頭兵，要科學、合理提升資源配置效率，理性選擇投資項目，既要注重規模效益，又要注意擴張速度，要認真搞好市場調研，謹慎對待多元化擴張；要處理好上市公司短期與長期發展之間的關係；要認真研究世界經濟與國內宏觀經濟發展動態，充分研究公司擴張領域內的產業政策、市場狀況、行業壁壘，規避多元化擴張的不利因素，克服上市公司管理層因鬆懈而誘發的「個人主義」「英雄主義」，防範系統風險與非系統風險，杜絕過度財務鬆懈行為。

4.1.6 財務鬆懈行為表徵之六：過度承載社會責任

企業社會責任為當今世界各國關注的熱點問題之一。中國經濟是從高度的計劃經濟體制向市場經濟體制轉變的，企業由原來的「企業辦社會」逐漸轉向自主經營、自負盈虧的獨立經濟體，企業性質由原來的國有經濟逐步轉向以國有經濟為主體，多種經濟成分並存的格局。改革開放以來，中國經濟發展成就舉世矚目，一大批國有企業和民營企業不斷發展、做大做強，並由國內逐漸走向國外，為中國國民經濟建設做出了重要貢獻。然而，當代中國企業在發展過程中，同樣存在不少缺陷，諸如安全事故、產品質量、食品安全、生態環境

---

① 張純，高吟. 多元化經營與企業經營業績——基於代理問題的分析 [J]. 會計研究，2010 (9)：34-42.

② 陳信元，黃俊. 政府干預、多元化經營與公司業績 [J]. 管理世界，2007 (7)：78-89.

保護、員工權益保護社會誠信體系建設等方面的發展不盡人意，這就是現今學術界與實務界所論及的「企業社會責任」。已經在全世界範圍形成共識的理念——企業承擔社會責任理念，逐漸被中國企業所接受。但是，中國企業發展正處於經濟轉型期，部分企業為了企業的可持續發展，一味注重企業的經濟效益，甚至以發展企業為借口，企業社會責任意識淡薄，損害了利益相關者利益。如三鹿奶粉的「三聚氰胺事件」、雙匯的「瘦肉精事件」、富士康公司員工「十二連跳事件」、萬科股份有限公司的「捐款門事件」等案例，都反應了目前中國企業社會責任意識薄弱，沒有形成社會責任理念。由於中國實行改革開放政策，經濟全球化的影響逐漸深入，為了順應經濟全球化以及經濟轉型發展之需要，中國政府、企業等都已經意識到企業需要承擔一定的社會責任，這是現代化企業實現可持續發展的必由之路。因此，《中華人民共和國公司法》（簡稱《公司法》）在 2006 修訂時，在新《公司法》第五條就明確規定了企業社會責任，即「公司從事經營活動，必須遵守法律、行政法規，遵守社會公德、商業道德，誠實守信，接受政府和社會公眾的監督，承擔社會責任。公司的合法權益受法律保護，不受侵犯」[1]。

企業社會責任是由英國學者謝爾頓（Shelton，1924）在專著《管理哲學》（1924）中首次提出，並將企業社會責任定義為企業社會責任要與公司經營者滿足產業內外各種人類需要的責任相聯繫，並認為包括道德因素[2]。被學術界稱為「企業社會責任之父」的著名國外學者鮑恩（Bowen，1953）在專著《企業家的社會責任》中指出，履行社會責任可能造成企業利潤的降低，企業以對社會負責的精神自願地從事經營活動。作為企業的經營者應當採取有利於社會目標的經營策略，從事企業的經營活動[3]。國內學者關於企業社會責任研究比較有影響是劉海俊（1999），他在專著《公司的社會責任》中將企業社會責任界定為公司的社會責任，公司不能僅僅以最大限度地為股東謀求盈利作為公司的惟一目標，而應該負有維護和增加社會其他主體利益的義務[4]。由此，國內學者針對企業社會責任的理論與實踐進行了大量有益探索。尤其是近 10 年來國內一些知名企業產品造假、產品劣質等事件更進一步引起國家層面、學術層面的高度關注。政府層面，國家相關部分出抬了一系列相關法律法規，部分

---

[1] 鐘文華. 法哲學視野下的企業社會責任淺析 [J]. 南京航空航天大學學報：社會科學版，2012（2）：45-51.
[2] 劉海俊. 公司的社會責任 [M]. 北京：法律出版社，1999：2-3.
[3] Bowen H R. Social Responsibilities of Businessman [M]. New York：Harper Press，1953：31.
[4] 劉海俊. 公司的社會責任 [M]. 北京：法律出版社，1999：2-3.

政府研究機構成立社會責任研究中心，並要求國有大中型企業率先定期公布年度企業社會責任履行情況報告，從製度上規範企業社會責任信息披露，企業必須履行企業社會責任，民營企業可以參照國有大中型企業，自願公布企業社會責任的履行情況等。借鑑國外關於企業社會責任研究成果，根據中國企業發展的實際狀況，中國政府研究機構提出了各種各樣方案，完善並監督企業社會責任履行情況，為中國企業社會責任製度建設獻計獻策，並取得了富有成效的成果。雖然中國企業社會責任的理念已經逐漸成形，但是距離完美的社會責任相關理論還存在一定差距。

企業社會責任的運動潮流正在向全球蔓延並日益流行。中國企業引入社會責任標準的時間比西方國家晚了很多年，隨著企業不斷發展壯大，企業社會責任意識不斷增強，國務院國有資產監督管理委員會要求所有央企在2012年底向社會公布企業社會責任報告。近年來，社會各界對國有企業尤其是中央企業履行社會責任情況紛紛提出批評，認為國有企業缺乏社會責任意識，國有企業社會責任意識須進一步增強。2009年，中國社會科學院經濟學部企業社會責任研究中心利用西方成熟市場社會責任相關理論，開始編制中國企業社會責任指數，該指數從責任管理、市場責任、環境責任、社會責任四個方面評估中國企業社會責任管理狀況與責任披露水平，並按年向社會公布。研究報告顯示，至2012年，國有企業社會責任發展指數顯著高於民營企業和外資企業，央企社會責任發展指數又顯著高於其他國有企業，充分說明，中國國有企業近幾年社會責任意識、社會責任管理、社會責任履行情況均好於非國有企業。實際上中國國有企業、民營企業與外資企業數量龐大，因此，該報告僅是中國部分具有一定社會影響力、一定市場規模與資產規模企業的社會責任履行情況，並不能代表所有企業社會責任履行情況。

許多國內學者關注企業社會責任履行、社會責任信息披露等情況，但很少有研究關注企業對社會責任的過度履行，即企業過度承載社會責任，有損股東利益的財務鬆懈行為。結合國內外研究成果，企業社會責任主要包括企業對股東的責任、對員工的責任、對政府的責任、對債權人的責任、對社會公眾的責任、對供應商的責任、對消費者的責任、對生態環境的責任等方面。其中，企業對股東的社會責任就是要求企業按照股東投資多少制定公平合理的股利分配方案，保證全體股東享受公司發展過程中的成果，防範公司管理層道德風險等財務鬆懈行為，制定科學合理的公司治理機制，公平對待全體股東；對員工的責任就是指保證合理的員工薪酬增長率，制定客觀公正的員工薪酬標準以及員工中長期培訓教育計劃等；對政府的責任主要是指企業按照國家稅法規定按期

繳納稅金、企業對國家的貢獻等；對債權人的責任是指按照合同規定的債務利率按期支付利息以及到期還本等；對社會公眾的責任是指企業對社會公眾、社區等捐贈情況的履行等；對供應商的責任是指公平交易情況，不存在壟斷定價等；對消費者的責任是指消費者對產品的知情權、產品質量、產品售後服務等；對生態環境的責任主要包括企業污染物排放、污染治理、廢物處理等情況。企業面對上述社會責任，一方面要有很強的社會責任意識，要投入一定財力、人力與物力，努力執行社會責任要求；另一方面，企業也要注意不要過度承載社會責任，這樣有損利益相關者的利益。例如，企業管理層過度分配股利，就會影響企業的長期發展，尤其是當上市公司存在內部人控制，控股股東在決定上市公司股利分配方案時，有可能存在利益輸送等財務鬆懈行為，有損中小股東的權益；支付員工薪酬也可能存在向公司高管過度支付薪酬或向員工過度支付薪酬的有損股東權益的財務鬆懈行為；大比例對外捐贈，過度承載社會責任，同樣也是一種財務鬆懈行為。下圖為企業在履行社會責任過程中可能存在財務鬆懈行為的示意圖（如圖4-3）。

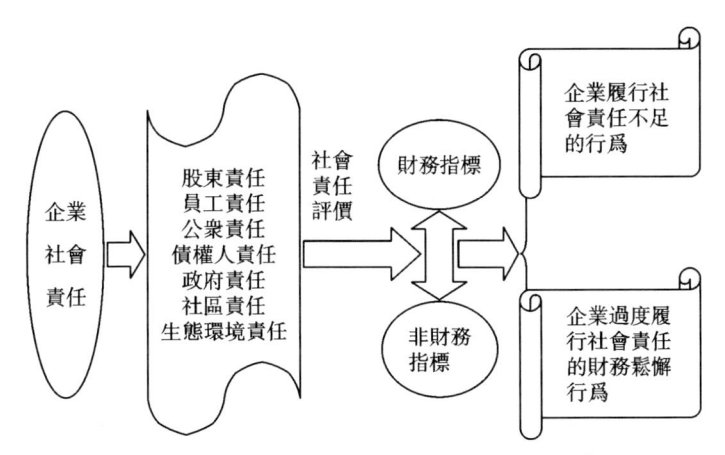

圖4-3 企業社會責任履行情況評價示意圖[①]

---

① 註：財務指標可以採用股利發放率、每股收益增長率、員工薪酬增長率、高管薪酬增長率、員工年均教育培訓經費增長率、利息保障倍數、納稅比率、企業社會貢獻率、就業安置率、企業年度捐贈增長率、應付帳款週轉率、產品返修率、消費者投訴率、企業環保經費增長率等；非財務指標可以採用企業信用評級、企業參與社區活動、企業與員工訂立勞動合同、公平交易、商業誠信等。

4.2 中國上市公司財務鬆懈行為的影響因素[①]

從前文論述的中國上市公司財務鬆懈行為表徵現象來看，中國上市公司確實存在大量財務鬆懈行為，這有損企業績效，有損股東財富，不利於上市公司長期健康可持續發展，下文將詳細探究導致中國上市公司產生財務鬆懈行為的影響因素。

企業作為市場經濟中自我經營、自負盈虧、獨立決策的經濟主體，面臨著市場不完善、信息不對稱、製度不健全等各種來自外部或內部環境的影響。因此，來自企業外部和內部的環境因素，必然影響企業財務鬆懈行為。

4.2.1 外部因素

4.2.1.1 宏觀經濟政策

上市公司經營方投融資方向與國家宏觀經濟政策、宏觀經濟政策走向密切相關。宏觀經濟政策是指政府有意識有計劃地運用一定的政策工具，調節控製宏觀經濟運行，以達到一定的政策目標。國家宏觀調控的政策目標，一般包括充分就業、經濟增長、物價穩定和國際收支平衡等四項。一般來說，宏觀經濟政策分為財政政策和貨幣政策。

（1）國家財政政策。一個國家財政政策有積極財政政策、緊縮財政政策和穩健財政政策等類型。一個國家需要根據宏觀經濟運行情況、不同的經濟週期階段來實行不同的財政政策，從而影響企業經營和外部融資環境，進而影響企業財務鬆懈資源。具體而言，當國家實施積極的財政政策，對上市公司的影響主要包括以下四個方面：一是減少稅收，降低稅率，擴大減免稅範圍。這將會直接增加微觀經濟主體的收入，促進消費和投資需求，從而促進國內經濟的發展，改善公司的經營業績；二是擴大財政支出，加大財政赤字。這將會直接擴大對商品和勞務的總需求，刺激企業增加投資，提高產出水平，改善經營業績；同時還可以增加居民收入，使其投資和消費能力增強，進一步促進國內經濟發展；三是減少國債發行（或回購部分短期國債）。縮減國債發行規模，使市場供給量減少，將導致更多的資金轉向股票，推動上市公司股價的上漲；四是增加財政補貼。財政補貼往往使財政支出擴大，以擴大社會總需求，刺激供

[①] 本節內容已發表在《財會學習》2013年第3期。

給增加，從而改善企業經營業績。實施擴張性財政政策有利於擴大社會的總需求，刺激經濟發展，而實施緊縮性財政政策則在於調控經濟過熱，對經濟社會、上市公司及其股價的影響與對擴張性財政政策所產生的影響相反。因此，當執行積極的財政政策時，政府增加對企業的扶持力度，加大對重點項目、重大項目的財政資金投入力度，項目所產生的利潤便使得企業財務鬆懈資源隨之增加；相反，政府實行緊縮財政政策，則制約企業財務鬆懈資源的累積。

（2）貨幣政策。貨幣政策是指中央銀行為實現其特定的經濟目標而使用的各種控製和調節貨幣供應量和信貸的政策，措施一般包括信貸政策、利率政策和匯率政策。企業的融資渠道、融資金額大小、融資方式等，受到國家貨幣供給量和貨幣流通量的直接影響。央行信貸政策根據國家宏觀調控和產業政策的要求，以實現信貸資金優化配置為目標，是促進經濟結構調整的重要手段。政府可以通過法定存款準備金率、市場利率等貨幣政策來調節市場貨幣供應量和信貸額度，從而影響企業備用貸款能力。具體而言，國家貨幣政策可以通過以下幾種方式增加市場貨幣供供應量：一是降低銀行存款準備金。中央銀行通過降低法定存款準備金比率，來增加商業銀行的信貸規模，降低市場利息，從而加大貨幣供應量。這是一種威力強大卻不宜常用的貨幣政策工具；二是公開市場業務。中央銀行通過在公開市場買進有價證券來投放基礎貨幣，以控製貨幣供應量，並影響市場利率的一種行為。它使中央銀行可以主動、靈活、及時地調節和控製基礎貨幣總量；三是降低再貼現政策。中央銀行通過降低再貼現率來擴大商業銀行的信貸規模，降低市場利率，以實現貨幣政策的目標。在發生金融危機時，應實行寬鬆的貨幣政策，以適當增加貨幣供應量，刺激投資和消費，從而發展經濟，抑制通貨緊縮。當國家貨幣政策趨緊時，企業融資壓力會增強，管理層財務壓力隨之增強，從而抑制管理層財務鬆懈行為；反之，容易誘生管理層財務鬆懈行為。

4.2.1.2 行業特徵與行業競爭性

基於社會分工，每個行業在結構上和技術上都有自己的重要特徵。不同企業的地理位置、行業結構、銷售模式、生產流程等均存在差異，這些特徵會直接間接影響企業的財務鬆懈水平。一般來說，行業集中度越高，價格與成本優勢就越大，盈利能力就越大，因此，行業特徵直接影響企業財務鬆懈。行業競爭性根據競爭程度分為競爭性行業（完全競爭、不完全競爭）和壟斷性行業（寡頭壟斷、完全壟斷）。面對產品市場競爭，公司若缺乏議價能力，就會導致投資不足，進而進入市場受阻，被其他競爭者掠奪市場的風險就會增大。為應付被蠶食的風險，公司一般情況下會持有足額的現金儲備來應對外部可能發

生的環境突變和原來的競爭格局被打破的風險，這就是學界所講的產品市場競爭影響公司現金持有的掠奪風險動機。產品市場競爭程度影響公司現金持有水平，國內外學者分別用不同經濟體上市公司數據進行大量研究與探索。如貝斯等（Bates, et al, 2007）指出，美國公司自 1980 年以來大幅度增加公司的現金資產率，主要是為了應對日益增加的市場經營風險①。貝奧姆等（Baum, et al, 2007）以德國公司數據為樣本，通過構建模型和實證，研究發現，隨著產業層面不確定性的增加，公司現金持有水平也隨之增加②。國內學者韓忠雪、周婷婷（2011）利用中國製造業上市公司 2001—2007 年共 2,401 個公司年的平衡面板數據，以「行業間競爭」「行業內競爭」兩個維度的產品市場競爭變量，實證分析了中國製造業上市公司產品市場競爭對現金持有水平的綜合影響。實證結果顯示，對於所有製造業上市公司來說，產品市場競爭對公司現金持有存在顯著的掠奪風險效應。在考慮公司融資被約束的情況下，產品市場競爭對公司現金持有的掠奪風險和代理成本兩種競爭效應被有效區分開來。融資約束公司表現為顯著的掠奪風險效應，非融資約束公司則表現為顯著的代理成本效應③。豪斯特等（Haushalter, et al, 2007）通過研究公司現金持有政策與產品市場競爭之間關係，發現產品市場中公司的經營相似程度、行業集中度與成長機會相似程度越高，公司產品市場被掠奪的風險越高，公司的現金持有水平也相應越高。同時，他們進一步研究發現，公司的財務政策和投資行為的重要決定因素受市場掠奪風險影響④。一般而言，在產品市場競爭過程中，競爭各方必然採取諸如價格、廣告等促銷手段，無論競爭結果如何，在競爭過程中會導致競爭各方利潤和現金流的變化，因此，行業的競爭程度也將影響企業財務鬆懈。

4.2.1.3 資本市場

中國資本市場從 20 世紀 90 年代發展至今，資本市場已由場內市場和場外市場兩部分構成。其中場內市場的主板（含中小板）、創業板（俗稱二板）和場外市場的全國中小企業股份轉讓系統（俗稱新三板）、區域性股權交易市

---

① Bates T W, Kathleen M K, Stulz R M. Why do U. S. Firms Hold so Much More Cash than They Used to? [J]. Working Paper, 2007.

② Baumc F C, Schafer D, Talavera O. The Effects of Industry-Level Uncertainty on Cash Holdings: The Case of Germany [J]. Working Paper, 2007.

③ 韓忠雪, 周婷婷. 產品市場競爭、融資約束與公司現金持有：基於中國製造業上市公司的實證分析 [J]. 南開管理評論, 2011 (4)：149-160.

④ Haushalter D, Klasa S, William F M. The Influence of Product Market Dynamics on a Firm's Cash Holdings and Hedging Behavior [J]. Journal of Financial Economics 2007, 84 (3)：797-825.

場、證券公司主導的櫃臺市場共同組成了中國多層次的資本市場體系。主板市場也稱為一板市場，指傳統意義上的證券市場（通常指股票市場），主板市場是一個國家或地區證券發行、上市及交易的主要場所。主板市場對發行人的營業期限、股本大小、盈利水平、最低市值等方面的要求標準較高，上市企業多為大型成熟企業，具有較大的資本規模以及穩定的盈利能力。中國資本市場經過20多年的發展，為上市公司解決了發展中的資金短缺問題，上市公司不論規模還是數量，均實現了較大的發展。但是，與西方成熟經濟體資本市場相比，中國資本市場存在上市公司治理、信息透明度等諸多發展中的問題。目前，企業要上市，必須要經過嚴格的核准製度，上市路程艱辛、成本高，還需「包裝」上市以及IPO定價機制等諸多問題飽受詬病。資本市場發展與中國經濟發展嚴重不匹配，資本市場是經濟發展的「晴雨表」，這一狀況也未能體現，股指自2007年創6,124高點以來，至今依然在2,700多點徘徊，「短牛長熊」是中國資本市場的典型特徵。為維護資本市場健康發展，管理層採取暫停或暫緩IPO等措施，資本市場也因此失去了融資功能。企業只有等待IPO開閘或暫緩定向增發，企業融資也受到壓制。因此，當資本市場繁榮時，企業IPO以及定向增發等比較活躍，企業在資本市場融資相對比較容易；當資本市場蕭條時，企業IPO或定向增發等受到抑制，企業融資受限。一旦企業融資受限，企業資金流趨向緊張，管理層須想其他辦法進行融資，就會導致管理層壓力增大，誘生財務鬆懈行為的可能性下降；反之，企業在資本市場融資相對容易，管理層壓力減輕，誘生財務鬆懈行為的可能性上升。

4.2.1.4 政府管制

黨的十八大以來，隨著從嚴治黨的深化、「零容忍」的反腐態勢、反「四風」的持續發威和限權問責的推進，黨風、政風明顯好轉。中國與西方國家不同，存在大量國有企業。國企高管既有官員或準官員身分，享受官員或準官員地位及其相關待遇，又在國企領取市場薪酬。梳理近幾年中央巡視反饋情況與國家審計公告發現，國企高管「追求奢靡享樂，四風問題普遍；近親繁殖，帶病提拔，選人用人不規範；蠶食企業，國資監管有漏洞；以及關聯交易利益輸送」已成為「四大通病」，國企高管是「四大通病」的直接操縱者。巡視與審計結果表明了國企高管不作為、貪腐現象嚴重，其不作為、貪腐現象發人深省，國企亟待突破「政治人亦即經濟人」的魔咒，其結果必然引發公共權力的異化和公共性目標的缺失。隨著中央八項規定、央企高管限薪、「三公經費」管理等製度陸續出抬並得到嚴格執行，企業管理層原來的「天價薪酬」、超額在職消費等行為受到前所未有的抑制。同時，國家審計與巡視「全覆

蓋」，正風肅紀始終保持高壓態勢，企業管理層面臨嚴格管制，財務鬆懈行為必將受到壓制。因此，當政府管制趨向嚴格時，企業管理層財務鬆懈行為將受到抑制；反之，將誘發企業管理層財務鬆懈行為。

4.2.2　內部因素

4.2.2.1　企業生命週期

生命週期理論認為企業經歷發展、成長、成熟、衰退幾個階段①。由於企業生命週期各階段特徵不同，因此對財務鬆懈行為的影響也不盡相同。發展階段，企業創業者滿懷抱負，信心滿滿，創造性和冒險精神充足，組織系統雖不完善但具有活力，但企業資本實力弱，產品品種少，市場佔有率低，生產規模小，盈利水平低，企業各項業務處於開發階段，投入較大，需要大量資金。因此，此階段企業很難形成財務鬆懈資源，管理層鬆懈行為發生概率較低。成長階段，企業開始由小到大，實力逐步增強，企業的經濟增長使創業者看到了希望，創業者也願意為企業的未來發展冒一定的風險，企業注重發展有前途的產品。此階段企業財務鬆懈資源漸漸累積。成熟階段，公司注重維持產品市場佔有率，維護主導地位，企業形象得到社會消費者進一步認可，生產規模不斷擴大並得到進一步鞏固，盈利能力達到頂峰。但增長空間增長速度放慢，企業內部成員之間矛盾逐步產生，創造力、冒險與創業精神逐漸減弱，保守思想、鬆懈行為開始出現。此階段企業財務鬆懈資源為最豐富時期，但是管理層財務鬆懈行為的出現會制約企業發展。衰退階段，企業走向衰老和消亡，產品市場佔有率萎縮，資本負債率高，包袱沉重，產品品種前途暗淡，組織矛盾突出。因此，企業衰退階段，財務鬆懈資源基本耗盡，管理層、雇員財務鬆懈行為達到最高值。

4.2.2.2　公司治理

現代企業製度的核心是建立完善的公司治理結構。伯利和米恩斯的研究認為，股權分散削弱了股東的監管能力，管理層與小股東之間存在嚴重利益衝突。因此，股權過度分散可能影響企業財務鬆懈資源狀況。詹森和麥克林認為，持有控制權的管理層可能通過削弱工作努力程度或增加額外在職消費而損害股東利益；為了構建「個人帝國」或為避免破產給自己帶來損害，管理層會竭力通過股利政策、融資政策來提高公司流動性水平（即財務鬆懈的一種表現）。由此可知，兩權分離以及持有控制權的管理層缺乏監管會誘生鬆懈行

---

① http://wiki.mbalib.com/wiki/%E7%94%9F%E5%91%BD%E5%.

為。因此，股權結構直接或間接影響企業財務鬆懈；股東大會、董事會、監事會（即「三會」）是公司治理結構的基本組織架構，其內部結構安排直接關係到公司治理效率，而公司治理效率直接或間接影響財務鬆懈水平是否適度。

4.2.2.3 激勵機制

激勵機制是通過一套理性化的製度來反應激勵主體與激勵客體相互作用的方式。激勵機制是調動企業員工動力的重要槓桿，有助於激發員工潛能和調動員工的積極性，對企業的發展至關重要。激勵機制的積極作用是指一定的激勵機制對員工的某種符合組織期望的行為具有反覆強化、不斷增強的作用，在這樣的激勵機制作用下，組織不斷發展，不斷成長。儘管激勵機制設計者的初衷是希望通過激勵機制的運行，能有效的調動員工的積極性，實現組織的目標。但是，無論是激勵機制本身不健全，還是激勵機制不具有可行性，都會對一部分員工的工作積極性起抑製作用和削弱作用。部分國有控股上市公司存在激勵不足等現象，公司管理層會設法佔有大量財務鬆懈資源，誘生尋租、在職消費、迴避風險等財務鬆懈行為。

從上述影響財務鬆懈的因素可以看出，財務鬆懈的適度性受到宏觀經濟環境以及企業內部微觀環境的影響。宏觀經濟環境的波動直接影響到企業的經營計劃、投資決策以及融資決策等，企業應根據宏觀經濟環境運行態勢不斷調整財務鬆懈。同時，企業也要結合自身實際情況，不斷完善治理機制，建立健全科學的激勵機制，防範因管理層隨意囤積財務鬆懈資源產生的財務鬆懈行為。

第五章 上市公司財務鬆懈行為測度、識別與檢驗[①]

公司兩權分離、信息不對稱等因素是誘生上市公司管理層財務鬆懈行為的主要原因。上市公司財務鬆懈行為將影響企業價值最大化目標的實現，有損股東權益。近年來，學術界從不同視角進行了與上市公司管理層財務鬆懈行為相關或相近領域的研究，如自由現金流量理論、委託代理理論等。但是，至今學術界鮮有對上市公司財務鬆懈行為的系統研究，對上市公司財務鬆懈行為的測度研究則更少。下文將以中國滬深 A 股上市公司為樣本，以上市公司財務數據定量闡釋並測度上市公司財務鬆懈行為。

5.1　上市公司財務鬆懈行為測度文獻回顧與測度構思

按照上市公司財務鬆懈行為與財務鬆懈資源內涵之間的關係，應優先考量上市公司財務鬆懈資源。從上文分析中可以發現，上市公司管理層發生財務鬆懈行為是從滯留大量財務鬆懈資源開始的，只要上市公司內部存在財務鬆懈資源，就會誘生上市公司管理層過度利用自由裁量權，進而發生財務鬆懈行為。目前，上市公司是存在財務鬆懈行為現象的，那麼如何用財務指標度量中國上市公司財務鬆懈行為，是擺在我們面前的難題。梳理國內外相關文獻，大多學者主要從組織鬆懈（Organizational Slack）和財務柔性（Financial Flexibility）兩維視角進行財務鬆懈測度探索，但目前尚未發現準確度量上市公司財務鬆懈行為的公式或指標。一是國內外部分學者利用組織鬆懈的內涵，探索性地利用財務指標間接表徵測度上市公司財務鬆懈行為。組織鬆懈具體內容包含技術鬆懈、人力資源鬆懈、財務鬆懈等。部分學者設計問卷調查來觀察上市公司存在

[①] 本節內容部分已經發表在《財經科學》2012 年第 10 期。

組織鬆懈的行為，如奧特蒙格和格林利（Oktemgil & Greenley，1996）設計問卷項目，向上市公司管理層調查管理人員對資本鬆懈的主觀看法，隨後學者羅利亞的古拉蒂（Nohria & Gulati，1996，1997）也效仿他們的做法，設計兩個主觀評估問卷，向公司管理層詢問組織鬆懈的主觀評判[①]。辛格（Singh，1986）將組織鬆懈分為吸入鬆懈和非吸入鬆懈，並用公司的銷售費用、管理費用及一般費用和公司的運轉資本之和來測度吸入鬆懈，用公司的現金和可供出售證券之和來測度非吸入鬆懈[②]。而學者漢布瑞克和德戴維尼（Hambrick & D'Aaveni，1988）則用公司的資產負債率和公司的營運資本與公司銷售收入之比來測度公司的非吸入鬆懈。布奧米尼（Bromiley，1991）將公司組織鬆懈分為可用鬆懈、可恢復鬆懈與潛在鬆懈三類，用公司的流動比率測度公司可用鬆懈，用公司的銷售費用、管理費用和一般費用之和與公司的銷售收入之比來測度公司可恢復鬆懈，用公司的資產負債率來測度公司的潛在鬆懈[③]。隨後幾年，學術界關於組織鬆懈基本上是借鑑布奧米尼（Bromiley，1991）的研究成果，對組織鬆懈測度僅是作了部分微調。例如，米勒和雷布林（Miller & Leiblein，2000）用公司的應收帳款與公司的銷售收入之比、公司的存貨與銷售收入之比、公司的銷售費用、管理費用和一般費用與公司的銷售收入之比來測度公司的可恢復鬆懈[④]。唐和彭（Tan & Peng，2003）將公司組織鬆懈區分為吸入鬆懈和非吸入鬆懈，並用公司的大修理基金、庫存存貨與公司應付款作為公司吸入鬆懈，用公司的折舊基金、儲備基金、公司留存收益和公司的銷售費用之和來測度公司的非吸入鬆懈[⑤]。二是國內外部分學者利用財務柔性的內涵，探索地利用財務指標間接表徵測度上市公司的財務鬆懈行為。關於財務柔性的定義，因學者研究視角不同，存在一系列不同的觀點，但基本是從融資視角強調了當不確定性事件發生時，企業為應對不確定性事件應獲取所需資金的能力。希斯（Heath，1978）指出具有財務柔性的企業能夠迅速採取事後行動以消除所需資金支出超過資金流入的困境，且行動只會對其現在和未來或者股

[①] Nohria N, Gulati R. Is Slack Good or Bad for Innevation? [J]. Academy of Management Journal, 1996, 39: 1243-1264.

[②] Singh J V. Performance, Slack and Risk Taking in Organizational Decision Making [J]. Academy of Management Journal, 1986, 29: 562-585.

[③] Bromiley P. Testing a Causal Model of Corporate Risk Taking and Performance [J]. Academy of Management Journal, 1991, 34: 37-59.

[④] Miller K D, Leiblein M J. Corporate Risk-return Relation: Returns Variability Versus Downside Risk [J]. Academy of Management Journal, 1996, 39: 91-122.

[⑤] Tan J, Peng M W. Organizational Slack and Firm Performance During Economy Transitions: Two Studies from An Emerging Economy [J]. Strategic Management Journal, 2003, 24: 1249-1260.

票市場價值產生較小的不利影響①。美國註冊會計師協會（AICPA，1993）採納希斯觀點，認為財務柔性是指企業採取行動消除企業所需要的現金支出超過預期現金流入的能力。希金斯（Higgins，1992）等將財務柔性界定為企業的資本結構能夠以較低的交易和機會成本為企業活動提供資金的能力。隨後諸多學者基本認同從資本結構考量財務柔性內涵，認為財務柔性的的內涵是企業為未來擴張或應對不確定性、併購等而儲備負債融資以及股權融資的能力（Graham & Harvey，2001；Gilson & Warner，1997）。而格姆恩（Gameron，1986）則從收益視角將財務柔性定義為未限定用途的收益與總收益之比，蒙薩和維爾納（Mensah & Werner，2003）從資產負債表的角度出發，認為財務柔性是未指定用途的資產占企業總資產的比重。最近甘巴和特里安蒂斯（Gamba & Triantis，2003）將企業低成本獲取資金和調整資金結構的能力界定為企業財務柔性②。關於財務柔性測度，國內外學者試圖利用企業財務數據進行測度，已有研究主要有「單指標判斷法」「多指標結合法」與「多指標綜合法」。「單指標判斷法」是通過單一財務指標來判斷財務柔性高與低，但需要借助一個目標值才能判斷企業的財務柔性，如伊諾亞、列昂妮達和厄茲坎（Inoa, Leonida & Ozkan，2004）。國內學者趙蒲、孫愛英（2004）曾利用百分位法判斷的負債柔性；「多指標綜合法」是結合資產負債表、現金持有量和股利支付率三項指標判斷企業財務柔性高低③（Daniel & Denis，2007）；「多指標綜合法」同時考慮了反應企業財務柔性狀況的多項財務指標，分別對不同指標賦予不同權重之後計算出一個綜合得分，並據以判斷企業財務柔性的高低，例如，阿薩、弗洛瑞克斯和厄茲坎（Arsla, Florackis & Ozkan，2008）採用 KZ 指數度量財務柔性的高低④。

　　從上述已有文獻對組織鬆懈與財務柔性測度研究中可以發現，學者都是通過上市公司相關財務指標來直接或間接表徵組織鬆懈，且關注的重點是上市公司的流動比率，並利用公司流動比率來測度公司鬆懈程度，同時利用公司已經發生的管理費用、銷售費用與公司的銷售收入之比來測度公司可以恢復的鬆懈，即上市公司管理層可以通過降低公司的銷售費用、管理費用等耗費，來增

---

① 曾愛民. 財務柔性與企業投融資行為研究 [M]. 北京：中國財政經濟出版社，2011：15.
② 曾愛民. 財務柔性與企業投融資行為研究 [M]. 北京：中國財政經濟出版社，2011：16.
③ Daniel N D, Denis D J, Naveen L. Dividends, Investment and Financial Flexibility [J]. Working Paper, 2007.
④ 曾愛民. 財務柔性與企業投融資行為研究 [M]. 北京：中國財政經濟出版社，2011：42-44.

加上市公司的鬆懈資源。大部分學者利用上市公司的資產負債率來測度公司的潛在鬆懈資源，公司的資產負債率越高，公司的備用舉債空間越小，即公司的債務鬆懈資源就越低；反之，公司的資產負債率越低，公司的備用舉債空間就越大，即公司可用的舉債鬆懈資源就越大。

借鑑國外學者的研究成果，大部分國內學者研究了與財務鬆懈相關或相近的內容，如公司財務保守、財務彈性、財務柔性等，鮮有學者專門研究財務鬆懈測度。不過相關的財務鬆懈在近幾年引起了部分學者關注。曾愛民（2011）[1]、羅宏、郝以雪[2]（2012）認為，財務鬆懈與財務柔性的概念內涵基本一致，財務柔性對公司價值提升有利有弊。他們深入細緻地研究了財務柔性測度，並認為財務柔性等於現金柔性、負債融資柔性與權益融資柔性三者之和，但中國權益融資受限制較多，權益融資柔性困難，故企業的財務柔性用下列公式表示：

財務柔性＝現金柔性＋負債融資柔性

這種情況之所以沒有考慮企業股權融資，主要是因中國企業股權融資受到證券會股權融資資格管制，一般企業難以達到股權融資條件。假如企業為上市公司，股權融資達到證券會資格管制條件且股權融資經過證券會等監管部門批准，則企業的財務柔性用下列公式表示：

財務柔性＝現金柔性＋負債融資柔性＋權益融資柔性

利用上述公式測度財務柔性在本質上存在一定難度，原因有二：一是企業從各種融資渠道獲取資金的及時性程度受限，因中國企業未曾對外公告此類信息，無法進行測度；二是企業負債融資受國家宏觀經濟政策、財政政策以及貨幣政策等諸多因素影響。因此，準確測度企業負債融資柔性有較大難度。

畢曉芳、姜寶強[3]（2012）採用目標法計量財務冗餘，即首先確定公司目標資本結構，在目標資本結構下找出公司的目標現金冗餘與目標負債能力保有量，再利用迴歸分析法求出公司現金持有量的期望值和公司資產負債率的期望值。公司的現金冗餘等於公司實際現金持有量與現金持有量的期望值之差，公司的預留負債能力等於公司的實際負債率與公司負債率的期望值之差，因此，

---

[1] 曾愛民. 財務柔性與企業投融資行為研究 [M]. 北京：中國財政經濟出版社，2011：45-47.

[2] 羅宏，郝以雪. 財務冗餘與企業價值創造：內在機理與實現方式 [J]. 當代會計評論，2012（2）.

[3] 畢曉芳，姜寶強. 公司財務冗餘對投資規模的影響研究：基於代理成本和產品市場競爭視角 [J]. 經濟與管理研究，2012（5）：98-106.

一個公司的財務冗餘就為公司的現金冗餘與公司預留負債能力之和。

從上述文獻中可以發現，國內外學者主要從資源視角出發，研究財務鬆懈測度問題，其中，國外研究文獻從組織鬆懈角度研究鬆懈資源測度，且在研究中並沒有嚴格區分組織鬆懈的類別。實際上，按照組織鬆懈的表徵形式，公司鬆懈應該包括技術鬆懈、人力資源鬆懈、財務鬆懈等，而西方學者對財務鬆懈的測度研究基本上是通過相關財務指標來測度公司財務鬆懈，例如，用流動比率衡量可用鬆懈資源，用部分費用比率來測度可以恢復的鬆懈資源，即通過公司費用比率來揭示公司已經耗費的資源。如果公司能夠降低費用比率，那麼就實現了資源節約，也就是給公司帶來了鬆懈資源，就可以用公司資產負債率來衡量公司潛在鬆懈資源，即公司備用舉債能力。前文通過公司財務指標來測度財務鬆懈，缺乏財務鬆懈整體測度，同時利用費用比率來測度公司可恢復鬆懈資源的方法存在較大的不確定性。眾所周知，公司的費用率受到公司經營戰略、宏觀經濟環境等因素影響，尤其要受到公司管理層管理公司能力因素影響，當公司加大產品研發、產品推廣、市場開發的力度時，將會直接增加公司的研發費用以及銷售費用；當公司所面臨的宏觀經濟環境趨於緊縮，如國家貨幣政策趨緊，公司受到較大的融資約束、市場需求不旺等宏觀因素影響時，將會直接導致公司產生銷售不暢，產品與市場開發困難等問題。從而造成公司銷售費用上升，也就影響了財務鬆懈測度的準確性。除了關注組織理論並探索性地測度財務鬆懈之外，中國部分學者也試圖利用與財務鬆懈相近或相關的財務柔性理論來研究財務柔性測度。一種方法是先求出公司目標資本結構，在公司目標資本結構確定的情況下，預測並計算出公司的現金冗餘期望值與負債冗餘期望值，並用公司現金冗餘與負債冗餘實際值兩者之間的差來表示財務鬆懈；另一種方法認為，公司的財務柔性由三部分組成，即現金柔性、負債柔性與權益柔性，問題的關鍵是如何定量確定公司的財務柔性。相比現金柔性與負債柔性，公司的權益柔性更加不易測度，尤其是中國上市公司的股權融資，除了公司自身相關條件，它還要受到中國證券監督管理部門審核等條件約束，中國上市公司除了首發上市（IPO）股權融資，還有定向增發、配股、可轉債融資等，對於每一種股權融資方式，上市公司都很難預測經中國證券監督管理委員會審核通過的成功率。同時，中國資本市場的發展無法同西方成熟資本市場相比，即中國上市公司權益柔性很難準確測度，因此，將財務柔性分為三類的方法可行，但準確測度財務柔性卻難上加難。

通過上述已有研究文獻分析，要準確測度上市公司財務鬆懈是有一定難度的，而上市公司財務鬆懈行為主要是通過上市公司管理層利用財務鬆懈資源進

行非效率配置而給上市公司帶來經濟利益損失的一種行為。因此，要準確測度上市公司財務鬆懈行為，其難度要比測試財務鬆懈資源更大。本章主要目的是通過測度上市公司財務鬆懈資源來間接測度或替代上市公司財務鬆懈行為。實際上，從本書前面部分章節，如財務鬆懈內涵界定、財務鬆懈行為的表徵（或表現形式）等內容中可以看出，由於現代企業存在兩權分離、信息不對稱等問題，上市公司管理層有動機利用滯留的財務鬆懈資源進行在職消費等自利而有損上市公司價值最大化的財務鬆懈行為。由此可知，上市公司財務鬆懈行為主要是來自上市公司內部的鬆懈資源。從上文分析中可以發現，財務鬆懈資源主要分為兩類——上市公司閒置的財務鬆懈資源和備用舉債能力，財務鬆懈資源如閒置貨幣資金、流動資產、固定資產以及其他長期資產等。從上市公司角度來分析，只要存在資產閒置現象，就能說明上市公司管理層未能充分利用上市公司現有資產，或上市公司管理層存在資產配置效率不高的現象，即上市公司管理層在籌資決策、融資決策、投資決策、日常經營管理中存在財務鬆懈行為。再來看備用舉債能力，如果上市公司存在較大備用舉債空間，即上市公司採用較低的財務槓桿政策，可以從兩個方面來分析上市公司這種現象，一方面，上市公司可能受到國家宏觀經濟政策影響而受到融資約束，進而導致被動地採取低槓桿政策。如果是這種情況導致上市公司存在備用舉債空間，那麼就不屬於管理層財務鬆懈行為，即不存在備用舉債能力財務鬆懈資源；另一方面，上市公司存在備用舉債能力的原因可能是上市公司管理層保守、厭惡風險、創新改革意識不強等，那麼這種情況就屬於典型的財務鬆懈行為。綜上所述，測度上市公司財務鬆懈行為主要考慮兩個方面，一方面是上市公司現金與視同現金的資產儲備過多、過度投資形成的資產閒置等情況；另一方面是上市公司備用舉債能力（空間）。其中上市公司資產閒置情況與上市公司備用舉債能力相比，前者比較容易測度，而備用舉債能力（空間）卻很難測度。本章將利用上市公司財務指標與非財務指標探索上市公司財務鬆懈行為測度。

5.1.1 財務鬆懈行為定量測度：財務指標視角

結合上文對財務鬆懈內涵的界定，上市公司財務鬆懈是指上市公司的現金、有價證券、隨時可出售的資產以及進入債券市場或向銀行進行融資的能力，隨時獲得基本需要的保守融資的能力，並使潛在的借款人把公司的債務作為一項安全性投資的能力。從財務鬆懈的定義中可以發現，上市公司財務鬆懈資源主要來自流動性比較強的流動資產，即滯留在上市公司內部的貨幣資金、有價證券、隨時可變現的資產，另外一部分就是所謂的上市公司備用舉債能力

（空間）以及股權融資能力。上文已經闡述上市公司備用舉債空間首先需要考慮上市公司管理層所執行的財務政策，其次需要考慮上市公司所面臨的宏觀經濟環境、國家財政政策、貨幣政策等綜合因素，同時還要考慮上市公司管理層的風險態度、心裡預期等因素。管理層風險類型、發展預期研判等均會影響上市公司管理層對公司負債水平的承受能力，即上市公司管理層如果屬於風險偏好型，對上市公司發展預期充滿自信，從心理學視角來看，上市公司管理層對公司發展願景「過度自信」，那麼上市公司管理層就有增強公司負債水平的動機，將會大幅度舉債，則公司的備用舉債能力（空間）將下降；如果上市公司管理層屬於風險厭惡型，對上市公司的發展前景不看好，沒有信心，不敢冒風險。從心理學視角來看，上市公司管理層對公司發展願景「過度悲觀」，行為將會趨向保守，那麼上市公司管理層就有降低公司負債水平的動機，不願負債，則公司的備用舉債能力（空間）就會上升。由於市場瞬息萬變，不確定性與風險無處不在，因此，用財務指標來測度公司備用舉債能力（空間）存在較大難度。一方面，即使部分學者在研究中試圖用部分財務指標來測度上市公司備用舉債能力（空間），但是無法判斷上市公司管理層採取積極的財務戰略或政策，還是管理層採取不敢冒險、思想保守的財務鬆懈行為；另一方面，上市公司股權融資能力能否作為測度上市公司財務鬆懈行為的指標之一，本書認為上市公司股權融資能力（空間）尚無法測度上市公司財務鬆懈行為。原因正如上文所述，中國現階段的股權融資受到國家監管部門嚴格管制，上市公司即使滿足國家資本市場監管層的各項條件，但是資本市場融資還是受到國家宏觀經濟政策、資本市場發展態勢等因素的影響。一般情況下，上市公司也無法準確預判公司股權融資是否成功。鑒於此，本章在測度上市公司財務鬆懈行為時暫不考量上市公司備用舉債能力（空間）和股權融資能力（空間）。

通過分析中國上市公司財務鬆懈行為表徵，中國上市公司存在諸如委託理財、非公允性關聯交易、過度承載社會責任、過度支付員工薪酬等財務鬆懈行為，其動機產生的前提是上市公司必須滯留過量財務鬆懈資源。而財務鬆懈資源主要來自上市公司歷年留存收益、過度融資等，在公司財務報表上的直接表現形式就是流動性或流動比率。當上市公司流動性或流動比率較高時，上市公司管理層有動機過度放大自由裁量權，從而發生財務鬆懈行為。因此，可以通過測度上市公司流動性或流動比率，或從上市公司流動性、流動比率入手，找出相應的財務指標，間接測度上市公司財務鬆懈行為。現有研究文獻對上市公司流動性已有大量研究，但本書主要針對誘發管理層財務鬆懈行為的流動性進行研究。從公司流動性內涵理解，公司流動性主要來自公司的貨幣資金、有價

證券、可以隨時變現的資產等，按照財務報表分析，流動資產包括公司貨幣資金、交易性金融資產、應收票據、應收帳款、預付帳款、應收利息、股息、其他應付款以及存貨等。上述流動資產按其變現能力強弱，貨幣資金、交易性金融資產、應收票據的變現能力最強，而應收帳款、預付帳款等相對較弱。上市公司的存貨變現能力要受到市場環境、公司的銷售政策、產品是否適銷對路等因素影響。同時，計算公司流動性需要考慮即將到期的流動負債約束。上市公司流動負債到期時需要用儲備的流動資產進行清償，首先是公司的有息負債，即短期銀行借款、有息應付票據、一年內到期的非流動負債等，其次是其他無息商業信用，如應付帳款、預收帳款、應付職工薪酬、應繳稅費、應付利息、股息、其他應付款等。公司的商業信用對公司管理層的約束力要明顯小於有息負債的約束。為了準確確定上市公司財務鬆懈資源，本書將利用修正後的淨營運資本替代上市公司流動性來測度上市公司財務鬆懈行為。營運資本的內涵在學術研究中有廣義與狹義之分，廣義營運資本指的就是公司的流動資產，而狹義營運資本是指公司的流動資產與流動負債之差，亦稱淨營運資本。廣義的營運資本是在研究公司資產週轉狀況與公司流動性時經常使用的概念，而狹義的營運資本是在研究公司財務風險和公司債務清償能力時經常使用的概念。廣義的營運資本內涵為具體的概念，而狹義的營運資本內涵為抽象概念，營運資本的本質特徵為增值性、補償性和流動性，其中流動性是最根本特性，增值性是營運資本的根本動力。

　　淨營運資本指標之所以可用來測度上市公司流動性，是因為上市公司到期債務以及債務重組等，均需要用公司可變現的流動資產來償付，才能消除公司債務。從這種角度分析，公司的流動資產是現金的主要來源之一，而公司的流動負債又會導致公司現金資產的流出。一方面高比例的淨營運資本意味著公司的流動資產富足，而流動負債較少，從而導致公司大量資金閒置在公司內部，即公司內現金資產流動停滯，未能參與資金循環，公司資金一旦停止循環，就無法產生資金（資本）增值效應，不會產生經濟利益流入；另一方面，可能也說明上市公司面臨的投資機會匱乏，或上市公司管理層對公司發展前景比較悲觀，缺乏冒險精神，思想保守、懈怠，使公司的發展受到影響。而低比例的淨營運資本則表示上市公司流動資產繃緊、不足，到期或即將到期的流動負債多，公司管理層將面臨可用資金少，經營壓力大，迫使企業為了維持正常的經營和資金需要，不得不變現資產或按高於市場利率大幅舉債籌措資金，如果企業無法籌措所需資金，企業可能陷入財務危機甚至破產。可以採用淨營運資本占比來衡量企業流動性，該比率越高，說明企業流動性越高，存在大量資

金閒置；比率越低，說明企業資金較為緊張，存在償還短期流動負債的壓力[①]。鑒於此，本章試圖通過以下財務指標測度上市公司財務鬆懈。

5.1.1.1 修正後上市公司淨營運資本占比

通過上述分析，本書利用上市公司淨營運資本測度財務鬆懈，公式計算如下：

修正後上市公司淨營運資本＝流動資產總額－上市公司有息負債總額

為了反應上市公司財務鬆懈程度的相對比率，可以利用修正後上市公司淨營運資本與上市公司總資產扣除上市公司有息負債後的比率來表示，計算公式如下：

修正後上市公司淨營運資本占比＝上市公司淨營運資本÷(上市公司資產總額－上市公司有息負債總額)

其中，上市公司有息負債總額計算如下：

上市公司有息負債總額＝短期負債＋有息應付票據＋一年內到期的有息非流動負債＋長期借款＋應付債券

選擇上市公司有息負債主要考慮有息負債一般到期支付本金並支付利息，其對上市公司管理層約束力明顯強於商業信用，上市公司有息負債越高，公司管理層鬆懈的可能性越低；反之，有息負債越低，上市公司管理層壓力越小，越有可能鬆懈、不作為，誘生財務鬆懈行為的可能性越大。利用修正後上市公司淨營運資本占比，消除上市公司規模對財務鬆懈行為的影響，該指標越大，說明上市公司內部滯留財務鬆懈資源就越多，上市公司管理層越有可能存在財務鬆懈行為；該指標越小，說明上市公司內部滯留財務鬆懈資源就越少，上市公司管理層因有息負債到期還本付息的壓力，自然就抑制了管理層財務鬆懈的行為。上市公司財務鬆懈行為程度與修正後上市公司淨營運資本占比為反向關係。

5.1.1.2 有息負債比率

負債對上市公司管理層具有到期還本付息的壓力，公司負債越大，管理層壓力越大，因此，負債對上市公司管理層財務鬆懈具有抑製作用。關於負債的作用機理，學術上的研究主要集中在負債的稅盾收益與公司破產風險二者之間的權衡。實際上，公司適度負債，除了給公司帶來稅盾收益，還可以約束上市公司管理層財務鬆懈行為，尤其是有息負債。有息負債與無息負債共同構成了

---

① 王文兵，干勝道，段華友.企業財務鬆懈：識別模型、經濟後果與治理對策［J］.財經科學，2012（10）：52-57.

公司負債結構，上文指出，有息負債包括公司的長期或短期銀行貸款、公司發行的債券以及有息票據等，而無息負債主要包括應付帳款、預收帳款、應付職工薪酬、其他應付款、應繳稅費等。這些無息負債除了公司所欠國家稅收的應繳稅費，對管理層具有一定約束力外，其他約束力相對來說要遠遠小於公司有息負債。因此，本文利用有息負債率間接測度上市公司管理層的財務鬆懈行為。該指標越大，說明上市公司的有息負債越高，公司管理層壓力越大，上市公司發生財務鬆懈的可能性越小；反之，該指標越小，說明上市公司的有息負債越小，公司管理層的壓力越小，上市公司發生財務鬆懈行為的可能性越大。該指標的計算公式如下：

上市公司有息負債率＝上市公司有息負債÷（上市公司資產總額-上市公司有息負債總額）

上市公司有息負債＝短期負債+有息應付票據+一年到期的有息非流動負債+長期借款+應付債券

上述兩個指標均是充分考慮了最有可能誘發上市公司管理層財務鬆懈行為的流動性和公司負債，當上市公司流動性充足甚至泛濫，其直接結果將會直接增強上市公司管理層財務鬆懈行為動機，而公司負債的多少，尤其是公司的有息負債的多少也將直接影響上市公司管理層產生財務鬆懈行為的可能性。因此，修正後的上市公司淨營運資本占比和公司有息負債率兩個指標能揭示中國上市公司管理層財務鬆懈行為。

5.1.1.3 資產週轉率

從財務鬆懈內涵界定中，可以明確上市公司財務鬆懈資源主要來自上市公司閒置未用資源。上述兩個指標主要考慮了流動資產和負債方面。實際上，上市公司財務鬆懈資源除了表現在流動資產和負債方面外，也可能表現在在非流動資產方面，即上市公司的可供出售金融資產、持有到期投資、固定資產、無形資產等，尤其是固定資產和無形資產等可能會出現閒置未用或利用率不夠的情況，從而產生財務鬆懈資源，如果上述現象存在，至少可以說明上市公司管理層存在過度配置固定資產或過度開發無形資產，從而形成公司固定資產與無形資產過量閒置而使公司資產配置效率低下的財務鬆懈行為。因此，可以計算公司上述資產週轉率來揭示上市公司資產利用效率，在公司的銷售收入比較穩定的情況下，資產週轉率較低，或長期處於較低水平，說明上市公司存在部分資產閒置的財務鬆懈行為，其他資產具有相類似的現象。由於上文已經討論公司的流動資產，本文僅對固定資產予以討論，即計算公司的固定資產週轉率來測度公司固定資產閒置的財務鬆懈行為。計算公式如下：

固定資產週轉率＝公司營業收入÷(期初固定資產餘額+期末固定資產餘額)÷2

　　利用固定資產週轉率測度上市公司是否存在閒置固定資產的財務鬆懈行為時，要考慮上市公司當年度銷售收入變動情況，因為，公司銷售收入發生變動會引發公司固定資產週轉率的變動，當銷售收入急遽下降時，可能會拉低公司固定資產週轉率；當銷售收入急遽上升時，可能會拉高公司固定資產週轉率。所以，要在綜合權衡公司銷售收入變動的情況下，確定公司固定資產週轉率變動情況。眾所周知，固定資產直接作用於公司的生產過程、銷售過程等，以促進資本增值，當固定資產週轉緩慢，則直接影響公司銷售收入的實現，一旦公司銷售回款放緩，固定資產投資回收週期將會延長，固定資產折舊也將無法及時回補，直接影響公司固定資產更新，進而有損公司健康與可持續發展。一般來說，公司固定資產占用資金（資本）比例越高，單項投資額度就越高。因此，公司在進行固定資產投資時，要充分考慮固定資產投資規模適度性，不能盲目投資購置固定資產，因為公司資金（資本）一旦被固定資產所占用，那麼管理層就要充分利用固定資產，不斷提高固定資產週轉速度與週轉率。如果公司固定資產週轉速度緩慢，則可能存在部分固定資產閒置浪費現象的財務鬆懈行為，有損公司價值最大化。

　　以修正後上市公司淨營運資本占比、有息負債率以及固定資產週轉率三個財務指標測度上市公司財務鬆懈行為，既可以單獨使用，也可綜合使用。從上文財務鬆懈內涵界定來看，測度財務鬆懈關注的重點是公司是否存在過度財務鬆懈資源，而財務鬆懈資源的主要內容包括現金、有價證券、隨時可變現的資產以及企業備用舉債能力（空間）。因此，測度公司財務鬆懈行為的關鍵是公司流動資產與負債，由此，可以確定修正後上市公司淨營運資本占比與有息負債率是測度上市公司財務鬆懈行為的關鍵財務指標，上市公司固定資產週轉率財務指標是從財務鬆懈資源的內涵延伸而來，即從財務鬆懈資源為公司的閒置資源視角出發，從流動資產以外的公司資產來揭示上市公司是否存在閒置的非流動資產現象。本章僅考慮固定資產，未考慮全部非流動資產，如可供出售金融資產、持有至短期投資、長期股權投資、無形資產等。這樣做的主要原因，一方面是由於固定資產一般占上市公司非流動資產比例較高，屬於公司非流動資產的主要組成部分；另一方面是由於上市公司可供出售金融資產、持有至到期投資、長期股權投資與公司管理層投資政策選擇以及公司戰略投資策略有關。目前，從上市公司披露的財務信息很難理解上市公司管理層的意圖與目的，而無形資產項目包括專利權、非專有技術等內容，有些無形資產屬於上市

公司商業機密，同樣從上市公司披露的財務報表也無法識別出上市公司哪些無形資產發生作用、哪些無形資產屬於閒置未用。鑒於上述原因，本章不再討論可供出售金融資產、持有至到期投資、長期股權投資、無形資產等非流動資產所形成的財務鬆懈資源所誘生的財務鬆懈行為。但未討論上述資產，並不表示上述資產閒置就不會誘生管理層財務鬆懈行為。這類資產因閒置而誘發的財務鬆懈行為有待深入研究。

5.1.2 財務鬆懈行為定性測度：非財務指標視角

單純從財務指標測度上市公司財務鬆懈行為，具有一定難度，需要綜合考慮影響上市公司財務鬆懈行為的所有因素，即研究鬆懈行為的發生機理，以確定哪些因素導致或誘生上市公司管理層財務鬆懈行為。分析這些問題，要從上市公司所處行業的競爭狀況、宏觀經濟環境、企業生命週期、上市公司產權性質、公司治理等多環節進行分析。上文分析已知，上市公司面臨的宏觀經濟環境不同，管理層所受的壓力也不同。例如，當宏觀經濟環境偏緊，即國家財政政策、貨幣政策趨於緊縮狀態，那麼上市公司融資將受到一定影響，公司產品銷售將會不暢，市場開發難度將會加大，上市公司管理層將面臨宏觀經濟緊縮、市場競爭強度將會加大，融資難度將會增強，只有上市公司管理層勤勉盡責、兢兢業業、眾志成城，才能攻克難關。此時，公司外部的惡劣環境迫使管理層不敢也不能鬆懈；面臨宏觀經濟環境寬鬆期，市場需求與產品銷售將會旺盛，融資約束強度較弱，管理層感覺到的是「欣欣向榮」的大好局面，無形之中，上市公司管理層就會萌生鬆懈、懈怠、不思進取的財務鬆懈行為思想。上市公司處於不同的生命週期，其管理層的壓力也不同。公司在初創期，管理層與員工能同甘共苦、勵精圖治，能為公司的生存與發展艱苦奮鬥，而一旦公司進入成長期、成熟期，公司資本累積已經完成，不論是公司員工還是管理層，初創期間那種艱苦奮鬥、同甘共苦的精神將不復存在，換來的是思想懈怠、不思進取，鬆懈行為隨處可見。因此，上市公司財務鬆懈行為在公司成長期與成熟期發生的可能性要大於公司的初創期與衰退期。

5.1.2.1 上市公司股權與控股股東特質

中國上市公司大部分來自原來的國有企業改制，控股股東具有國有背景特質。現行國有控股上市公司基本上由中央部委、地方政府國有資產監督管理委員會監控，具有明顯的兩層委託代理特點，即國有資產委託中央部委與地方政府監督管理。同時，中央部委與地方政府管控的國有上市公司委託給上市公司管理層經營管理。根據委託代理理論，代理層級越多，發生諸如在職消費、構

建「商業帝國」等代理成本的可能性越大。國有控股上市公司雖然經過股權分置改革，但是仍然沒有徹底改變中國國有控股上市公司「一股獨大」局面。上市公司內部人控制現象比較嚴重，股權結構不合理。截至 2012 年年底，在中國滬深 A 股上市的國有控股上市公司中，39.3%的第一大股東持股比例超過 50%，處於絕對控股地位，「一股獨大」現象比較普遍。同時，中國國有控股上市公司管理層基本上是由中央部委、地方政府採取行政任命或委派制，其管理層具有行政級別，管理層職業經理人引入機制、公司治理機制與激勵機制不健全。上述的中國國有控股上市公司現象極易誘生管理層財務鬆懈行為。非國有控股上市公司與國有控股上市公司相比，除了在產權性質不一致外，關鍵是其雖然也存在委託代理問題，但委託代理為一層代理，即控股股東與上市公司管理層之間的委託代理。目前，在中國資本市場上市交易的非國有上市公司在資產規模、上市期限等方面與國有控股上市公司還存在一定差距，部分非國有上市公司係家族式上市公司，其公司的控股股東與公司的管理層存在重疊現象，降低了或減輕了因委託代理關係而產生代理成本的可能性。從財務鬆懈行為發生的實際情況來分析，一方面，家族式非國有控股上市公司管理層發生財務鬆懈行為的可能性要遠遠小於國有控股上市公司；另一方面，非國有上市公司具有產權明晰、經營目標單一的特點，管理層與員工沒有政府背景，上市公司引入職業經理人機制明顯好於國有控股上市公司。因此，在非國有上市公司內部，不論是管理層還是員工，不受資歷、背景等因素影響，其工作的努力程度也將超過國有控股上市公司，其在經營管理與生產經營過程中發生財務鬆懈行為的可能性也將小於國有控股上市公司。從控股股東控股比例視角分析，非國有控股上市公司同國有控股上市公司類似，也存在控股公司處於絕對控股局面，如部分家族式上市公司，其控股股東或家族式控股股東持股比例超過 70%，在上市公司經營決策、投融資決策、股利分配決策等方面可能存在財務鬆懈行為，從而侵害中小股東權益的現象，如在股利分配決策時，可能會過度考慮控股股東財富問題而長期不分配，過度或保守均導致投資問題的產生，從而有損中小股東權益。

通過上述分析，由於中國上市公司股權性質、控股股東持股比例等特質不同，上市公司管理層發生財務鬆懈行為的可能性也會不同。因委託代理、政府背景等因素的影響，國有控股上市公司管理層發生財務鬆懈行為的可能性高於非國有控股上市公司管理層；因控股股東持股比例不同，超比例持股的上市公司可能誘生內部人控制局面，其發生財務鬆懈行為可能性要超出股權合理的上市公司，因股權結構合理，股東之間存在相互制衡效應，能有效抑制控股股東

(大股東)的財務鬆懈行為。

5.1.2.2 產品市場競爭強度

不同的產品市場競爭強度給上市公司管理層帶來的壓力是不同的。產品市場競爭是產業組織理論研究的一個關鍵問題，後來被學者逐漸引入財務學研究領域。產品市場競爭在財務學研究領域中，主要用來研究產品市場競爭對企業融資結構的影響，後來逐漸被用來研究產品市場競爭對企業戰略行為的影響。不同的產品市場競爭強度對企業戰略財務計劃影響是不同的，即企業在進行戰略財務計劃時，必須全方位考慮企業產品所面臨的產品市場競爭強度。在對產品市場競爭強度的研究上，國內外學者結合各國不同經濟環境與市場環境，進行了大量而有益的探索。通過梳理現有經濟學文獻，我們認識到，寡頭壟斷市場、壟斷競爭市場、完全壟斷市場與完全競爭市場共同組成了整個市場結構，其中完全競爭市場競爭強度最高，寡頭壟斷市場幾乎沒有競爭性。對於壟斷的利弊，學術界進行深入研究後一致認為，由於壟斷給企業帶來了超額壟斷利潤，但是壟斷造成了社會資源配置扭曲、誘發消費者福利轉向生產者福利而有損社會公平、障礙技術進步等，上市公司在壟斷狀況下，管理層缺乏外在壓力，也不存在可以比較的目標，進而造成公司生產效率不高，浪費了大量資源。20世紀八九十年代是中國由計劃經濟到市場經濟轉型的重要時期，在這段時期中，資本市場的部分上市公司或多或少還存在計劃經濟烙印，部分行業還存在高度壟斷現象，如中石油、中石化、中國電網等部分上市公司處於完全壟斷局面，部分資源密集型上市公司處於半壟斷局面。與處於完全競爭性行業上市公司相比，處於壟斷與半壟斷行業的上市公司管理層面對毫無競爭之言的市場環境，日常經營活動沒有任何競爭壓力，公司員工與管理層往往意志鬆懈、偷懶成風，極易誘發管理層思想鬆懈、在職消費等財務鬆懈行為。因此，上市公司壟斷程度越高，管理層就越鬆懈；市場競爭性越強，管理層鬆懈的可能性就越小。通過梳理國內外文獻，發現目前尚無合理的指標能準確度量上市公司所面臨的市場競爭程度，國內外學者基本上採用替代指標來衡量產品市場競爭程度，如交叉價格彈性、市場集中率等。通過比較發現，使用頻率較高的是用赫芬因德指數（Herfindahl Index，HIHI）。計算公式如下：

赫芬因德指數（HIHI）$= \sum (X_i / \sum X_i)^2$

其中 X_i 為上市公司 i 的銷售額。在行業內公司數目一定的情況下，HIHI 指標值越大，則行業集中度越大，公司所面臨的市場競爭強度越激烈；HIHI 指標值越小，則行業集中度越小，公司所面臨的市場競爭強度越弱。根據上文分析，本文將通過 HIHI 間接表現上市公司管理層財務鬆懈程度，即上市公司

的 HIHI 越大，說明上市公司所處的行業所面臨的市場競爭強度越激烈，上市公司管理層越不易發生財務鬆懈行為；反之，上市公司管理層就越易發生財務鬆懈行為。

5.1.2.3　上市公司公司治理質量

公司治理始終是學術界與實務界的關注熱點，其研究主要集中在公司治理理論、公司治理應用和公司治理實證研究等三個方面。國外學者對公司治理理論進行了開創性研究，如科斯（Coase，1937）、伯利與米恩斯（1968）、詹森與麥克林（1972）、法瑪與詹森（1976）、威廉姆森（1988）等。國內學者研究公司治理理論開始於 20 世紀 90 年代初，錢穎一（1993）、吳敬璉（1995）、張維迎（1997）、李維安（2005）等對上市公司治理理論的內涵進行深入研究，主要集中在產權製度、公司治理模式、激勵與約束等方面，為中國國有企業改革提供了理論支撐。國內外學者對公司治理應用與實證研究進行了大量有益探索，如霍爾金森（Hoskisson，1973）、阿爾希安（Armen，1972）、德姆賽茨（Demsetz，1972）、法瑪（Fama，1980）、杰拉米（Jeremy，1993）等學者從上市公司結構與內部治理、董事會的內部結構與運作、跨國公司治理等視角系統研究了上市公司公司治理應用研究。國內學者李維安、席西民（1998）等對網路治理、跨國公司治理與集團公司治理進行了較為系統的研究，為中國上市公司治理提供了實務指引；根據公司治理理論研究與應用研究，國內外學者積極探索了公司治理與公司績效、公司治理結構與公司績效、股權結構與公司績效等關係並進行了大量實證研究，國外學者有詹森與麥克林、貝哈特與布蘭林等，國內學者有高明華、沈藝峰、吳健雄、譚勁松、李維安、周業安、許小年等。雖然研究所採用的樣本數據來自不同經濟體，但是，上市公司的公司治理質量的好壞直接影響上市公司績效，即質量好的公司治理有助於提升上市公司績效，而質量不好的上市公司公司治理有損上市公司績效，上述結論基本上已是學界的統一認識。從國內外研究文獻中可以看出，公司治理內涵包括諸如董事會構成、公司內部控製、公司管理層激勵機制、股權結構、董事會內設機構構成等內容。南開大學李維安教授等利用中國上市公司數據，以中國製度為背景，對上市公司公司治理進行了深入細緻地研究，其研究開發的中國公司治理評價指標體系被中國證券監督管理委員會制定為《中國上市公司治理準則》。該指標體系包括上市公司控股股東行為評價與指數、董事會治理評價指數、監事會治理評價指數、經理層評價指數信息披露評價指數、利益相關者治

理評價指數以及民營上市公司治理評價指數①，該指標體系全方位地評價了中國上市公司治理水平。本文借鑑已有研究成果，通過研究中國上市公司的公司治理質量，來測度中國上市公司財務鬆懈行為，良好的公司治理水平能夠有效抑制上市公司管理層的財務鬆懈行為，即上市公司的公司治理質量越高，則上市公司管理層發生財務鬆懈行為的可能性越低；反之，公司治理質量越低，則上市公司管理層發生財務鬆懈行為的可能性就越高。

5.1.2.4 上市公司管理層背景特質

現代企業按照相關契約而存在，企業組織離不開人的因素。通過上文分析，公司財務鬆懈行為主要是上市公司管理層在投融資決策、日常經營管理等活動作出不經濟、低效率等而有損公司、利益相關者等財富最大化的行為。上市公司管理層是由不同性格、不同愛好、形形色色的個體——人所組成，即管理層背景特質，學術界也稱之為管理層人口統計特徵或管理層梯隊理論（Upper Echelons Team）。漢布瑞克和梅森（Hambrick & Mason，1984）提出「管理層梯隊理論」後，國外眾多學者系統研究了公司高層團隊背景特質對組織產生的影響，並形成很多重要的研究成果。「高層梯隊理論」認為，公司戰略選擇是一個異常複雜和含義廣泛的決策，而複雜的決策是多種因素所導致的結果，它反應了決策者的特質。上市公司管理層的特徵影響了他們的決策，進而影響他們領導的公司所採取的行動②（Hambrick & Mason，1984）。該理論提出應重點研究公司管理層團隊的人口背景特徵，包括年齡、團隊任期、職業背景、教育、性別、種族、社會經濟基礎和財務狀況等，因為這些因素決定了管理層在公司管理工作中的偏好，而且管理層人口背景特徵比心理認知、價值觀與世界觀等容易測度，易於將公司管理層梯隊的理論應用到經驗研究中③。班特和杰克遜（Bantel & Jackson，1989）研究發現，公司管理層成員學歷越高，對公司的戰略變化越有利④。卡內曼（Kahneman，1986，1990，1993）認為，在不確定性條件下，人們的決策可能系統地偏離按傳統經濟學理論所作出的預測。在調查與實驗的基礎上進行了一系列非常廣泛地研究後發現，在現實生活中，決策者並不是按照概率法則評估不確定性事件，而且並不總是按照「預

---

① 李維安. 公司治理評價與指數研究 [M]. 北京：高等教育出版社，2005：4-6.
② Hammbrick D C, Mason P A. Upper Echelons: Organization as a Reflection of its Managers [J]. Academy Mangement Review, 1984: 193-206.
③ 姜付秀. 中國上市公司投資行為研究 [M]. 北京：北京大學出版社，2009, 36-38.
④ Bantel K A, Jackson S E. Top Team, Environment, and Performance Effects on Strategic Planing Formality [J]. Strategic Management Journal, 1993, 10: 107-124.

期效應最優化」理論做出決策。無疑，個人的信念與情緒等因素與個人的背景特徵是密切相關的①。

　　國內部分學者也引入「管理層梯隊理論」對中國公司績效、投融資影響進行研究。例如，姜付秀（2009）利用「管理層梯隊理論」研究了上市公司管理層特徵對企業過度投資行為的影響。研究認為，管理層教育背景和工作經歷、管理層團隊年齡特徵、團隊任期、團隊規模、跨文化背景、管理層性別等均會不同程度影響上市公司的投資行為②。根據管理層背景特質相關文獻的研究成果，上市公司財務鬆懈行為的發生直接與上市公司管理層相關，其中管理層任期因素就會對上市公司財務鬆懈行為有一定影響。通過觀察，當一家上市公司管理層長期任職某一職位，可能會產生諸如職業倦怠等鬆懈行為。已有研究發現，管理層在上任期初，雄心勃勃、鬥志昂揚、精力充沛，存在「新官上任三把火」現象，管理層會萌生一種急於表現自我、證實自我的動機，靠實際工作業績來穩定管理層職位的意願較強，會帶領自己的團隊與員工奮發向上，努力完成公司各項預訂計劃或方針。也有研究發現，公司新任管理層有動機通過計提大額資產減值準備等「洗大澡」方式實施盈餘管理，其本質就是為了能在新任職公司站穩腳跟，穩定管理層職位。此階段不論是管理層還是員工，發生財務鬆懈行為的可能性相對較低。一旦上市公司的績效與上市公司發展步入正軌，管理層的職位穩定性被鞏固，管理層的職業能力就會被認可或證實。但隨著管理層任職時間的延長，管理層上任期初的動力就會被時間的年輪逐漸消耗，或者管理層職位晉升無望。此時，管理層從思想、行動上就會逐漸被思想、作風懶散所替代，具體表現就是形形色色的財務鬆懈行為不斷凸顯。因此，上市公司管理層任職時間長短，可能與財務鬆懈行為存在一定的內在關聯性；另外，管理層的年齡大小也是國內外學者研究的重點，「管理層梯隊理論」認為，隨管理層的年齡越來越大，管理層會因為年齡、即將退休以及仕途升遷無望等問題，在經營決策、投融資決策、公司日常管理活動中趨向保守、維穩，出現明顯的「六十歲現象」。實際上，上市公司管理層過度保守，就是一種典型的對公司發展持有消極態度的財務鬆懈行為。通過上述分析，上市公司管理層背景特質與上市公司財務鬆懈行為有著一定內在聯繫。

　　以上內容從上市公司財務指標與非財務指標視角，分析了如何測度上市公司財務鬆懈行為。由於公司財務鬆懈行為的發生、表徵等都具有一定隱蔽性，

---

① 姜付秀.中國上市公司投資行為研究［M］.北京：北京大學出版社，2009：37.
② 姜付秀.中國上市公司投資行為研究［M］.北京：北京大學出版社，2009：3-7.

同時受到公司戰略財務、經營戰略、宏觀環境、上市公司財務信息披露真實與完整性等諸多因素影響。因此，不論是財務指標的定量測度還是非財務指標的定性測度，均具有一定難度，勢必影響財務鬆懈行為測度的精確性。但是，根據上述分析，對財務鬆懈行為進行定性分析與定量測度，實質是對上市公司財務鬆懈行為測度的一種有益嘗試。下文將利用上述設計的財務指標，試圖構建財務鬆懈行為識別模型，利用構建的識別模型嘗試識別中國上市公司財務鬆懈行為，並驗證財務鬆懈行為的財務指標定量測度的可行性。

5.2 上市公司財務鬆懈行為識別模型構建與檢驗

5.2.1 指標選取

上文分析了上市公司財務鬆懈行為主要來自公司流動性，關於上市公司備用舉債能力（空間）和股權融資能力（空間），雖能增加上市公司未來流動性的預期，但這兩方面存在較大的不確定性。首先備用舉債能力（空間）受到公司短期或長期戰略財務、經營戰略、宏觀經濟環境、國家財政政策與貨幣政策等諸多因素影響，即使能通過上市公司所披露的財務報告進行測度，但備用舉債能力（空間）與公司當前的流動性相比，上市公司預留一定備用舉債能力（空間）不一定能說明上市公司管理層不願負債而具有財務鬆懈行為；同理，上市公司股權融資能力（空間）也是受到國家資本市場運行狀況、公司持續經營狀況以及其他因素的影響，上市公司管理層很難確保在某一時期能夠獲得股權融資資格，其融資額度受到更多不確定因素影響，故上市公司股權融資能力（空間）也不能充分說明上市公司管理層不願進行股權融資而具有財務鬆懈行為。鑒於此，本文僅從上市公司披露的財務報告入手，按照上文所述的上市公司財務鬆懈行為測度指標，選取修正後的上市公司淨營運資本占比與上市公司有息負債率兩個指標，來識別上市公司財務鬆懈行為。選取的指標如下：

修正後上市公司淨營運資本占比（NWCR）＝上市公司淨營運資本÷（上市公司資產總額−上市公司有息金融負債總額）

上市公司有息金融負債總額＝短期借款+應付票據+一年到期的有息非流動負債+長期借款+應付債券

上市公司有息金融負債率（IDR）＝上市公司有息金融負債÷（上市公司資產總額−上市公司有息金融負債總額）

上市公司有息金融負債＝短期借款+應付票據+一年到期的有息非流動負債

+長期借款+應付債券

5.2.2 識別模型構建

修正後上市公司淨營運資本占比指標反應了上市公司流動性的強弱，該指標越大，說明上市公司儲備更多的財務鬆懈資源，即上市公司管理層可以隨時動用諸如庫存現金、銀行存款、可隨時變現的有價證券等變現能力較強的流動資產。上市公司閒置未用的流動資產容易誘發上市公司管理層的財務鬆懈行為動機，因此，修正後的上市公司淨營運資本占比越大，上市公司管理層越容易鬆懈，發生財務鬆懈行為的可能性越大；上市公司外部有息金融負債因具有到期還本付息約束，實際上一定的負債是給上市公司管理層套上的「資本市場枷鎖」，上市公司有息金融負債越多，管理層面臨的壓力越大。因此，計算上市公司有息金融負債率，從有息金融負債視角測度上市公司管理層所面臨的壓力，即上市公司有息金融負債率越高，管理層壓力越大，其發生財務鬆懈行為的可能性越低；反之，上市公司有息負債率越低，管理層壓力越小，其發生財務鬆懈行為的可能性越高。根據上述分析，借鑑波士頓矩陣構建思想，通過修正後上市公司淨營運資本占比與上市公司有息負債率兩個指標，構建上市公司財務鬆懈行為識別模型。識別模型的橫軸表示修正後上市公司淨營運資本占比，從左至右，該指標數值逐漸增大；用識別模型的縱軸表示上市公司有息負債率，從上往下，有息負債率由小變大，這樣修正後上市公司淨營運資本占比與有息負債率二維指標將坐標系分成四個象限。上市公司財務鬆懈行為識別模型具體構建見圖5-1。

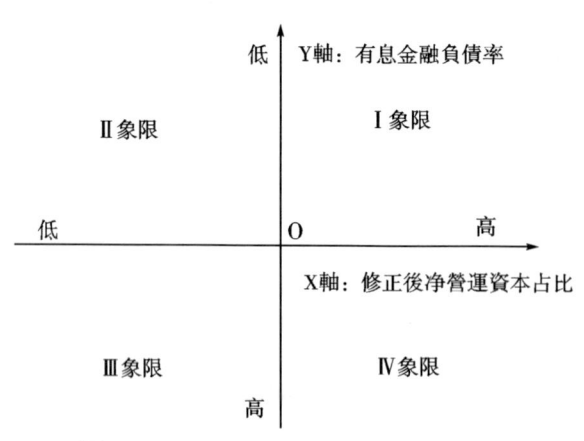

圖5-1 上市公司財務鬆懈行為識別模型

通過修正後的上市公司淨營運資本占比與有息金融負債率二維指標將平面坐標系分為 I、II、III、IV 象限，各象限分析情況如下：

第 I 象限：該象限 X 軸表示修正後的上市公司淨營運資本占比指標，其值從左至右越來越高，而 Y 軸表示有息負債率指標，其值從下往上越來越大，兩指標均處於較高值，屬於「雙高」象限。處於該象限內的上市公司有息金融負債率比較低，公司的淨營運資本較多，上市公司管理層可以隨時利用閒置未用的財務鬆懈資源，同時上市公司有息金融負債較少，即公司管理層沒有大量到期還本付息的債務壓力，管理層有動機過度使用管理自由裁量權，從而誘生管理層財務鬆懈行為。第 I 象限屬於財務鬆懈型上市公司，也可稱為財務資源鬆懈型，根據上文分析，將第 I 象限界定為「財務鬆懈」型。

第 II 象限：該象限 X 軸表示修正後上市公司淨營運資本占比指標，其值從右至左越來越小，而 Y 軸表示有息負債率指標，其值從下往上越來越小，兩指標均處於較低值，屬於「雙低」象限。處於該象限的上市公司有息負債較少，上市公司管理層面臨到期還本付息壓力較輕，即有息金融負債約束力較少影響到上市公司管理層；但是，上市公司淨營運資本較低，即管理層隨時可動用的財務鬆懈資源較少，大部分資源可能被公司長期資產所占用，如公司的資金可能過多「沉澱」在諸如固定資產、長期投資、研發支出、無形資產等項目上，公司長期資產週轉緩慢，無法釋放出可利用的「現金」，造成公司流動性嚴重缺乏，影響了公司短期經營的靈活性，失去了稍縱即逝的投資機會。該象限因上市公司管理層沒有有息金融負債到期還本壓力，誘生了管理層思想懈怠、得過且過、今朝有酒今朝醉等鬆懈行為，即使市場出現有利的投資機會，但是管理層卻苦於手頭上沒有隨時可以動用的資金，白白失去機會。結合該象限特徵，處於第 II 象限的上市公司屬於反應「鬆弛與緩慢」型，從財務視角分析，將其界定為「財務弛緩」型上市公司。

第 III 象限：該象限 X 軸表示修正後上市公司淨營運資本占比指標，其值從右至左越來越小，而 Y 軸表示有息負債率指標，其值從下往上越來越大，兩指標處於「一低一高」，屬於「一低一高」象限。處於該象限的上市公司具有的有息金融負債越來越多，管理層面臨大量的到期還本的有息金融負債，還債付息壓力越來越大；而公司流行性漸近枯竭，越來越少，管理層可動用財務鬆懈資源同樣接近枯竭，上市公司管理層面臨來自到期償還有息金融負債與雙重壓力越來越大，即使上市公司遇到較好的投資機會，但是因公司有息金融負債較高，備用負債空間很小，流動性不足，面對這種局面，上市公司管理層無法進行投資，失去投資機遇，長此以往，公司漸漸陷入財務困境，進而出現財務危

機，甚至走向破產。根據上述分析，公司在這種狀況下資源處於極度緊張、繃緊的狀態，即該類上市公司屬於典型的「財務繃緊」型。

第Ⅳ象限：該象限 X 軸表示修正後上市公司淨營運資本占比指標，其值從左至右越來越大，而 Y 軸表示有息負債率指標，其值從下往上越來越大，兩指標處於「一高一低」，屬於「一高一低」象限。處於該象限的上市公司內部存在大量可用的流動性，淨營運資本較高，同時公司內部有息金融負債較高，公司在保留大量財務鬆懈資源的情況下，必須要承擔大量的有息負債的債務利息，即公司營運成本較高，且隨時要用流動性償付即將到期的有息債務本金及利息。進一步分析，該類型上市公司大量財務鬆懈資源也可能來自短期有息負債，其流動性主要依靠負債，一旦宏觀經濟波動，金融機構壓縮銀根，如果公司不能提供流動資產週轉效率，那麼公司將面對短期償債壓力。因此，綜合上述分析，該類型上市公司屬於「財務激進」型。

上述上市公司財務鬆懈行為識別模型，主要是利用波士頓矩陣構建思想以及兩個度量上市公司財務鬆懈行為的財務指標——修正後的上市公司淨營運資本占比與有息金融負債率，將上市公司分為四種類型，即財務鬆懈型、財務弛緩型、財務繃緊型與財務激進型。從上文財務鬆懈行為發生的機理分析中可以看出，財務鬆懈型上市公司極易誘生管理層的財務鬆懈行為，而以財務弛緩型上市公司負債約束視角來分析，由於公司有息金融負債率較低，因此，管理層很少遇到到期償債付息的壓力。但是，公司管理層面對可動用的財務鬆懈資源較少，來自公司的內部壓力是管理層如何加快上市公司長期資產週轉，加速長期資產釋放現金能力，從而改善上市公司流動性匱乏局面。財務繃緊型上市公司管理層面臨來自流動性短缺以及償還債務兩個方面的壓力。因此，該類型上市公司管理層發生財務鬆懈行為可能性要遠遠低於財務鬆懈型與財務弛緩型上市公司。而財務激進型上市公司管理層面臨的是高負債、高流動性局面，屬於典型的激進型財務資本結構，該類公司管理層要根據外部宏觀經濟狀況，及時調整公司財務戰略，避免公司過度投資與投資決策失誤，並且需要高度關注上市公司運行狀況。因此該類上市公司管理層發生財務鬆懈行為的概率將大大低於財務鬆懈型、財務弛緩型與財務繃緊型上市公司管理層。

5.2.3 財務鬆懈識別模型檢驗

上述構建的財務鬆懈行為識別模型需要進行檢驗，檢驗思路為，首先分別計算出每家上市公司上述兩個指標數值，其次計算出上市公司所處的行業的修正後淨營運資本占比與有息金融負債率兩個指標的行業均值，最後利用每家上

市公司這兩個指標值與行業指標均值進行比較，當上市公司的修正後淨營運資本占比與有息金融負債率的指標值均高於或低於行業的修正後淨營運資本占比與有息金融負債率均值，說明該類上市公司處於財務鬆懈型上市公司象限內；當公司的修正後淨營運資本占比指標值小於行業指標均值，而有息金融負債率指標值低於行業有息金融負債率均值，說明該類公司屬於財務弛緩型上市公司；當公司的修正後淨營運資本占比指標值小於行業指標均值，而有息金融負債率指標值高於行業均值，則說明該類公司屬於財務繃緊型上市公司；當公司的修正後淨營運資本占比指標值高於行業均值，而有息金融負債率指標值也高於行業均值，則說明該類公司屬於財務激進型上市公司。

5.2.3.1 樣本選取與數據來源

選取中國滬深A股上市公司交易中的上市公司的2012年披露的公司財務報表，按照學術研究慣例，剔除了金融行業上市公司，將目前在中國滬深上市交易的上市公司分為農、林、牧、漁業、採礦業等19類行業，將這些行業歸為10類，A類為農、林、牧、漁業，B類為採掘業，C類為製造業，D類為電力、熱力、燃氣及水生產和供應業，E類為建築業，F類為批發零售業，G類為交通運輸、倉儲和郵政業，I類為信息傳輸、軟件和信息技術服務業，K類為房地產業，S類為綜合類，分別計算每家上市公司所處的行業類修正後淨營運資本占比與有息金融負債率兩個指標的行業均值。樣本分布見下表。所有上市公司2012年度指標數值均選自國泰安信息服務中心數據庫。

5.2.3.2 描述性統計

按照上述指標內涵口徑計算出每家上市公司兩個指標的數值，然後再計算所在行業類的指標均值，行業指標描述性統計見表5-1。

表5-1　　　　　上市公司修正後淨營運資本占比與
有息金融負債率描述性統計表

門類	修正後淨營運資本占比（NWCR）					有息金融負債率（IDR）				
	樣本量	最小值	最大值	均值	標準差	樣本量	最小值	最大值	均值	標準差
A	43	-0.268	0.869	0.242	0.274	43	0.000	1.661	0.385	0.358
B	238	-1.622	0.792	0.074	0.301	238	0.000	3.193	0.584	0.695
C	1,278	-11.994	0.920	0.254	0.528	1,278	0.000	7.160	0.330	0.483
D	61	-1.693	0.727	0.145	0.303	61	0.000	0.838	0.462	0.222
E	46	-0.156	0.769	0.189	0.186	46	0.000	1.885	0.405	0.355
G	79	-0.412	0.650	0.072	0.210	79	0.000	13.766	0.795	1.635

表5-1(續)

門類	修正後淨營運資本占比（NWCR）					有息金融負債率（IDR）				
	樣本量	最小值	最大值	均值	標準差	樣本量	最小值	最大值	均值	標準差
I	204	-4.889	0.950	0.444	0.582	204	0.000	1.259	0.111	0.286
F	123	-0.419	0.869	0.107	0.256	123	0.000	3.143	0.405	0.473
K	136	-3.441	0.959	0.317	0.387	136	0.000	5.612	0.491	0.558
S	34	-0.363	0.925	0.329	0.333	34	0.000	1.194	0.127	0.228

通過描述性統計結果，可以發現不同行業類上市公司修正後淨營運資本占比與有息金融負債率均值均存在較大差異。從所選行業類別來分析，修正後淨營運資本占比均值最高的行業類別為 I 類，高達 0.444，均超過其他行業，G 類行業修正後淨營運資本占比為 0.072，均低於其他行業；有息金融負債率最高的行業類別為 G 類行業，高達 0.795；最低的行業類別為 I 類行業，有息金融負債率均值為 0.111。從上述對 10 類行業總體上的分析，發現 I 類行業修正後淨營運資本占比均值與其有息金融負債率均值與上文分析的財務鬆懈行為具有吻合性，即行業類修正後淨營運資本占比均值越大，則對應行業類有息金融負債率均值越低；反之，行業類修正後淨營運資本占比均值越小，則對應行業類有息金融負債率均值越高。將 10 類行業兩指標繪製在折線圖中（見圖 5-2），可以清晰發現，G 類行業修正後淨營運資本占比在 10 類行業中均值處於最低值，而 I 類行業有息金融負債率在 10 類行業中均值處在最高值，其對應修正後淨營運資本占比均值處在最低值，在 10 行業中僅有 K、F 兩類的兩指標存在例外情況，行業不符合上述規律，即這兩類行業修正後淨營運資本占比與有息金融負債率不隨著高低或低高規律變動，試分析原因，可能是行業資產規模、有息負債規模、行業屬性等因素影響了財務鬆懈行為的判別，即該兩類行業中的上市公司可能既不屬於財務鬆懈型上市公司，也不屬於財務繃緊型上市公司，因此有必要對行業類所有上市公司屬於哪類型的上市公司進行更深一步檢驗與識別。

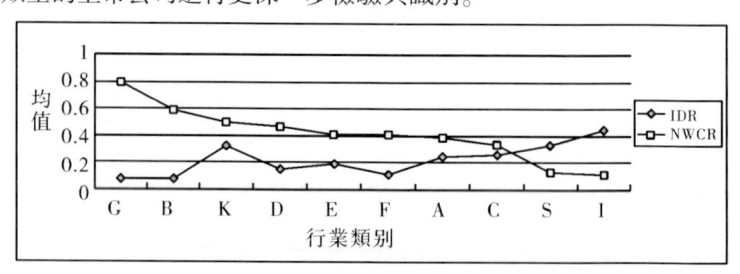

圖 5-2　10 類行業兩指標折線圖

5.2.3.3 檢驗結果與分析

為驗證上述構建的財務鬆懈行為識別模型的有效性，下文在 10 類行業中選取 G 類行業——交通運輸、倉儲和郵政業來進一步分析該類所有上市公司的類型。表 5-2 是 G 類交通運輸、倉儲和郵政業的上市公司在 2012 年合計由 79 家上市公司組成的行業樣本。以 79 家上市公司 2012 年披露的財務報表為依據，分別計算 79 家上市公司的修正後淨營運資本占比與有息金融負債率兩指標數值，然後再計算出該行業兩指標均值，通過表 5-1 可以看出，G 類行業修正後淨營運資本占比均值為 0.072，有息金融負債率行業均值為 0.795，以這兩個均值為財務鬆懈行為識別模型的坐標原點，再利用每家上市公司兩指標數值進行比較，判斷每家公司修正後淨營運資本占比在 X 軸的左方或右方，再看有息金融負債率是在 Y 軸的上方或下方，從而決定每家上市公司是在識別模型坐標系的第幾象限。具體計算結果與象限識別結果見表 5-2。

表 5-2 財務鬆懈識別模型檢驗結果表

證券代碼	公司名稱	NWCR	IDR	MNWCR	NWCR−MNWCR	MIDR	IDR−MIDR	象限
000520	*ST 鳳凰	−0.412	13.766	0.072	−0.484	0.795	12.971	Ⅲ
600115	東方航空	−0.299	1.290	0.072	−0.371	0.795	0.495	Ⅲ
600242	中昌海運	−0.284	1.746	0.072	−0.356	0.795	0.951	Ⅲ
600561	江西長運	−0.240	0.622	0.072	−0.312	0.795	−0.173	Ⅱ
600029	海南航空	−0.216	0.621	0.072	−0.288	0.795	−0.174	Ⅱ
600020	中原高速	−0.207	1.930	0.072	−0.279	0.795	1.135	Ⅲ
600190	錦州港	−0.200	0.544	0.072	−0.272	0.795	−0.251	Ⅱ
601111	中國國航	−0.190	0.689	0.072	−0.262	0.795	−0.106	Ⅱ
000900	現代投資	−0.187	0.244	0.072	−0.259	0.795	−0.551	Ⅱ
002040	南京港	−0.160	0.311	0.072	−0.232	0.795	−0.484	Ⅱ
600896	中海海盛	−0.160	1.354	0.072	−0.232	0.795	0.559	Ⅲ
000429	粵高速 A	−0.137	1.073	0.072	−0.209	0.795	0.278	Ⅲ
000022	深赤灣 A	−0.135	0.380	0.072	−0.207	0.795	−0.415	Ⅱ
600279	重慶港九	−0.122	0.604	0.072	−0.194	0.795	−0.191	Ⅱ
600221	海南航空	−0.104	1.689	0.072	−0.176	0.795	0.894	Ⅲ
600033	福建高速	−0.103	0.716	0.072	−0.175	0.795	−0.079	Ⅱ
600269	贛粵高速	−0.095	0.287	0.072	−0.167	0.795	−0.508	Ⅱ

表5-2（續）

證券代碼	公司名稱	NWCR	IDR	MNWCR	NWCR−MNWCR	MIDR	IDR−MIDR	象限
600798	寧波海運	−0.076	1.541	0.072	−0.148	0.795	0.746	Ⅲ
600377	寧滬高速	−0.058	0.222	0.072	−0.130	0.795	−0.573	Ⅱ
600548	深高速	−0.050	0.811	0.072	−0.122	0.795	0.016	Ⅲ
600004	白雲機場	−0.048	0.097	0.072	−0.120	0.795	−0.698	Ⅱ
600692	亞通股份	−0.040	0.270	0.072	−0.112	0.795	−0.525	Ⅱ
600017	日照港	−0.040	0.428	0.072	−0.112	0.795	−0.367	Ⅱ
601006	大秦鐵路	−0.028	0.196	0.072	−0.100	0.795	−0.599	Ⅱ
601107	四川成渝	−0.022	0.549	0.072	−0.094	0.795	−0.246	Ⅱ
601000	唐山港	−0.020	0.357	0.072	−0.092	0.795	−0.438	Ⅱ
601008	連雲港	−0.009	0.565	0.072	−0.081	0.795	−0.230	Ⅱ
603167	渤海輪渡	0.002	0.074	0.072	−0.070	0.795	−0.721	Ⅱ
600026	中海發展	0.002	1.167	0.072	−0.070	0.795	0.372	Ⅲ
600317	營口港	0.003	0.495	0.072	−0.069	0.795	−0.300	Ⅱ
600012	皖通高速	0.009	0.374	0.072	−0.063	0.795	−0.421	Ⅱ
002245	澳洋順昌	0.027	0.601	0.072	−0.045	0.795	−0.194	Ⅱ
600751	天津海運	0.028	0.023	0.072	−0.044	0.795	−0.772	Ⅱ
600018	上港集團	0.031	0.257	0.072	−0.041	0.795	−0.538	Ⅱ

表5-2（續）

證券代碼	公司名稱	NWCR	IDR	MNWCR	NWCR−MNWCR	MIDR	IDR−MIDR	象限
600035	楚天高速	0.033	1.166	0.072	−0.039	0.795	0.371	Ⅲ
600057	象嶼股份	0.033	0.741	0.072	−0.039	0.795	−0.054	Ⅱ
601018	寧波港	0.036	0.170	0.072	−0.036	0.795	−0.625	Ⅱ
002210	飛馬國際	0.040	3.688	0.072	−0.032	0.795	2.893	Ⅲ
600717	天津港	0.041	0.345	0.072	−0.031	0.795	−0.450	Ⅱ
000828	東莞控股	0.044	0.233	0.072	−0.028	0.795	−0.562	Ⅱ
601880	大連港	0.046	0.710	0.072	−0.026	0.795	−0.085	Ⅱ
600575	蕪湖港	0.048	2.224	0.072	−0.024	0.795	1.429	Ⅲ
002357	富臨運業	0.048	0.000	0.072	−0.024	0.795	−0.795	Ⅱ
002183	怡亞通	0.061	3.083	0.072	−0.011	0.795	2.288	Ⅲ
601872	招商輪船	0.067	0.546	0.072	−0.005	0.795	−0.249	Ⅱ
000089	深圳機場	0.076	0.278	0.072	0.004	0.795	−0.517	Ⅰ
002682	龍洲股份	0.083	0.617	0.072	0.011	0.795	−0.178	Ⅰ
000507	珠海港	0.089	0.560	0.072	0.017	0.795	−0.235	Ⅰ
601333	廣深鐵路	0.096	0.119	0.072	0.024	0.795	−0.676	Ⅰ
600368	五洲交通	0.096	1.533	0.072	0.024	0.795	0.738	Ⅳ
600106	重慶路橋	0.117	1.309	0.072	0.045	0.795	0.514	Ⅳ

表5-2(續)

證券代碼	公司名稱	NWCR	IDR	MNWCR	NWCR−MNWCR	MIDR	IDR−MIDR	象限
000905	廈門港務	0.119	0.173	0.072	0.047	0.795	−0.622	I
600428	中遠航運	0.128	0.748	0.072	0.056	0.795	−0.047	I
601866	中海集運	0.129	0.591	0.072	0.057	0.795	−0.204	I
601919	*ST遠洋	0.143	1.365	0.072	0.071	0.795	0.570	IV
601188	龍江交通	0.144	0.192	0.072	0.072	0.795	−0.603	I
000088	鹽田港	0.144	0.040	0.072	0.072	0.795	−0.755	I
600794	保稅科技	0.159	0.066	0.072	0.087	0.795	−0.729	I
002492	恒基達鑫	0.172	0.155	0.072	0.100	0.795	−0.640	I
600996	中國遠期	0.188	0.058	0.072	0.116	0.795	−0.737	I
600350	山東高速	0.190	0.446	0.072	0.118	0.795	−0.349	I
002627	宜昌交運	0.212	0.324	0.072	0.140	0.795	−0.471	I
600119	長江投資	0.215	0.352	0.072	0.143	0.795	−0.443	I
600787	中儲股份	0.227	0.745	0.072	0.155	0.795	−0.050	I
601518	吉林高速	0.248	0.359	0.072	0.176	0.795	−0.436	I
600009	上海機場	0.250	0.147	0.072	0.178	0.795	−0.648	I
000594	*ST國恒	0.250	0.063	0.072	0.178	0.795	−0.732	I
000099	中信海直	0.304	0.579	0.072	0.232	0.795	−0.216	I

表5-2(續)

證券代碼	公司名稱	NWCR	IDR	MNWCR	NWCR-MNWCR	MIDR	IDR-MIDR	象限
000916	華北高速	0.323	0.000	0.072	0.251	0.795	-0.795	I
600897	廈門空港	0.337	0.000	0.072	0.265	0.795	-0.795	I
603128	華貿物流	0.339	0.277	0.072	0.267	0.795	-0.518	I
600270	外運發展	0.372	0.005	0.072	0.300	0.795	-0.790	I
000548	湖南投資	0.385	0.120	0.072	0.313	0.795	-0.675	I
300013	新寧物流	0.408	0.172	0.072	0.336	0.795	-0.623	I
300240	飛力達	0.479	0.162	0.072	0.407	0.795	-0.633	I
600125	鐵龍物流	0.500	0.061	0.072	0.428	0.795	-0.734	I
002320	海峽股份	0.596	0.000	0.072	0.524	0.795	-0.795	I
000886	海南高速	0.615	0.000	0.072	0.543	0.795	-0.795	I
300350	華鵬飛	0.650	0.302	0.072	0.578	0.795	-0.493	I

觀察表5-2，79家交通運輸、倉儲和郵政業的上市公司所處象限結果已經識別出來，其中31家上市公司處在第Ⅰ象限，屬於財務鬆懈型上市公司，占G類行業公司總數的比例為39.2%；31家上市公司處在第Ⅱ象限，屬於財務弛緩型上市公司，占G類行業公司總數的比例為39.2%；14家上市公司處在第Ⅲ象限，屬於財務繃緊型上市公司，占G類行業公司總數的比例為17.7%；3家上市公司處在第Ⅳ象限，屬於財務激進型上市公司，比例為3.9%。在四類上市公司中各選出一家上市公司對兩指標組成內容進行進一步分析，驗證上述識別模型的有效性。

第Ⅰ象限財務鬆懈型上市公司選取海峽股份（002320）為代表。進一步查詢2012年度海峽股份資產負債表，發現流動資產合計為123,456.37萬元，其中貨幣資金為116,685.69萬元，占流動資產的比重為94.51%，大量「真金白銀」的貨幣資金滯留在公司內部，而在2012年年末，該公司的有息金融負債為0，既沒有短期借款，更沒有長期借款，公司債券也不存在，即該公司不存在有息負債，進一步查詢該公司利潤表，2012年財務費用為高達3,555.80萬元的利息收入，即「財務費用」項目為-3,555.80萬元。再進一步查詢該公司IPO資料，發現公司2009年12月16日首發上市交易，募集資金高達127,658.4萬元，直到2012年12月31日，尚有66,255.38萬元超募資金閒置在公司內部，即海峽股份從開始PIO直到2012年年末，長達3年多，大量首發募集資金閒置，且公司沒有任何有息負債，這樣的公司管理層沒有絲毫壓力。進一步分析海峽股份2009—2012年現金分紅情況，分析海峽股份在IPO後給參與首發的原始股東帶來了多少回報？該公司於2009年11月26日完成首發募集資金任務，其中發行股份3,950萬股，每股發行價33.60元，扣除發行費用合計募集資金127,658.4萬元。2009年12月16日正式上市交易，期間該公司進行了三次轉增股本，2009年年末進行了10股轉增3股，2010年年末進行了10股轉增6股，2011年年末進行了10股轉增3股。因轉增股本並未涉及股東財富的增加與減少，屬於「龐氏分紅騙局」，不屬於真正意義的分紅。為比較海峽股份給參與IPO原始股東所得的現金分紅匯報，選取銀行一年期同期存款利率，考慮利率變動因素，選取平均一年期存款利率為3.5%計算海峽股份募集資金的2009—2012年的存款利息。海峽股份從2009—2012年度現金分紅情況與募集資金具體情況見下表。

表 5-3　　　　　海峽股份 2009—2012 年度股份變動、
　　　　　　　現金分紅與募集資金存款利息分析表

年份（年）	IPO 股份變動情況	現金分紅方案	現金分紅額（萬元）	募集資金總額	同期存款利率	募集資金利息（萬元）
2009	3,950 萬股	10 派 6 元	2,370	127,658.4 萬元	3.50%	372.33
2010	5,135 萬股	10 派 6 元	3,081			4,468.04
2011	8,216 萬股	10 派 4 元	3,286.4			4,468.04
2012	10,680.8 萬股	10 派 1.5 元	1,602.12			4,468.04
合計			10,339.52			13,776.45

通過表 5-3 可以發現，參與海峽股份 IPO 的原始股東如果從 2009 年 11 月 26 日參與認購並持有至 2012 年年末，其年現金分紅回報率僅為 2.6%，不及一年期 3.5% 的同期存款利率。根據海峽股份披露的 2012 年財務報告，實際上海峽股份 IPO 募集的資金大量閒置存放在監管帳戶，合計為上市公司帶來的真正利息收入為 7,620 萬元，這充分說明該公司將參與 IPO 的原始股東認購的真金白銀放在銀行「冬眠」，該公司管理層給股東帶來的回報甚至不及同期銀行存款利率，進一步證實該公司屬於典型的財務鬆懈型上市公司。

第 II 象限財務鬆弛型上市公司選取唐山港集團股份有限公司（601000）為代表。該公司修正後淨營運資本占比為 -0.020，遠遠低於行業均值 0.072，屬於流動性不足，公司閒置財務鬆懈資源較少，隨時可以動用的流動性資源缺乏。而公司有息金融負債率為 0.357，同樣遠遠低以行業均值 0.795，說明該公司有息負債不多，不及行業平均數的一半，公司管理層沒有或較少受到來自有息負債壓力。進一步分析唐山港集團股份有限公司 2010—2012 年度財務報表發現，該公司長期資產中固定資產佔有比較大比重，2010—2012 年固定資產占公司總資產比重分別為 60%、62%、67%，而對應的固定資產週轉率卻分別為 0.21、0.16、0.14，即該公司固定資產投資不斷上升，相反固定資產週轉率不斷下降，一邊是固定資產投資吞噬了公司大量流動性資產，一邊是固定資產週轉率下降，無法釋放現金，公司流動性受到了固定資產投資與週轉雙重擠壓，其結果見表 5-4 與圖 5-3。從上述分析中可以判斷，唐山港集團股份有限公司因固定資產投資規模較大，占用了大量流動性資產，且固定資產週轉率呈下降趨勢，又無法釋放出現金，在這種狀況下，該公司管理層即使面對有利可圖的投資機會，也會因無可動用的流動性資源而失去大好機遇，屬於典型的財務弛緩型上市公司。該案例分析符合模型構建思路分析。

表 5-4　　　　唐山港 2010—2012 年固定資產週轉率計算表

年度 (年)	固定資產 期初餘額(元)	固定資產 期末餘額(元)	資產總額(元)	固定資產比重	營業收入(元)	固定資產週轉率
2010	2,889,824,593	3,134,911,599	5,184,686,239	0.60	2,556,879,166	0.21
2011	3,134,911,599	6,502,105,645	10,550,048,584	0.62	2,998,260,900	0.16
2012	6,502,105,645	7,466,337,257	11,128,936,211	0.67	3,951,033,033	0.14

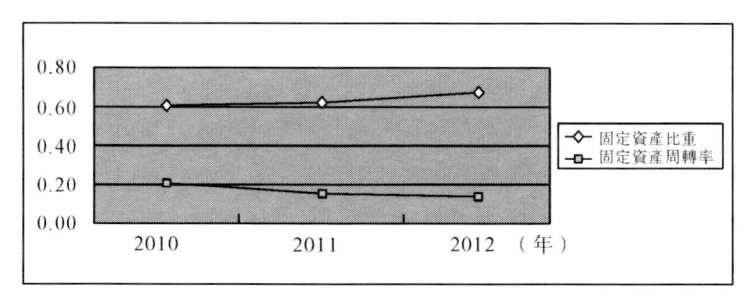

圖 5-3　唐山港固定資產比重與週轉率折線圖

　　第Ⅲ象限財務繃緊型上市公司選取＊ST 鳳凰（000520）為代表。通過表 5-2 可知，該公司修正後淨營運資本占比為 -0.412，有息金融負債率高達 13.766，可以說，不論是從公司流動性視角，還是從負債視角，該公司均處於資源異常繃緊狀態，對於該公司管理層而言，已經不能利用財務鬆懈資源進行財務鬆懈等活動，該公司並可用的財務鬆懈資源。進一步查詢該公司近三年披露的財務報告後發現，該公司已經連續幾年處於嚴重虧損狀態，並被深圳證券交易所處以特別警示交易處理。該公司 2011 年巨額虧損 8.8 億元，2012 年虧損額進一步加大，虧損額為 18.79 億元，且 2013 年公司財務狀況進一步惡化。進一步分析該公司 2011—2012 年資產負債表，其有息金融負債奇高不下，銀行短期借款 2011 年年末為 22.095 億元，2012 年年末為 18.102 億元，長期借款等有息金融負債 2011 年年末為 37.926 億元，2012 年年末為 24.699 億元，為此公司承擔了大量利息費用，2011 年為 3.299 億元，2012 年為 3.459 億元。從上述分析可以看出，該公司財務狀況已經處在極度困境之中，已經屬於典型的財務危機。由此可以說明該公司屬於典型的財務繃緊型上市公司。

　　第Ⅳ象限財務激進型上市公司選取五洲交通（600368）為代表。從表 5-2 中可以發現，五洲交通股份有限公司修正後淨營運資本占比為 0.096，有息金融負債率為 1.533，兩個指標數值均超出行業均值，按照財務鬆懈識別模型，

該公司屬於第Ⅳ象限財務激進型上市公司。進一步分析該公司 2009—2012 年公開披露的財務報告，發現流動資產中貨幣資金占用一定比例，但是該公司的流動性主要來自大量有息負債，具體情況見下表。

從表 5-5 中發現沉澱在公司内部的貨幣資金每年年末都在 5 億元以上，且占流動資產的比重平均在 8% 以上，但是該公司的短期有息負債和長期有息金融負債逐年上升，且金額巨大，其中 2012 年短期與長期金融負債分別為 10 億元與 42 億元。該公司修正後淨營運資本占比高於行業均值，主要是高額有息負債支撐，因此，此類公司屬於典型的財務激進型上市公司，必須想辦法控制財務風險。

表 5-5　　　　　　五洲交通 2009-2012 年流動性計算表

年度(年)	貨幣資金（元）		流動資產（元）		貨幣資金占流動資產比重	短期有息借款（元）		長期有息借款（元）	
	期初餘額	期末餘額	期初餘額	期末餘額		期初餘額	期末餘額	期初餘額	期末餘額
2009	499,047,915	542,308,717	1,160,927,581	1,464,283,810	0.099	135,000,000	140,000,000	100,000,000	580,000,000
2010	542,308,717	743,355,110	1,464,283,810	2,008,799,032	0.092	140,000,000	639,450,000	580,000,000	3,002,000,000
2011	743,355,110	676,770,359	2,008,799,032	2,169,316,754	0.084	639,450,000	370,000,000	3,002,000,000	3,824,930,000
2012	676,770,359	682,104,713	2,169,316,754	2,659,261,068	0.058	370,000,000	1,048,456,689	3,824,930,000	4,208,925,000

通過上述四個象限代表性上市公司財務報表分析，上文構建的財務鬆懈識別模型能很好地識別出不同類型的上市公司，說明模型構建思想基本成立，便於投資者以及上市公司管理層及早識別公司的財務狀況，並針對不同類型的上市公司作出合理投資決策與財務管理。同時該模型也可以提前預判上市公司財務狀況，從修正後淨營運資本占比與公司有息金融負債率指標内涵來分析，一旦財務鬆懈型上市公司產品市場環境發生巨變，存貨等流動資產變現能力受限，公司不得不逐漸消耗公司内部財務鬆懈資源，導致公司修正後淨營運資本占比不斷下降，財務鬆懈型上市公司將逐漸轉變為財務弛緩型上市公司；反之，財務弛緩型上市公司如果進一步加大存貨、應收款項，尤其是長期資產週轉率，加大公司流動資產與非流動資產變現能力，財務弛緩型上市公司則會逐漸演變成財務鬆懈型上市公司。財務綳緊型（危機型）上市公司唯有加大公司轉型與改革力度，爭取債權人、控股股東等利益相關者支持，提高修正後淨營運資本占比指標，改善頻臨枯竭的流動性，才能逐漸轉變為財務激進性上市公司；反之，財務激進型上市公司如不能及時控制公司的有息金融負債，一旦公司不斷利用自身流動性償還到期有息金融負債，就會導致公司修正後淨營運資本占比指標急遽下降，財務激進型上市公司就會逐漸轉變為財務綳緊型上市

公司。財務鬆懈型、財務弛緩型、財務繃緊型與財務激進型上市公司之間轉換存在一個動態調整過程，財務鬆懈型與財務弛緩型上市公司處在整個坐標系的上部，如果上市公司管理層不能長期關注公司財務狀況，長期處於鬆懈狀態下，面對稍縱即逝得投資機會，公司的財務狀況必然逐漸向坐標系的下部轉移，即逐步轉變為財務繃緊型與財務激進型上市公司。上市公司四種類型動態轉換示意圖如下（見圖5-4）。

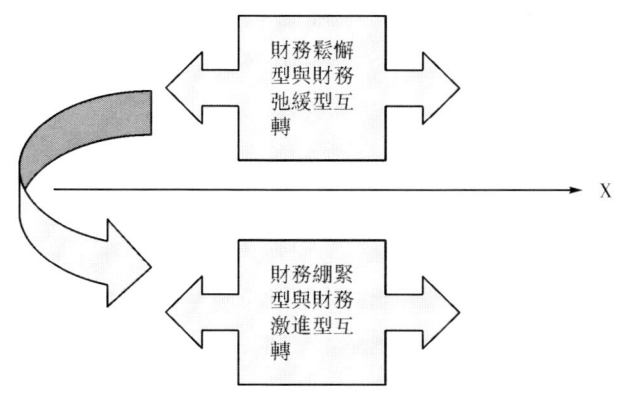

圖5-4 四種類型的上市公司動態轉換示意圖

第六章 上市公司財務鬆懈行為誘因的實證研究

6.1 上市公司財務鬆懈行為誘因：資本約束視角

6.1.1 引言

股東投入、債權人投入與企業歷年留存收益等構成公司資本的主要來源，即企業資本由債權人權益和所有者權益構成。不同來源權益資本對公司管理層約束力與要求不同。公司所有資本投入對公司管理層具有本金償還、獲取利息和股利、保值增值等約束力，進而約束公司管理層在經營管理中的自由裁量權使用，公司資本約束強度越弱，公司管理層越可能鬆懈；公司資本約束強度越強，公司管理層壓力越大，越不容易發生財務鬆懈行為。因此，公司資本約束強度的大小，直接誘生公司管理層的財務鬆懈行為。詹森（1976）指出，債權人投入的資本，要根據合同或契約進行還本付息，且具有優先權，因此負債對於企業管理層更具約束力，能夠對企業管理層起到更好的監督作用，並在一定程度上抑制管理層的財務鬆懈行為[1]。股東投入資本與留存收益相比債權人投入資本而言，由於投入資本與留存收益沒有到期還本付息等約束力，對於企業管理層的束縛力較弱，不能夠對企業管理層起到監督作用，並在一定程度上誘生管理層財務鬆懈行為。由此可知，企業資本來源不同，約束強度不同，對於企業管理層的約束與束縛力不同。現代企業典型特徵為兩權分離，作為股東代言人的公司管理層，因治理與激勵機制不健全以及資本約束強度不同，會誘發企業管理層思想鬆懈、逆向選擇、在職消費等敗德行為的「道德風險」，有

---

[1] M C Jensen, W H Meckling. Theory of the Firm: Managerial Behavior, Agency Costs and Ownership Structure [J]. Journal of Financial Economics. 1976, 3: 305-360.

損企業價值，不利於企業發展。那麼，企業資本約束強度與財務鬆懈之間具有什麼樣的關係，值得學術界與實務界進行深層次探究。

6.1.2 文獻回顧、理論分析與研究假設

公司資本約束最初是由商業銀行經營風險視角引出。資本約束對於商業銀行而言，被賦予了不同含義。「通常學術界與實務界將商業銀行資本約束按其不同內涵區分為：帳面資本、監管資本與經濟資本。帳面資本（Book Capital）亦稱會計資本，表明所有者權益，在數量上等於資產與負債差。帳面資本表示商業銀行實際擁有的資本，不一定是應該達到的資本水平」[1]。監管資本（Regulatory Capital）是商業銀行必須滿足政府監管當局要求必須達到的最低合格資本水平。經濟資本（Economic Capital）又稱為風險資本，是指商業銀行用於業務發展和抵禦經營風險並為債權人提供「目標清償能力」的資本，在數量上與商業銀行承擔的非預期損失相對應[2]（Perli & Nayda, 2004）。商業銀行資本約束主要體現在帳面資本、監管資本與經濟資本三個指標上，帳面資本是商業銀行財務層面的資本約束，監管資本是商業銀行監管層面的資本約束，經濟資本是商業銀行風險層面的資本約束。

科爾奈（Kornai, 1979）首次提出預算軟約束[3]，認為企業預算之所以「軟」的直接原因為政府的「父愛主義」傾向，政府一再的救助承諾嚴重誤導了資源配置方向與結構，結果，越來越多的社會資源被虧損企業所占用[4]。儘管市場經濟體制從制度上消除了政府的「父愛主義」動機，但並不意味著市場經濟體制中不存在預算軟約束[5]。由於現代企業兩權分離，公司治理機制、激勵機制不健全，缺乏經理人市場等諸多原因，預算軟約束現象依然存在。

借鑑商業銀行資本約束與預算軟約束理論，本文從資本約束與預算軟約束來考察企業管理層使用自由裁量權約束力。企業所有資本來源主要有債權人投入資本和所有者投入資本兩大部分組成。企業資本按約束強度區分為硬約束和

---

[1] 高軍，等. 經濟資本、監管資本與帳面資本比較研究 [J]. 華北金融, 2009 (5)：12-14.

[2] Roberto Perli, William Nayda. Economic and Regulatory Capital Allocation for Revolving Retail Exposures [J]. Journal of Banking Finance, 2004, 11 (281)：1789-8091.

[3] Kornai. Resource-Constrained Versus Demand-Constrained Systems [J]. Econo-metrica. 1979, 47 (4)：65-71.

[4] 張杰. 預算約束與金融製度選擇的新理論：文獻述評 [J]. 經濟理論與經濟管理. 2011 (3)：25-31.

[5] 李雙全，鄭育家. 控制權收益、道德風險與軟預算約束 [J]. 財經研究. 2010 (5)：123-132.

軟約束兩大類。硬約束主要是指企業有息負債到期，企業須按相關合同規定支付本金和利息的一種約束力，如企業短期與長期銀行借款、應付債券、帶息應付票據等。由於這部分負債，合同規定了到期還本付息等條款，要求企業到期必須償還借款本金，並支付利息，對企業管理層具有較大約束與束縛力，限制管理層自由裁量權的濫用。如果到期不能歸還本金及利息，企業存在變現前因借款而抵押的資產，就會嚴重影響企業正常經營。因此，資本的硬約束起到監管管理層的作用，能在一定程度上抑制管理層財務鬆懈行為；相對硬約束，軟約束是指沒有到期日限制且沒有固定利息支付的一種約束力，如企業部分商業信用、應付職工薪酬、投資者投入資本、留存收益等。這部分資本共性是沒有到期日、付息等約定，但負債與權益資本的約束強度不同，如預收帳款、應付帳款、其他應付款、應付職工薪酬、應交稅費等負債，雖沒有到期還本付息等硬性規定，但卻是企業需要用資金償付的一種義務，對企業管理層具有一定程度約束力，但約束強度不及硬約束。企業的權益資本對企業管理層約束力主要是資本保值與增值，即股東（或投資人）要求其投入的資本保值並獲得一定回報，如股利等。因此，權益資本的約束強度相對於負債而言，其約束強度應為最弱。由此可知，不同的企業，其資本來源不同，資本約束強度不同，不同約束強度對企業管理層的束縛力不同；再從產權性質視角分析，與非國有控股上市公司相比，部分國有控股上市公司因其控股股東具有國有性質，資本實力強於非國有控股上市公司，且到關鍵時刻，如上市公司連續虧損等，國有控股上市公司經常獲得控股股東資產注入、關聯交易、債務豁免等，從而使上市公司渡過難關。因此，只要存在預算軟約束，國有控股上市公司管理層誘生財務鬆懈行為的可能性更大。

　　代理理論將財務鬆懈看成是公司內部的不必要耗費，減少財務鬆懈資源就可以提升公司績效。公司內部最大的問題就是由兩權分離而導致的股東與經理層之間的衝突（Berle & Means, 1932）。股東和經理層有著不同目標：股東冀求公司價值提升，而經理層卻追求自身的利益。因此，為了使經理層和股東利益趨於一致，適當的公司治理監管機制是很有必要的。但是，在缺失有效的公司治理機制的情況下，管理層有可能利用公司資源來追求自己的私利，也就是說，隨著公司財務鬆懈資源的增加，管理層的束縛力會相對減少，管理層更可能投資於劣質項目（Leibenstein, 1969; Jensen, 1993）。亞當・斯密（1937）認為，企業管理層管理別人的財富而不是自己的財富，企業很難指望他們像私

人合夥企業裡的個人那樣滿腔熱情地監督別人的財產①，因此，降低企業管理層財務鬆懈行為的可能性，必要的、科學的、合理的公司治理機制與企業所有者監管機制必不可少。

企業資本約束強度因企業資本來源不同而不同，不同的資本約束強度勢必影響企業管理層自由裁量權的使用。在資本處於軟約束的強度下，企業會滯留一定財務鬆懈資源，企業管理層沒有壓力，思想鬆懈，可以自由使用自由裁量權，如在職消費、過度投資或投資不足、建造「個人帝國」等財務鬆懈行為，資本約束強度越小，財務鬆懈水平就越高；而在資本處於硬約束的強度下，企業財務鬆懈資源偏緊，企業管理層面臨到期須償還債務本金與利息的壓力，勢必限制管理層自由裁量權的濫用，降低了企業管理層在職消費、過度投資或投資不足等財務鬆懈行為的可能性。因此，企業資本約束強度與財務鬆懈之間應為反向關係，即企業資本約束強度越大，企業財務鬆懈水平就越低；反之，企業財務鬆懈水平越高。

企業資本主要來自債權人與所有者兩個方面。債權人提供的債務資本主要包括有息負債和無息商業信用，其中有息負債包括短期借款、長期借款、應付票據、應付債券等；無息商業信用包括應付帳款、其他應付款、應交稅費、應付職工薪酬、預收帳款、應付股利等。從公司債務構成分析，有息負債要求公司到期還本且按期支付債務利息，對公司管理層具有較強的約束力，而商業信用一般情況下要求公司按照合同協議規定的時間向債權人支付本金，或利用公司相應資產進行償付，其對公司管理層的自由裁量權的約束強度比有息負債要弱。同時，商業信用中如預收帳款實質上是公司潛在的銷售收入，公司應按照合同協議規定時間向購貨方提供商品即可。因此，預收帳款雖然為公司負債，但對公司管理層的約束強度顯然比其他債務更弱。公司大部分其他應付帳款屬於公司，諸如收取押金、保證金等，應付職工薪酬主要是公司暫欠公司內部職工薪酬，因此，其他應付款與應付職工薪酬同樣也屬於約束力較弱的負債。為了考察負債對上市公司財務鬆懈約束程度，將上市公司負債區分為有息負債與商業信用兩部分，分別考察上市公司有息負債與商業信用對上市公司財務鬆懈的約束強度，由此提出下列假設：

假設1 負債對上市公司財務鬆懈行為具有一定約束力，其中上市公司有息負債與上市公司財務鬆懈顯著負相關，上市公司商業信用與上市公司財務鬆懈正相關。

---

① Adam Smith. The Wealth of Nations [M]. New York：Random House edition，1937：699-700.

相比債務資本，所有者提供的資本對上市公司管理層的約束力顯著較弱。公司所有者主要包括股本、資本公積、盈餘公積與未分配利潤四個部分。所有者資本對上市公司管理層除了具有保值增值要求外，全體股東定期或不定期分派股利也對上市公司管理層提出一定要求。但是，由於兩權分離以及強制分紅要求較弱，中國上市公司現金分紅意願不強，相關製度約束機制不健全，因此，部分上市公司管理層在公布年度報告披露上市公司年度分紅方案經常被「不分配、不轉增」的分紅方案替代，或即使有現金分紅也僅僅是「蜻蜓點水」。上市公司管理層經常以各種借口或推脫來解釋上市公司本年度不進行分紅的理由。由此可知，所有者權益資本幾乎對上市公司管理層財務鬆懈毫無約束或抑製作用，相反，上市公司所有者資本規模越大，上市公司財務鬆懈行為越嚴重，由此提出下列假設：

假設 2 所有者權益資本與上市公司財務鬆懈顯著正相關。

6.1.3 變量界定、模型設計與樣本選取

按照上文所述，滯留財務鬆懈資源誘生公司管理層的財務鬆懈行為，借鑑國內外已有研究成果，本文將利用修正後的上市公司淨營運資本占比替代上市公司財務鬆懈程度（因變量），計量公式如下：

財務鬆懈（FS）＝修正後上市公司淨營運資本占比（NWCR）＝上市公司淨營運資本÷（上市公司資產總額−上市公司有息金融負債總額）

上市公司有息金融負債總額＝短期借款＋應付票據＋一年到期的有息非流動負債＋長期借款＋應付債券

解釋變量分別為上市公司有息金融負債率、無息商業信用占資產比率與所有者權益占資產比率，各指標計算公式如下：

上市公司有息金融負債率（IDR）＝上市公司有息金融負債÷上市公司資產總額−上市公司有息金融負債總額）

上市公司有息金融負債＝短期借款＋應付票據＋一年到期的有息非流動負債＋長期借款＋應付債券

上市公司商業信用占資產比率（CR）＝上市公司無息商業信用÷上市公司資產總額

上市公司無息商業信用＝應付帳款＋預收帳款＋其他應付款＋應交稅費＋應付職工薪酬＋應付股利＋預計負債

上市公司所有者權益占資產比率（ER）＝上市公司所有者權益總額÷上市公司總資產

上市公司所有者權益總額＝股本＋資本公積＋盈餘公積＋未分配利潤

上市公司所處的行業規模、存在年限、產品競爭市場等，可能都會影響財務鬆懈，即上市公司管理層財務鬆懈行為的誘因也可能存在較大差異，因此，選取下列指標作為控制變量：

上市公司規模（SIZE）：上市公司規模的大小影響到管理層可動用的資源，影響上市公司管理層自由裁量權，進而影響管理層財務鬆懈。上市公司規模越大，管理層可調用的資源越多，因此，誘發上市公司管理層財務鬆懈行為的可能性就越大；反之，上市公司規模越小，管理層可調用的資源就越少，其發生財務鬆懈行為的可能性相應地下降。因此，本文控制了上市公司規模對財務鬆懈的可能影響，用上市公司年末報表披露的總資產帳面價值的自然對數表示上市公司規模。

股權集中度（Ownership Concentration，OC）：上市公司股權集中度反應了上市公司各大股東相互制衡的情況。國內外已有研究文獻研究發現，在上市公司股權結構分散的條件下，股東與股東之間缺乏對上市公司管理層經營管理的監督，股東不能積極參與對上市公司的治理。但是，股東與股東之間因持股結構比較分散，股東與股東之間存在相互制衡的情況，上市公司很少存在被控股股東控製現象，上市公司內部控製人現象比較少見。從監督上市公司管理層視角分析，股權結構分散的上市公司，因缺乏必要的監督，其管理層發生財務鬆懈行為的可能性較高；從上市公司內部控製人視角分析，股權結構分散的上市公司，因股東與股東之間為了公司控製權而相互制衡，上市公司較少受到控股股東的超強控製，其公司管理層發生財務鬆懈行為的可能性較弱。因此，上市公司的股權集中度勢必影響財務鬆懈行為，本文研究中將其作為控制變量。

年度因素（YEAR）：上市公司存續年限的長短對財務鬆懈行為具有一定的影響。存續年限越長的上市公司，因主業比較穩定，產品市場佔有率較高，公司已經進入相對穩定期，公司管理層存在一定的諸如思想鬆懈、貪圖享樂等財務鬆懈行為；存續年限較短的上市公司，因主業相對不穩定，產品市場佔有率不高，公司可能尚處在創業成長期，公司管理層存在一定的因公司發展等方面的壓力，因此，較少出現財務鬆懈行為。綜上分析，上市公司存續年限的長短也有可能影響上市公司財務鬆懈行為發生的可能性，故在本書研究中將其設置為控制變量。

通過上述因變量、解釋變量與控制變量的設計，本文構建下列迴歸模型，迴歸分析上市公司財務鬆懈行為的誘因。模型構建如下：

$$FS = \alpha + \beta_1 IDR + \beta_2 CR + \beta_3 ER + \beta_4 SIZE + \beta_5 OC + \beta_6 YEAR + \varepsilon$$

為驗證上述假設，本書選取中國製造業上市公司為研究樣本，選取製造業上市公司的主要原因是製造業上市公司處於競爭性行業，基本不存在行業壟斷。選取 2007—2012 年中國滬深 A 股交易的製造業上市公司年報數據，選取時剔除數據不全、暫停交易的上市公司，變量數據全部來自國泰安信息服務中心股票交易數據庫。為了消除變量極端值，筆者對原始數據進行了 1% 與 99%的 Winsorizes 縮尾處理。最後得出有效觀測值為 5,664 個。

6.1.4 變量描述性統計

從表 6-1 中可以發現，製造業上市公司財務鬆懈均值為 0.246,8，有息金融負債率均值為 0.342,2，無息商業信用占比均值為 0.188,7，所有者權益資本占比均值為 0.579,6。從表 6-2 中發現，上市公司財務鬆懈與上市公司有息金融負債率成反向關係，與上市公司無息商業信用占比、所有者權益資本占比兩指標之間呈正向關係，且均為顯著，基本符合假設 1 與假設 2。

表 6-1　　　　　　　　　　變量描述性統計

	N	Minimum	Maximum	Mean		Std. Deviation	Variance
	Statistic	Statistic	Statistic	Statistic	Std. Error	Statistic	Statistic
FS	5,664	−1.960,1	1.524,5	0.246,8	0.004,6	0.349,8	0.122,0
IDR	5,664	0.000,0	2.822,9	0.342,2	0.004,8	0.358,1	0.128,0
CR	5,664	0.000,0	1.527,5	0.188,7	0.001,8	0.135,3	0.018,0
ER	5,664	−0.996,8	0.990,9	0.579,6	0.002,9	0.218,4	0.048,0

表 6-2　　　　　　　　　　變量相關係數表

		FS	IDR	CR	ER
FS	Pearson Correlation	1	−0.581**	0.437**	0.762**
	Sig. (2-tailed)		0.000	0.000	0.000
	N	5,664	5,664	5,664	5,664
IDR	Pearson Correlation	−0.581**	1	−0.045**	−0.698**
	Sig. (2-tailed)	0.000		0.001	0.000
	N	5,664	5,664	5,664	5,664

表6-2(續)

		FS	IDR	CR	ER
CR	Pearson Correlation	0.437**	-0.045**	1	-0.618**
	Sig. (2-tailed)	0.000	0.001		0.000
	N	5,664	5,664	5,664	5,664
ER	Pearson Correlation	0.762**	-0.698**	-0.618**	1
	Sig. (2-tailed)	0.000	0.000	0.000	
	N	5,664	5,664	5,664	5,664

**. Correlation is significant at the 0.01 level (2-tailed).

6.1.5 資本約束與財務鬆懈行為之間的實證檢驗

以財務鬆懈（FS）作因變量，有息金融負債率（IDR）、無息商業信用占比（CR）、所有者權益資本占比（ER）為自變量進行了迴歸，將上市公司規模（SIZE）、股權集中度（OC）和上市公司存續年限（YEAR）設置為控制變量，表6-3為上市公司資本約束與財務鬆懈之間的迴歸結果。

在表6-3中，有息金融負債率（IDR）的參數值為-0.152，說明該變量與上市公司財務鬆懈之間呈負向關係，且在1%水平顯著，從而證實假設1，即上市公司有息金融負債與上市公司財務鬆懈之間顯著負相關，有息金融負債能抑制上市公司財務鬆懈行為，有息金融負債越大，上市公司財務鬆懈程度就越小。而商業信用占比指標的參數值為0.167，且在1%水平顯著，即上市公司無息商業信用與上市公司財務鬆懈之間呈正向關係且顯著，即上市公司商業信用越大，上市公司財務鬆懈程度就越大，符合假設1。所有者權益資本迴歸參數值為0.983，且在1%水平下顯著，進一步說明，上市公司所有者權益資本越大，上市公司發生財務鬆懈行為的可能性越大，符合假設2。

表 6-3　　　　　　　　資本約束與財務鬆懈迴歸結果

變量	Unstandardized Coefficients		Standardized Coefficients	t	Sig.
	B	Std. Error	Beta		
（Constant）	-0.239	0.043	-0.197	-5.628	0.000
IDR	-0.152	0.022	-0.156	-6.988	0.000
CR	0.167	0.052	0.065	3.193	0.001
ER	0.983	0.045	0.614	21.695	0.000
SIZE/OC/YEAR	控製				
Adj-R^2	0.587				
F	26.76***				
N	5,664				

為驗證上述研究結論的穩健性，通過採用其他指標替代衡量財務鬆懈。分別以流動比率、研發強度（R&D Intensity）、銷售與營銷強度（Sales and Marketing Intensity）作為上市公司財務鬆懈的替代變量，對本節所構建的模型進行迴歸分析，迴歸結果與上述模型迴歸結果結論一致，進一步說明上述研究結論穩健性較好。

6.1.6　研究結論

以公司資本約束視角考察上市公司財務鬆懈誘因，按照公司資本來源區分債務資本與所有者權益資本，債務資本按照是否支付利息，區分為有息金融負債與商業信用。由於有息金融負債既要還本又要支付利息，其對上市公司管理層自由裁量權具有較強的約束力；而商業信用僅要求公司支付本金，對上市公司管理層財務鬆懈行為的約束力顯然沒有有息金融負債強。所有者權益包括股本、資本公積、盈餘公積與未分配利潤，股東雖然具有保值增值要求，但是，中國上市公司長期奉行「不分配」政策，甚至部分上市公司自從上市以來，從未進行過分紅，屬於典型的資本市場「鐵公雞」，因此，所有者權益資本對上市公司管理層財務鬆懈行為約束力最弱。按照上述分析，本文採取控製上市公司規模、股權集中度與上市公司存續年限，構建迴歸模型，考察上市公司有息金融負債、商業信用、所有者權益資本與上市公司財務鬆懈行為之間的關

係，實證研究發現，有息金融負債與財務鬆懈呈負向關係，而商業信用、所有者權益資本與財務鬆懈呈正向關係，由此說明，中國上市公司發生大量財務鬆懈行為主要誘因來自於管理層缺乏壓力，尤其是上市公司商業信用與所有者權益資本越多，上市公司管理層越鬆懈。因此，從上市公司資本約束視角剖析上市公司管理層財務鬆懈行為，具有一定的理論與現實意義。

6.2 上市公司財務鬆懈行為誘因：管理層背景特徵視角

6.2.1 引言

兩權分離是現代企業的典型特質，公司管理層掌控公司資源，如果公司激勵機制、治理機制等監管機制不健全，那麼，公司管理層為了自身私利，可能隨意放大自由裁量權，發生諸如在職消費、過度投資、投資不足、討好員工而過度支付員工薪酬等財務鬆懈行為，有損公司價值。已有研究文獻主要關注自由現金流量、過度投資等領域。例如，詹森和麥克林（Jensen & Meckling，1976）以自由現金流量為視角揭示了公司管理層為了自身私利，選擇有利於管理層而損害公司股東權益的投資項目或併購。進一步研究發現，公司管理層利用滯留在公司內部的自由現金流量投資非營利項目，進而誘生公司過度投資。自詹森和麥克林（Jensen & Meckling，1976）的自由現金流量理論提出以後，國內外眾多學者圍繞自由現金流量理論，利用發達經濟體或轉型經濟體上市公司數據，進行了大量而富有意義的研究，產生了大量的研究成果（Kalay，1982；Lamount，1997；Ghose，2005；干勝道，2006；符蓉，2009；胡建平，2008；姜付秀，等，2003；魏明海等，2007）。

從以上分析中可以發現，上市公司管理層出現了形形色色的財務鬆懈行為，除了資本約束、公司治理、激勵機制等誘因外，上市公司管理層背景可能是誘發財務鬆懈行為的因素之一。已有文獻研究發現，上市公司管理層因工作經歷、教育背景、年齡大小、專業背景等各方面可能存在較大差異，對上市公司投資、融資等行為均有影響，而財務鬆懈行為基本上來自上市公司管理層。因此，上市公司管理層背景不同，那麼對財務鬆懈行為的發生是否產生不同影響？眾所周知，上市公司管理層就職的上市公司不同，可能對財務鬆懈行為發生的可能性的影響也不同。鑒於此，以上市公司管理層背景為視角，研究財務鬆懈行為的誘因，具有一定的理論與現實意義。

6.2.2 文獻綜述、理論分析與研究假設

高層梯隊理論由漢布瑞克和梅森（Hambrick & Mason，1984）提出，該理論指出，公司決策層的特質影響公司戰略選擇，而公司戰略選擇又是一個異常復雜的決策過程，復雜的決策過程受到公司管理層特徵的影響，不同特質的管理層在決策中會出現不同的決策結果[①]。高層梯隊理論從公司高層團隊年齡、團隊任職時間、專業背景、性別、教育經歷、社會經濟與財務狀況等管理層人口背景特徵視角研究公司管理層在公司日常經營管理、戰略選擇的喜好，揭示公司高層人口背景對公司的管理與決策選擇的影響。

自高層梯隊理論提出以後，國內外學者對公司管理層背景特徵進行了大量有益探索。李和帕克（Lee & Park，2006）研究發現，公司高管團隊的工作經歷與公司多元化國際戰略擴張之間存在顯著的相關性[②]；卡美羅（Camelo，et al，2005）、班特和杰克遜（Bantel & Jackson，1989）等認為，公司的創新活動與公司管理層的年齡、教育背景、管理層任期長短之間存在顯著相關性；而德懷爾、理查德和查德威克（Dwyer，Richard & Chadwick，2003）從管理層性別差異出發，研究發現公司管理層性別差異與公司文化等存在一定關係[③]。現代公司面臨的外部環境充滿了大量的不確定性，在不確定性環境下，公司管理層決策時，往往會偏離經濟學理論預測。卡內曼（Kahneman，1986，1990，1993）進行了大量研究，研究發現公司管理層在決策時，經常受到管理層個人信念、情緒、偏好的影響，從而不是按照相關經濟學理論來評估不確定性[④]。進一步證實了公司管理層背景特質影響了公司決策。公司管理層隨著任職時間的延長以及年齡的增長，會採取越來越保守的態度，傾向於採取風險較小或規避風險的決策（Carlsson & Karlsson，1970）；班特和杰克遜（Bantel & Jackson，1989）研究發現，公司管理層的教育背景對公司戰略選擇產生較大影響，即管理層的學歷越高，對公司的戰略決策越有利。

[①] Hambrick D C, Mason P A. Upper Echelons: Organization as a Reflection of Its Managers [J]. Academy Management Review, 1984, 6 (3): 193-206.

[②] Lee H J, Park J H. Top Team Diversity, Internationalization and the Mediating Effect of International Alliances [J]. British Journal of Management, 2006, 17 (3): 195-213.

[③] Dwyer S, Richard O C, Chadwick K. Gender Diversity in Manaement and Firm Performance: The Influence of Growth Orientation and Organizational Culture [J]. Journal of Business Research, 2003, 56 (12): 1009-1019.

[④] Kahneman D, Knetsch J, Thaler R. Fairness and Assumptions of Economics [J]. Journal of Business, 1986, 59: 285-300.

國內學者根據高層梯隊理論，利用中國上市公司數據，驗證了公司管理層背景對中國上市公司戰略決策的影響。姜付秀（2009）從管理層的學歷、年齡、任期、團隊規模、性別等方面，揭示了中國管理層背景對上市公司過度投資的影響。研究發現不同產權性質的上市公司，管理層背景特徵與企業過度投資行為之間存在一定的相關性，無論是國有控股上市公司還是非國有控股上市公司，管理團隊的平均教育水平與上市公司過度投資之間呈顯著負相關關係；管理層平均年齡與過度投資也具有顯著的負相關關係；區分企業產權性質的研究發現，董事長以及管理層的背景特質與上市公司過度投資之間，國有控股企業與非國有控股企業存在明顯的差異性，從而進一步證實，不同產權性質的企業是影響管理層背景特徵與企業過度投資之間關係的一個重要因素[1]。

　　梳理國內外研究文獻，管理層背景特徵往往會在一定程度上影響上市公司的投資決策、日常經營決策等。上市公司管理層因家庭背景、成長過程、教育背景與經歷、工作環境與經歷等不同而具有不盡相同的個人特質、理念、工作作風、情趣偏好、風險偏好等，而上市公司的融資行為、投資行為、日常管理等又受到上市公司管理層的個人特質影響。已有研究文獻證實管理層背景特徵與上市公司過度投資、戰略選擇存在一定的相關性，但是，上市公司財務鬆懈行為與上市公司管理層背景特徵之間是否存在一定關係，目前鮮有學者關注。

　　目前中國屬於典型的新興加轉型經濟體，尤其是上市公司發展程度、製度建設等遠不如西方發達經濟體資本市場。中國上市公司雖然發展已近二十多年，但上市公司內部治理、激勵機制等製度建設目前尚不盡完善，而且，中國大部分上市公司主要來自計劃經濟時期的國有企業改制。國有控股上市公司管理層主要通過國有資產管理監督委員會或地方國資委行政任命或委派產生，職業經理人市場尚未全部推行，部分國有控股上市公司管理層具有一定行政級別。因此，國有控股上市公司管理層可能考慮到自身的政治仕途，其管理層背景特徵可能更為明顯。而部分非國有控股上市公司來自家族式企業，其管理層可能被家族派系牢牢控製。已有研究文獻證實，中國國有控股上市公司與非國有控股上市公司相比，國有控股上市公司產生管理層私利（Managerial Entrenchment）的風險顯著高於非國有控股上市公司管理層[2]（徐莉萍、辛宇、陳工孟，2006）。當前，由於國有企業數量龐大，實際上國務院國有資產監督管理委員會（以下簡稱國資委）對國有企業的管理主要採取了比較粗放、帶

---

[1] 姜付秀. 中國上市公司投資行為研究 [M]. 北京：北京大學出版社，2009.
[2] 徐莉萍，辛宇，陳工孟. 控股股東的性質與公司經營績效 [J]. 世界經濟，2006（10）：34-45.

有行政色彩的思路，國資委對所轄的國有控股上市公司在財務上採取了間接管理、事後管理、分類管理，由此，國有控股上市公司管理層可能出現過度擴大自由裁量權空間，從而誘發財務鬆懈行為。而非國有控股上市公司可能因家族派系控製上市公司管理層。鑒於此，不同產權性質的上市公司的管理層因背景不同，可能對財務鬆懈行為的誘發因素存在較大差異。

從控股股東產權差異視角分析，國有控股上市公司管理層因受國資委管理或監管，更多的國有控股上市公司管理層直接或間接來自政府部門，具有政府工作經歷；從管理層個人背景考慮，國有控股上市公司管理層更多地考慮自身政治前途，年齡越小，越不容易出現財務鬆懈行為，主要是因為年齡較輕的管理層想要通過上市公司工作業績證明自己，從而為自己以後的政治仕途打下堅實基礎；相反，國有控股上市公司管理層的年齡越大，越容易發生財務鬆懈行為，主要原因是自己的政治前途可能因為年齡的問題而變得比較渺茫，既然政治前途可能性較小，還不如從上市公司中獲取更多的私利。因此，上市公司管理層年齡越大，發生財務鬆懈行為的可能性越大。

上市公司管理層團隊任期時間長短可能也會影響財務鬆懈行為。已有研究表明，團隊任期與企業戰略改變之間呈顯著負相關（Boeker, 1997），進而說明，管理層的平均任職時間越長，企業戰略就越難以變動。從中國國情視角分析，上市公司管理層剛開始上任時，存在「新官上任三把火」效應，但是，隨著任職時間的延長，公司內部逐漸形成管理層權威效應，尤其是公司最高領導人的權威，由於受各種因素影響，領導人個人權威很難撼動，大部分上市公司在重大事項決策時存在「一言堂」現象，經常出現公司副職領導附和最高領導人。因此，隨著上市公司管理層任職時間的延長，新上任時的那種熱情、動力、創新意識，會隨著管理層「官僚主義」作風逐漸消失，個人盲目崇拜、拜金主義、官僚主義、鬆懈之風凸顯。

除上市公司管理層團隊任期時間長短、年齡大小與財務鬆懈行為可能存在一定內在聯繫外，管理層的教育背景與財務鬆懈行為之間也可能存在一定內在聯繫。教育背景主要指的是接受教育的經歷。一般認為，接受教育時間越長，知識面、專業面越寬廣、厚重。知識面與專業面全面、淵博，能提升管理層經營管理、決策的科學性與合理性，有利於促進公司績效提升；而知識面不寬泛、專業面狹窄，必然影響管理層考慮問題的全面性；同時，接受教育水平層次越高，管理層越能掌控經濟變化、環境變化、市場變化等規律，從而避免了因管理層專業知識、業務知識等不足而引發的盲目投資、擴張所給公司帶來的損失。因此，上市公司管理層學歷水平越高，發生財務鬆懈行為的可能性越

小，反之則越高。

鑒於上述分析，提出下列假設：

假設 1 上市公司管理層團隊任期與財務鬆懈行為之間呈正向關係。

假設 2 上市公司管理層年齡與財務鬆懈之間呈正向關係。

假設 3 上市公司管理層平均學歷水平與財務鬆懈之間呈反向關係。

上市公司管理層規模，即團隊規模，是上市公司管理層一個重要的人口背景特徵。已有研究文獻分別從大團隊和小團隊兩種研究視角，研究分析了團隊規模對上市公司的績效影響，從而產生了兩種截然不同的研究結論。一種觀點認為，團隊規模較大的公司與團隊規模較小的公司相比，規模較大的團隊能夠實現團隊組織內部優勢互補，會產生團隊能力的規模效應，從而提高公司績效，研究結論支持這種觀點的有沙爾、德貝克和卡明斯（Shull, Delbecq & Cummings, 1970）、希爾（Hill, 1982）和杰克遜（Jackson, 1992）等；相反，另一種觀點研究卻認為，上市公司管理層團隊規模越大，越容易出現公司決策緩慢、議事久拖不決的現象，團隊成員之間容易形成小聯盟，團隊之間的非正式交流不暢，成員之間因個人專業背景、風險偏好、決策觀點不同而產生差異，容易誘生情緒衝突。因此，團隊規模越大，對上市公司績效的影響越大，不利於提升公司績效。也有研究文獻關注管理層成員的性別，尤其是最高領導層的性別，研究發現，男性較為果斷，風險偏好型居多，而女性比較優柔寡斷，考慮問題縝密，趨向保守內斂，因此，上市公司管理層性別也將影響財務鬆懈行為。鑒於上述分析，提出下列假設。

假設 4 上市公司管理層規模與財務鬆懈行為呈正向關係。

假設 5 上市公司管理層性別與財務鬆懈行為存在一定內在聯繫，男性管理層與財務鬆懈行為呈正向關係，而女性管理層與財務鬆懈行為呈反向關係。

6.2.3 研究設計

6.2.3.1 研究樣本選擇

本節研究樣本為目前在中國滬深股市交易的全部上市公司，研究樣本年限為 2007—2012 年。同時，按照以下標準對原始樣本進行篩選：一是剔除金融類上市公司；二是剔除在 2007—2012 年上市公司高管層董事長發生變更的上市公司；三是剔除 2007—2012 年暫停交易的上市公司；四是在滿足一、二、三條件後，選取修正後淨營運資本占比（財務鬆懈指標）大於零的上市公司。

上述數據來自上海證券交易所、深圳證券交易所、國泰安信息服務中心上市公司數據庫、東方財富網站。經過使用上述樣本選擇標準，最終樣本總量為

662家上市公司，其中國有控股上市公司為336家上市公司，非國有控股上市公司為326家上市公司。

6.2.3.2 變量界定與迴歸模型構建

學術界雖然已經高度關注管理層的背景特徵，但到目前為止，上市公司管理層具體包含哪些內容，尚無統一界定。借鑑已有文獻，本節將上市公司管理層界定為董事會、監事會全體成員，具體包括：董事長、董事會主席、董事會副主席、總裁、副總裁、執行總裁、副總裁、總經理、副總經理、經理、副經理、監事會主席、副主席、監事長、董事、監事、首席財務官、財務總監等，同時，考慮到獨立董事的特殊地位以及設置獨立董事的初衷，獨立董事能抑制財務鬆懈行為。鑑於此，獨立董事也納入上市公司管理層。

1. 管理層團隊背景特徵

（1）管理層團隊年齡（Mage）：上市公司管理層年齡大小，一定程度上代表管理層的經營、閱歷以及風險傾向。相比較而言，年齡較輕的管理層具有更大的創新精神，適應能力較強，專業知識能夠適應社會經濟發展，正如泰伊和艾斯安德（Tihanyi & Ellstrand，2000）等研究發現，面對不確定性的環境下，年齡較輕的公司管理層管理公司的自信心更強，更有動機全力推進公司國際化、多元化與創新化經營，進而促進公司快速變革，有利於公司績效提升。因此，公司管理層平均年齡越年輕，越不易發生財務鬆懈行為；相反，隨著公司管理層年齡的增長，專業知識結構老化，存在「吃老本」現象，適應與認知能力下降，缺乏動力，保守思想與風險迴避意識逐漸替代創新，維持現狀與平穩過渡是最好的選擇，鬆懈、機械與官僚之風遍布公司各領域。泰勒（Taylor，1975）研究發現，管理層整合信息以及更新專業知識、決策信息的能力與管理層年齡呈顯著負相關。因此，公司管理層平均年齡越大，越容易發生財務鬆懈行為。

（2）管理層團隊規模（Msize）：上市公司管理層團隊規模的大小，即管理層人數多少，決定了上市公司戰略決策的合理性、科學性與速度的快慢。一般情況下，規模較大的管理層團隊，能夠實現專業知識互補，全面決策，進而實現公司決策的科學性與合理性，能有效防範公司最高管理層的個人專斷行為，尤其是上市公司監事會規模與獨立董事規模，因為監事與獨立董事主要行使監督職能，因此，上市公司監事與獨立董事在正常發揮監督職能的情況下，能有效防範上市公司高管層不作為、不進取等財務鬆懈行為。但是，上市公司管理層規模過於龐大，容易形成決策久拖不決，議事效率低下，從而降低組織效率。同時，也容易形成組織內部聯盟，減少團隊成員之間的正式與非正式溝

通、極易形成「小集團」之風，進而誘生財務鬆懈行為。因此，上市公司管理層團隊規模與財務鬆懈行為之間存在一定地內在聯繫。

（3）管理團隊任期（Mterm）：上市公司管理層團隊任期主要是指任職時間長短。剛任職的管理層有動力及時瞭解上市公司發展的歷史、現狀與未來，根據上市公司的發展現狀，及時作出戰略調整或維護，給上市公司帶來新鮮活力，帶動公司全體員工共同創業，從而促進公司進一步發展。但是，隨著公司管理層任職時間的延長，會誘生管理層職業倦怠。團隊成員之間相互比較熟悉，在重大決策時，會誘發相互推諉或相互關照，團隊之間管理製度與思維慣性逐漸形成，很難接受公司外部環境突變而帶來的新變化、新思想，從而產生惰性思想，不思進取，得過且過，不利於公司長期健康可持續發展，進而誘發財務鬆懈行為。

（4）管理團隊教育背景（Medu）：上市公司管理層的教育背景同樣是高層梯隊理論研究的關鍵。已有研究證實，高管團隊的學歷水平與上市公司創新呈正相關關係（Hambrick & Mason, 1984）。即上市公司管理層的學歷水平越高，對公司戰略變化越有利；也有研究從社會關係交往視角研究得出，社會交往參與度與交往主體學歷之間呈正相關關係，即管理層平均學歷水平越高，其社會交往的層次越高，正所謂「物以類聚，人以群分」。漢布瑞克（Hambrick, 1996）在研究中進一步發現，企業績效與上市公司管理層的教育背景呈正相關關係，不論是在公司利潤方面還是在市場份額方面。同時，上市公司管理層成員之間，不同的專業教育背景互補，即教育專業化差異性。管理層團隊中學工科、理科、文科等專業背景的成員之間，彌補了公司戰略決策中因管理層專業背景不同所帶來的缺陷，尤其是管理層中具有精通財務、經濟與金融專業知識的，可能從成本視角考慮戰略變化的可行性，從而有利於提升公司績效。因此，上市公司管理層團隊的教育水平越高，越能抑制管理層因專業不通所誘發的財務鬆懈行為。

（5）管理團隊性別（Mgender）：上市公司管理層性別差異會帶來決策、管理等差異。一般研究認為，男性管理層屬於風險偏好型的居多，而女性管理層屬於風險中立性的居多。好鬥、爭強好勝、果敢，男性居多；而含蓄、穩重、內斂，女性居多。結合上文財務鬆懈行為誘因分析，那麼上市公司管理層團隊性別是否與財務鬆懈行為之間存在顯著差異，也是關注的一個方向。

表 6-4　　　　　　　管理層團隊背景特徵變量含義表

變量符號	預期方向	變量名稱	變量含義
Mage	+	管理層團隊年齡	取管理層平均年齡，30 歲及以下取 1；30~40 歲（含 40）取 2；40~50（含 50）取 3；50~60（含 60）取 4；60 以上取 5
Msize	?	管理層團隊規模	按照年報中披露管理層人員個數
Mterm	+	管理層團隊任期	取每家上市公司管理層擔任現職平均年限
Medu	−	管理層團隊教育背景	取管理層學歷平均值，高中（中專）及以下取 1；專科取 2；本科取 3；碩士取 4；博士取 5
Mgender	?	管理層團隊性別	女性管理層取 0；男性管理層取 1。按管理層數據平均

2. 財務鬆懈行為度量

按照前文研究結論，上市公司財務鬆懈行為度量仍然採用修正後上市公司淨營運資本占比指標來替代財務鬆懈。計算公式如下：

財務鬆懈（FS）= 修正後上市公司淨營運資本占比（NWCR）= 上市公司淨營運資本÷（上市公司資產總額−上市公司有息金融負債總額）

上市公司有息金融負債總額＝短期借款+應付票據+一年到期的有息非流動負債+長期借款+應付債券

3. 控製變量

考慮到不同行業、不同規模等因素可能會影響上市公司財務鬆懈行為，因此，借鑑已有研究經驗，設置下列控製變量。

（1）上市公司規模（Size）：規模越大，上市公司管理層的管理層級多，自由裁量權空間越大；規模越小，自由裁量權空間越小。因此，上市公司的不同規模，可能是財務鬆懈行為的誘因之一。可以通過控制公司規模對財務鬆懈行為產生影響，用每家上市公司年報資產負債表披露的總資產帳面餘額的自然對數表示公司規模。

（2）行業屬性（Industry）：不同行業面臨的產品市場競爭程度不同，處於完全競爭市場的行業，因競爭激烈，上市公司管理層面臨巨大壓力，發生財務鬆懈行為的可能性相對較小。而處於壟斷或半壟斷行業的上市公司，上市公司存在自主定價、壟斷資源等優勢，來自市場壓力相對較小，發生財務鬆懈行為

的可能性相對較強。鑒於此，為了消除不同行業對上市公司財務鬆懈行為的影響，設置行業屬性為控製變量。根據中國證券監督管理委員會公布的13個大類，別除金融行業，屬於某行業賦值1，否則為0。

（3）上市公司盈利能力（Roa）：上市公司盈利能力的強弱為公司管理層帶來不同水平的財務鬆懈資源，盈利能力越強，財務鬆懈資源水平越高，管理層可以調整的自由裁量權空間就越大，進而壓力越小，發生財務鬆懈行為的可能性越大；反之，上市公司盈利能力較弱，給管理層帶來的財務鬆懈資源就越少，必然限制管理層的自由裁量權調整空間，管理層面臨壓力就越大，發生財務鬆懈行為的可能性就越小。為消除盈利能力對管理層財務鬆懈行為的影響，將上市公司的盈利能力設置為控製變量。

4. 迴歸模型構建

按照上述討論，為了分析上市公司管理層團隊背景特徵對上市公司財務鬆懈行為的影響，構建下列模型：

$$FS = \alpha + \beta_1 Mage + \beta_2 Msize + \beta_3 Mterm + \beta_4 Medu + \beta_5 Mgender + \sum Control_i + \varepsilon$$

6.2.4 實證結論

6.2.4.1 變量描述性統計

為區別國有控股上市公司與非國有控股上市公司管理層團隊是否存在差異，先對全樣本進行變量描述性統計，再對國有與非國有分兩個子樣本進行變量描述性統計，所得結果見表6-5、表6-6與表6-7。

表6-5　　　　　　　　全樣本變量描述性統計

	觀測值	Minimum	Maximum	Mean	Std. Error	Std. Deviation	Variance
	Statistic	Statistic	Statistic	Statistic	Statistic	Statistic	Statistic
Mage	2,875	1.000	5.000	3.871	0.014,3	0.349,8	0.122,0
Msize	2,875	8.000	45.000	18.346	0.004,8	0.358,1	0.128,0
Mterm	2,875	0.135	8.612	3.012	0.001,8	0.135,3	0.018,0
Medu	2,875	1.000	5.000	3.897	0.002,9	0.218,4	0.048,0
Mgender	2,875	0.000	1.000	0.878	0.008,1	0.182,0	0.035,0
Fs	2,875	0.001	0.901,0	0.247,0	0.000,3	0.173,4	0.030,1

表 6-6　　　　　　國有控股上市公司變量描述性統計

	觀測值	Minimum	Maximum	Mean	Std. Error	Std. Deviation	Variance
	Statistic	Statistic	Statistic	Statistic	Statistic	Statistic	Statistic
Mage	1,136	1.000	5.000	3.904	0.013,3	0.273,1	0.102,1
Msize	1,136	11.000	45.000	21.034	0.002,5	0.298,7	0.091,9
Mterm	1,136	0.235	11.021	3.237	0.002,1	0.173,4	0.035,6
Medu	1,136	1.000	5.000	3.935	0.003,1	0.198,2	0.034,7
Mgender	1,136	0.000	1.000	0.858	0.007,3	0.193,0	0.029,5
Fs	1,136	0.003	0.806,2	0.207,3	0.001,2	0.149,0	0.022,1

表 6-7　　　　　　非國有控股上市公司變量描述性統計

	觀測值	Minimum	Maximum	Mean	Std. Error	Std. Deviation	Variance
	Statistic	Statistic	Statistic	Statistic	Statistic	Statistic	Statistic
Mage	1,539	1.000	5.000	3.786	0.012,1	0.289,1	0.103,1
Msize	1,539	8.000	27.000	16.452	0.003,4	0.236,7	0.082,1
Mterm	1,539	0.113	7.034	2.934	0.001,8	0.198,7	0.028,9
Medu	1,539	1.000	5.000	3.657	0.005,2	0.178,3	0.029,8
Mgender	1,539	0.000	1.000	0.893	0.006,3	0.201,3	0.023,4
Fs	1,539	0.001	0.901,0	0.281,5	0.002,1	0.185,0	0.034,0

可以發現，全樣本上市公司管理層團隊平均人數均在 18 人以上，約 87.8%為男性，12.2%為女性；上市公司管理層平均任職年限在 3 年以上，管理層團隊學歷以本科、碩士居多；管理層團隊平均年齡接近 50 歲。

再看國有控股上市公司與非國有控股上市公司管理層團隊背景，從比較中可以發現，國有控股上市公司管理層平均年齡明顯高於非國有控股上市公司，即非國有上市公司管理層平均年齡要比國有控股上市公司管理層年輕；在管理層團隊任職年限上，國有控股上市公司管理層任職年限高於非國有上市公司，但管理層團隊教育背景，國有控股上市公司管理層團隊平均學歷高於非國有控股上市公司管理層；女性管理層人數方面，國有控股上市公司比非國有控股上市公司要少一些，兩者均值差為 0.035；管理層團隊規模上，國有控股上市公

司明顯超過非國有控股上市公司管理層。綜上分析，從國有控股上市公司與非國有控股上市公司比較來看，管理層團隊背景特徵具體差異表現在以下幾方面：一是團隊規模，國有控股上市公司大於非國有上市公司；二是團隊平均年齡，非國有上市公司管理層年齡比國有控股上市公司管理層年輕；三是任職年限，國有控股上市公司管理層任職年限長於非國有控股上市公司管理層；四是學歷水平，國有的高於非國有的；五是性別，更多的女性管理層在非國有控股上市公司任職。

6.2.4.2 迴歸結果與分析

按照上文所界定的自變量與因變量，先將5個自變量全部放入模型進行迴歸，然後再將管理層團隊平均年齡、管理層規模、管理層團隊任期、管理層團隊平均學歷與管理層團隊性別分別進行迴歸，並控製上市公司規模、行業屬性與盈利能力，迴歸結果見表6-8。

表6-8　上市公司管理層團隊背景與財務鬆懈迴歸結果

	1	2	3	4	5	6
常數項	0.136***	0.045***	0.563***	0.345***	0.231***	0.021***
Mage	0.013***	0.010***				
Msize	−0.127		−0.112			
Mterm	0.034***			0.021***		
Medu	−0.021***				−0.011***	
Mgender	0.103					0.091
Size Industry Roa	控製					
Adj-R^2	0.575	0.534	0.504	0.645	0.563	0.521
F	123.45***	134.61***	142.33***	110.63***	104.45***	121.01***
觀測值	2,875	2,875	2,875	2,875	2,875	2,875

從表6-8中可以看出，上市公司管理層團隊背景特徵中的團隊年齡與上市公司財務鬆懈行為的關係為正向關係，且在1%水平上顯著，即上市公司管理層團隊年齡越大，發生財務鬆懈行為的可能性越大，符合上述假設；上市公司管理層團隊任期與財務鬆懈行為之間呈正向關係，且在1%水平上顯著，即上市公司管理層團隊任期的時間越長，越有可能誘生財務鬆懈行為，進一步證實上文假設；與上市公司財務鬆懈行為之間呈負向關係的為上市公司管理層團

隊的教育背景，即上市公司管理層平均學歷越高，越不容易發生財務鬆懈行為，且在1%水平上顯著；但是，通過上表迴歸結果發現，上市公司管理層團隊特徵的性別與管理層團隊規模大小與上市公司財務鬆懈行為之間關係並不顯著。

為了驗證不同產權性質的上市公司管理層團隊背景特徵對上市公司財務鬆懈行為的影響，下面區分國有控股上市公司與非國有控股上市公司兩個樣本，分別進行迴歸，迴歸結果見表6-9。

表6-9　國有與非國有控股上市公司管理層背景與財務鬆懈迴歸結果

	國有控股上市公司						非國有控股上市公司					
	1	2	3	4	5	6	1	2	3	4	5	6
常數項	0.213***	0.201***	0.321***	0.205***	0.301***	0.129***	0.251***	0.192***	0.215***	0.367***	0.375***	0.209***
Mage	0.021***	0.022***					0.001**	0.002**				
Msize	-0.003***		-0.002***				-0.125***		-0.113***			
Mterm	0.211***			0.201***			0.031*			0.025*		
Meglu	-0.173***				-0.153***		-0.207***				-0.216***	
Mgender	0.051					0.049	0.013					0.023
Size												
Industry	控製						控製					
Roa												
Adj-R²	0.512	0.623	0.645	0.541	0.721	0.621	0.563	0.542	0.561	0.521	0.631	0.641
F	112.31***	103.21***	134.12***	122.41***	156.21***	131.31***	114.41***	132.78***	124.51***	132.76***	131.11***	121.64***
樣本量	1,336	1,336	1,336	1,336	1,336	1,539	1,539	1,539	1,539	1,539	1,539	1,539

按上市公司產權性質區分為國有與非國有上市公司並分別進行迴歸，從迴歸結果中可以發現，國有控股上市公司管理層團隊背景變量中，管理層團隊年齡、管理層團隊任期與財務鬆懈呈正向關係，且在1%水平上顯著，即國有控股上市公司管理層團隊平均年齡越大，越容易發生財務鬆懈行為，團隊任期時間越長，越容易發生財務鬆懈行為，符合本文假設；而非國有控股上市公司管理層團隊年齡越大，也越容易誘發財務鬆懈行為，且在1%水平上顯著，進而證實上市公司管理層團隊年齡越大，越有可能誘生財務鬆懈行為；但是非國有控股上市公司管理層團隊的任期與財務鬆懈僅在5%水平上顯著，與國有控股上市公司存在一定差異，筆者分析，國有與非國有控股上市公司在管理層團隊是否引入職業經理人或管理層激勵上存在差異，原因在於，國有控股上市公司與非國有控股上市公司管理層的產生以及管理層激勵存在明顯不同，尤其是非國有控股上市公司引入職業經理人的力度顯著強於國有控股上市公司。管理層團隊規模上，不論是國有還是非國有控股上市公司，均與財務鬆懈呈反向關係，且在1%水平上顯著，進一步說明管理層團隊規模越大，越容易誘生財務鬆懈行為，這同全樣本迴歸結果完全一致。管理層團隊平均學歷水平不論是國

有非國有，均與財務鬆懈之間呈反向且在1%水平上顯著，進一步說明上市公司管理層團隊平均學歷越高，越不容易發生財務鬆懈行為。但是，上市公司管理層團隊性別迴歸結果，不論是國有還是非國有控股上市公司，均不顯著，從而說明，上市公司管理層性別與財務鬆懈之間關係有待進一步證實。

6.2.5 進一步考量上市公司管理層背景特徵異質性與財務鬆懈行為的關係

為進一步考量上市公司管理層背景特徵與財務鬆懈行為之間的關係，下文擬以上市公司管理層中董事長異質性為視角，分析上市公司董事長對財務鬆懈的影響。原因在於，上市公司管理層中董事長處於上市公司管理層的核心地位，對上市公司經營政策、財務政策等會產生重要影響。已有研究已經證實，上市公司董事長的年齡、任職時間長短、教育背景、專業背景等特徵均會影響上市公司績效、過度投資、多元化等（姜付秀，2009）。同時，上市公司董事長處於上市公司決策層的核心地位，由於缺乏有效治理機制、激勵機制、權力約束機制等諸多原因，容易誘生上市公司董事長個人專斷、一意孤行、在職消費等行為，不利於上市公司可持續發展，從而誘發董事長財務鬆懈行為。

6.2.5.1 變量界定

在上文對上市公司管理層團隊變量界定的基礎上，進一步界定上市公司董事長背景特徵，由於樣本已經按上市公司在2007—2012年董事長沒有變更標準進行選取，故為了考量上市公司董事長異質性對上市公司財務鬆懈行為的影響，不再考慮董事長任職年限長短對上市公司財務鬆懈行為的影響，僅研究董事長性別、教育背景、工作經歷、年齡大小等幾個方面的異質性對財務鬆懈行為的影響，變量含義見表6-10。

表6-10　　　　上市公司董事長異質性變量含義

變量符號	預期方向	變量名稱	變量含義
Bage	+	董事長年齡	取董事長平均年齡，30歲及以下取1；30-40歲（含40）取2；40-50（含50）取3；50-60（含60）取4；60以上取5
Bfield	+	董事長工作經歷背景	曾有會計、金融、經濟管理工作經歷取值1，否則為0
Bedu	-	董事長教育背景	取董事長學歷平均值，高中（中專）及以下取1；專科取2；本科取3；碩士取4；博士取5
Bgender	?	董事長性別	女性管理層取0；男性管理層取1。按管理層數據平均

6.2.5.2 模型設定與實證分析

1. 模型設定

按照上文變量界定含義，因變量用修正後淨營運資本占比替代財務鬆懈，同樣設置上市公司規模、行業屬性與盈利水平為控製變量，構建下列模型分析上市公司董事長異質性對財務鬆懈的影響，模型如下：

$$FS = \alpha + \beta_1 Bage + \beta_2 Bfeild + \beta_3 Bedu + \beta_4 Bgender + \sum Control_i + \varepsilon$$

2. 實證結果與分析

表 6-11　　上市公司董事長異質性變量描述性統計表

董事長異質性變量描述性統計					
變量	觀測值	Minimum	Maximum	Mean	Std. Deviation	Variance
Bgender	2,875	0	1	0.97	0.182	0.033
Bage	2,875	2	5	3.59	0.753	0.567
Bedu	2,875	1	5	3.47	0.928	0.862
Bfeild	2,875	0	1	0.21	0.407	0.166
Fs	2,875	0.001	0.901,1	0.247,0	0.173,4	0.030
國有控股公司董事長異質性變量描述性統計					
Bgender	1,336	0	1	0.97	0.173	0.030
Bage	1,336	2	5	3.65	0.700	0.490
Bedu	1,336	1	5	3.64	0.778	0.605
Bfeild	1,336	0	1	0.14	0.348	0.121
Fs	1,336	0.003	0.806,2	0.207,3	0.149,4	0.022
非國有控股公司董事長異質性變量描述性統計					
Bgender	1,539	0	1	0.96	0.190	0.036
Bage	1,539	2	5	3.54	0.793	0.628
Bedu	1,539	1	5	3.33	1.020	1.041
Bfeild	1,539	0	1	0.27	0.444	0.197
Fs	1,539	0.001	0.901,0	0.281,5	0.185,0	0.034

表 6-11 為上市公司董事長異質性變量描述性統計數據，從表中可以發現，在國有控股上市公司中，女性董事長比例稍微超過非國有控股上市公司，均值

僅高出 0.01；國有控股上市公司董事長年齡均值為 3.65，高於非國有控股上市公司董事長年齡，具體對應年齡，國有上市公司董事長平均年齡為 52.04 歲，而非國有控股上市公司董事長平均年齡為 51.00 歲；從教育背景變量看，國有控股上市公司董事長平均學歷高於非國有控股上市公司董事長；從董事長是否具有會計、金融與經營管理等工作經歷指標看，國有控股上市公司董事長的工作經歷指標超出非國有控股上市公司董事長的。

按照上述模型，對全樣本、國有與非國有分別進行迴歸，迴歸結果見表 6-12：

表 6-12　　上市公司董事長異質性與財務鬆懈行為迴歸結果

	全樣本	國有控股公司	非國有控股公司
常數項	0.302***	0.175***	0.311***
Bage	0.001***	0.016***	0.001***
Bedu	-0.004***	-0.006***	0.022
Bgender	-0.068	-0.002	-0.013
Bfield	-0.015***	-0.016***	-0.014***
Size Industry Roa	控制	控制	控制
Adj-R^2	0.519	0.567	0.601
F	4.881***	3.297***	12.831***
觀測值	2,875	1,336	1,539

從上市公司董事長異質性與財務鬆懈行為迴歸結果表中可以發現，在不區分國有與非國有產權性質情況下，上市公司董事長年齡變量與財務鬆懈行為之間呈正相關關係，且在 1% 水平顯著，即上市公司董事長年齡越大，越有可能發生財務鬆懈行為；董事長學歷水平的高低與財務鬆懈行為之間為負相關關係，即董事長接受教育程度越高，越不容易發生財務鬆懈行為，且在 1% 水平上顯著；上市公司董事長的會計、金融與經濟管理工作經歷變量指標與財務鬆懈行為呈負相關關係，且在 1% 水平上顯著，充分說明上市公司董事長具有會計、金融與經濟管理工作經歷，能進一步抑制財務鬆懈行為；但是，上市公司董事長性別異質性對財務鬆懈行為的影響不顯著，即男性或女性董事長對財務鬆懈行為沒有顯著影響。在國有與非國有兩個樣本迴歸結果中，能清晰發現國

有控股上市公司董事長與非國有控股上市公司董事長異質性對財務鬆懈行為的影響的程度不同，國有控股上市公司董事長年齡大小對財務鬆懈行為的影響顯著高於非國有控股上市公司董事長，國有控股上市公司董事長年齡對財務鬆懈行為的影響為 0.016，而非國有控股上市公司董事長為 0.006，充分證實了董事長年齡越大，越容易誘生財務鬆懈行為，尤其在國有控股上市公司表現的更為明顯，主要原因可能是國有控股上市公司與非國有控股上市公司相比，國有控股公司存在比較嚴重的兩層代理問題，部分國有控股上市公司董事長更多考慮的是自身政治晉升與自身私利，而非國有控股上市公司董事長雖存在代理問題，但部分上市公司屬於家族式上市公司，從而弱化了董事長年齡大小對財務鬆懈行為的影響；從董事長教育背景變量來看，國有與非國有公司也存在明顯不同，其中國有控股上市公司董事長教育背景變量與財務鬆懈行為呈負相關關係，即董事長學歷水平越高，財務鬆懈行為的可能性越小，而非國有控股上市公司董事長學歷水平的高低對財務鬆懈行為的影響並不顯著，筆者嘗試分析其原因，國有控股上市公司董事長可能更多的考慮自身政治前途，學歷層次較高的國有公司董事長為了在政治方面謀得發展，越不容易發生財務鬆懈行為，而非國有控股上市公司主要看中的是公司在發展過程中個人能力，而不是學歷層次高低，同時，非國有公司在激勵機制等方面與國有控股上市公司存在不同等原因均造成這種差異的出現。

6.2.5.3 模型穩健性檢驗

為驗證上市公司管理層團隊背景特徵、董事長異質性與財務鬆懈行為所構建模型的穩健性，分別用上市公司流動比率、資產負債率替代修正後淨營運資本佔比來衡量上市公司財務鬆懈指標，迴歸結果和上文迴歸結果基本一致，說明上文所構建的模型基本能反應出上市公司管理層團隊背景特徵、董事長異質性與財務鬆懈行為之間的關係。

6.2.6 研究結論

通過從上市公司管理層團隊背景特徵與董事長異質性兩維視角揭示上市公司財務鬆懈誘因，研究發現，不同產權性質下，上市公司管理層團隊背景特徵與董事長異質性均會誘生上市公司財務鬆懈行為。具體來講，上市公司管理層團隊平均年齡與團隊平均任期年限兩個變量與上市公司財務鬆懈行為之間呈正相關關係，即上市公司管理層團隊平均年齡越大，越容易發生財務鬆懈行為，管理層團隊越年輕，越不容易產生財務鬆懈行為；從管理層團隊任期時間視角研究發現，管理層團隊任期時間越長，越有可能出現財務鬆懈行為。從管理層

團隊性別與上市公司管理層團隊規模兩變量迴歸結果看，性別與規模均對上市公司財務鬆懈行為沒有顯著影響，即管理層團隊不論是男性偏多或女性偏多，對財務鬆懈行為產生的影響均不明顯，管理層團隊人數即管理層團隊規模大小也未發現對財務鬆懈行為的影響；但是，上市公司管理層團隊教育背景卻對財務鬆懈行為產生了負向影響，即管理層團隊平均學歷越高，發生財務鬆懈行為的可能性越小。進一步考慮上市公司董事長異質性對財務鬆懈行為的影響，研究發現，董事長本人的年齡大小，不論是國有控股上市公司還是非國有控股上市公司，均對財務鬆懈行為產生了正向影響，且在1%水平上顯著，充分說明年齡越大的董事長越有可能發生財務鬆懈行為。具有會計、金融與經濟管理工作經驗或工作經歷的上市公司董事長發生財務鬆懈行為的可能性較小。但是，董事長的教育背景即學歷水平高低，國有控股上市公司董事長與非國有控股上市公司董事長出現明顯差異。

6.3　上市公司財務鬆懈行為誘因：產品市場競爭

6.3.1　引言

上市公司滯留財務鬆懈資源，除了為應對市場環境不確定性等環境突變、創新等因素外，因兩權分離，管理層為掌握控製權、牟取私利而留足閒置資源在上文中已詳細論述。但上文主要從企業內部分析財務鬆懈行為誘因，企業外部環境是否影響公司財務鬆懈行為呢？眾所周知，不同行業所處的外部競爭環境勢必影響公司管理層行為發生變化。當公司所處行業為壟斷或半壟斷時，那麼公司所面臨的市場競爭勢必小於完全競爭市場，即公司面臨產品市場競爭強度越大，其管理層壓力越大，誘生財務鬆懈行為的可能性越小；當公司處於壟斷或半壟斷產品市場競爭，其管理層面臨的壓力越小，誘生財務鬆懈行為的可能性越大。

市場競爭的強弱是微觀經濟學劃分市場類型的標準。影響市場競爭程度的具體因素主要有以下四點：一是市場上企業的數量；二是企業之間各自提供的產品的差別程度；三是企業進入或退出一個行業的難易程度；四是單個企業對市場價格控制的程度。根據以上四個特點，微觀經濟學將市場劃分為四種類型，即完全競爭市場、壟斷競爭市場、寡頭市場和壟斷市場[①]。按競爭強弱

[①] 高鴻業. 微觀經濟學（上）[M]. 北京：中國經濟出版社，1998.

看，完全競爭市場競爭強度最強，壟斷市場競爭強度最弱。當公司處於完全競爭市場環境下，公司管理層壓力最大；反之，公司管理層壓力最小。

6.3.2 文獻回顧與假設提出

國內外學者將資本結構、現金持有、關聯交易、代理成本等方面引入產品市場競爭理論研究，產生了大量研究文獻。

6.3.2.1 產品市場競爭與資本結構

20世紀80年代，國外學者已經開始關注產品市場競爭與資本結構的關係。出現兩種相悖觀點：觀點一是以布蘭德和洛維斯（Brander & Lewis，1986）為代表的學者研究認為，公司股東與公司管理層可以利用債務融資轉嫁投資項目風險，因此公司債務融資增加了公司競爭力[①]；觀點二是以博爾頓和斯切菲斯特（Bolton & Scharfstein，1990）為代表的學者研究認為，公司在經營中進行債務融資要受到債務融資約束和契約約束，因此公司進行債務融資降低了公司競爭力[②]。

首次將財務理論與產業組織理論結合起來研究產品市場競爭與公司資本結構之間關係的是布蘭德和洛維斯（Brander & Lewis，1986），由於公司股東承擔有限責任，當公司進行債務融資時，相當於將公司項目投資風險轉嫁給債權人，同時製訂出具有戰略進攻的產出策略，使競爭對手處於戰略劣勢。當行業達到均衡時，整個行業保持較高債務水平且行業負債率趨於相似。博爾頓和斯切菲斯特（Bolton & Scharfstein，1990）利用掠奪性定價理論研究發現，如果公司估計到競爭對手在下一階段會處於高負債情況下的競爭中，且競爭對手得不到負債支撐，該公司就會採取價格戰迫使高負債公司退出該行業。公司高負債會誘生公司管理層短視，從而導致公司在競爭中變得更弱，從而逐漸退出競爭[③]（Chevalier & Scharfstein，1995）。歐普勒和蒂曼（Opler & Timan，1994）考慮了經濟週期因素對公司資本結構影響，研究發現，當經濟處於繁榮時期，不同資本結構的公司可能在競爭中同時擴張，掠奪性競爭現象一般不會出現；但是當經濟處於蕭條時期，容易失去市場份額的是高財務槓桿公司，而負債比

---

① Brander James, Lewis, Tracy. Oligololy and Finance Structure: the Limited Liability Effect [J]. The American Economics Review, Dec 1986, Vol76.

② Bolton Partick, Scharfstein David. A Theory of Predation Based on Agency Problems in Financial Contracting [J]. The American Economics Review, Mar 1990, Vol80.

③ Chevalier, Judith. Do Lbo Supermarkets Charge More? An Empirical Analysis of the Effects of LBOs on Supermarkets Pricing [J]. The Journal of Finance, Sep 1995, Vol50.

率小的公司往往更具競爭力①。

國內學者開始關注產品市場競爭與資本結構關係的時間比國外晚。朱武祥、陳寒梅、吳迅（2002）採用案例研究法證明了燕京啤酒採取財務保守策略是基於國內啤酒行業當下與未來的競爭態勢，為了保持公司競爭力和避免公司出現財務風險而採取的理性財務戰略②。後續研究還發現中國上市公司中處於區域壟斷、收益相對穩定的公用事業型上市公司資產負債率遠低於競爭激烈、收益風險大的行業，不同競爭機構行業的公司以及具有收益風險特徵的行業資本結構趨同③。劉志彪、姜付秀、盧二坡（2003）利用二階段寡頭壟斷模型證明了公司資產負債率與產品市場競爭強弱呈正相關關係④。姜付秀等（2008）開創性地研究了資本結構與產品市場競爭動態調整之間的關係，拓展了資本結構動態調整這一研究領域，但結合最近的文獻進展來看，該研究尚存在一些不足：首先在方法上，近年來，動態面板數據模型在公司金融尤其是資本結構領域的應用日漸成熟，該方法有利於更準確地刻畫和估計企業的目標資本結構以及資本結構調整速度（Flannery & Rangan, 2006; Byoun, 2008; Flannery & Hankins, 2013），而姜付秀等（2008）並沒有發現產品市場競爭與調整速度之間存在顯著關係，這可能是囿於當時在目標資本結構和資本結構調整速度估計方法上的局限⑤；其次，在研究內容上，已有文獻研究並沒有區分不同負債水平，而近期部分研究文獻發現，在資本結構高於和低於目標時，公司調整資本結構的成本與收益不相同，且目標調整的速度也不對稱（Byoun, 2008; Faulkender, 2012）。為彌補上述研究文獻的不足，黃繼承、姜付秀（2015）以1998—2010年滬深上市公司為研究樣本，檢驗產品市場競爭對資本結構調整速度的影響。研究發現，從總體上看，產品市場競爭越激烈，公司趨向目標調整資本結構的速度越快；在區分不同負債水平後發現，產品市場競爭對調整速度的影響僅在資本結構低於目標水平時才成立，這證實了產品市場競爭影響資本結構動態調整的治理效應機制。在控制製度環境和公司規模等因素，並考慮目標資本結構和產品市場競爭變量的其他衡量方法後，上述研究結

---

① Opler T, Timan Sheridan. Financial Distress and Corporate Performance [J]. The Journal of Finance, 1994, 49.
② 朱武祥，陳寒梅，吳迅. 產品市場競爭與財務保守行為：模型及燕京啤酒公司實例 [J]. 經濟研究，2002（9）.
③ 朱武祥，郭洋. 行業競爭結構、收益風險特徵與資本結構 [J]. 資本市場改革，2003（2）.
④ 劉志彪，姜付秀，盧二坡. 資本結構與產品市場競爭強度 [J]. 經濟研究，2003（6）.
⑤ 黃繼承，姜付秀. 產品市場競爭與資本結構調整速度 [J]. 世界經濟，2015（7）.

論都保持不變。而且，企業產權性質對上述關係沒有顯著影響，產品市場競爭對國有企業和非國有企業資本結構調整速度具有同等重要的作用；但融資約束對上述關係具有顯著影響：在融資約束程度較低的企業中，產品市場競爭對資本結構調整速度的影響更大①。

6.3.2.2 產品市場競爭與現金持有

學界研究普遍認為，連接宏觀經濟和微觀企業的橋樑是產品市場競爭，「世界上促進經濟效率的最強力量」（Shleifer, 1996）也是產品市場競爭，它通過公司應對競爭所採取的行為產生的掠奪效應作用於公司現金流，影響公司現金流的流入、支出、占用和儲備、收付現比例等各個方面，從而影響公司現金流風險。國內外學者主要從以下兩個方面研究了產品市場競爭與公司現金持有之間的關係：

一是產品市場競爭影響公司現金持有的掠奪風險動機。面對產品市場競爭，公司因缺乏議價能力導致投資不足，進而進入市場受阻，被其他競爭者掠奪市場的風險增大，為應付會被蠶食的風險，公司一般情況下會持有足額的現金儲備來應對外部可能發生的環境突變和原來的競爭格局被打破的風險，這就是學界所稱的產品市場競爭影響公司現金持有的掠奪風險動機。貝斯等（Bates, et al, 2007）指出，美國公司自1980年以來大幅度增加公司的平均現金/資產比率，主要是為了應對日益增加的市場經營風險②。貝奧姆等（Baum, et al, 2007）以德國公司數據為樣本，通過構建模型和實證，研究發現，隨著產業層面不確定性的增加，公司現金持有水平也隨之增加③。豪斯特等（Haushalter, et al, 2007）通過研究公司現金持有政策與產品市場競爭之間的關係，發現產品市場上公司的經營相似程度、行業集中度與成長機會相似程度越高，公司產品市場被掠奪的風險就越高，公司的現金持有水平也相應越高。同時，他們通過進一步研究發現，公司的財務政策和投資行為的重要決定因素受市場掠奪風險影響④。尼克羅維（Nikolovy, 2009）研究發現，公司面臨融資約束情況下，公司現金持有的變化趨勢至少部分受到外部市場競爭的

---

① 黃繼永，姜付秀. 產品市場競爭與資本結構調整速度 [J]. 世界經濟，2015 (7).

② Bates T W, Kathleen M K, Stulz R M. Why do U. S. Firms Hold so Much More Cash than They Used to? [J]. Working Paper, 2007.

③ Baume F C, Schafer D, Talavera O. The Effects of Industry-Level Uncertainty on Cash Holdings: The Case of Germany [J]. Working Paper, 2007.

④ Haushalter D, Klasa S, William F M. The Influence of Product Market Dynamics on a Firm's Cash Holdings and Hedging Behavior [J]. Journal of Financial Economics 2007, 84 (3): 797-825.

影響①。

二是產品市場競爭影響公司現金持有的代理成本動機。國內外學者們普遍將產品市場競爭看作為一種有效的公司治理機制。公司面臨外部產品市場競爭壓力時，公司管理層勢必尋找市場，加大投資力度，減少現金持有。因此，外部產品市場競爭抑制了公司管理者保持的較高的現金持有比例以滿足控製權私利的目的，減少了代理成本，有效緩解了公司內部各種委託代理問題。外部產品市場競爭的制約機制主要表現在以下兩個方面：一是產品市場競爭具有標杆評估機制。產品市場競爭減少了信息不對稱以及外部監管成本，為外部投資者提供了更多評估管理者的機會，強化了外部控製權市場、經理人市場等治理約束機制，因此，增大了管理者非效率投資的風險和成本，提高了其管理經營的努力程度。二是產品市場競爭具有競爭淘汰機制。高度競爭行業的公司都面臨著市場份額和投資機會損失的風險，一旦公司失去淨現值為正的投資項目，其競爭力也將隨之降低，將面臨著被市場淘汰的命運，而其管理者也面臨著解職和經理人聲譽效應下降的影響②。關於產品市場競爭的制約機制，國內外學者進行了大量經驗研究。尼克（Nickell，1996）③和海斯克（Haskel，1991）④指出，公司全要素生產增長率與外部競爭者的數量、壟斷地租水平和行業集中度等行業競爭強度呈現顯著正相關關係。奧恩和格雷（Allen & Gale，2000）研究發現，產品市場競爭可能是比公司控製權市場、機構監管更為有效的一種公司治理機制⑤。瑞威和沙克爾（Ravi & Shaker，1999）發現，在壟斷行業中的公司會傾向於持有較多的現金，並將資金投入到較差的投資項目中⑥。格瑞恩和米切尼（Grullon & Michaely，2006）指出，產品市場競爭將促使管理者分配過度持有的現金給投資者，而不是作為留存滿足個人利益的需要⑦。國內學

---

① Nikolovy B. Cash Holdings and Competition [J]. Working Paper, 2009.

② 韓忠雪，周婷婷. 產品市場競爭、融資約束與公司現金持有：基於中國製造業上市公司的實證分析 [J]. 南開管理評論，2011（4）：149-160.

③ Nickell S. Competition and Corporate Performance [J]. Journalof Political Economy, 1996, 104：724-746.

④ Haskel J. Imperfect Competition, Work Practices and Productivity Growth [J]. Oxford Bulletin of Economics and Statistics, 1991, 53：265-279.

⑤ Allen F, Gale D.. Corporate Governance and Competition. Vives X., Corporate Governance：Theoretical and EmpiricalPerspectives [M]. Oxford：Cambridge University Press, 2000：23-94.

⑥ Ravi J, Shaker B S. Does Product Market Competition Reduce Agency Costs? [J]. Working Paper, 1999.

⑦ Grullon G, Michaely R. Corporate Payout Policy and ProductMarket Competition [J]. Working Paper, 2006.

者韓忠雪、周婷婷（2011）利用中國製造業上市公司 2001—2007 年共 2,401 個公司的平衡面板數據，以「行業間競爭」「行業內競爭」兩個維度的產品市場競爭變量，實證分析了中國製造業上市公司產品市場競爭對現金持有水平的綜合影響。實證結果顯示，對於所有製造業上市公司來說，產品市場競爭對公司現金持有存在顯著的掠奪風險效應。在考慮公司融資約束的情況下，產品市場競爭對公司現金持有的掠奪風險和代理成本兩種競爭效應被有效區分開來。融資約束公司表現為顯著的掠奪風險效應，非融資約束公司則表現為顯著的代理成本效應。陳志斌、王詩雨（2015）從行業競爭程度和企業競爭地位雙重視角，探究產品市場競爭可能導致的掠奪效應對企業現金流風險的影響。理論分析發現，在行業競爭程度較大的環境下，由於其他競爭者的制約，掠奪效應對現金流風險的影響較小，但在行業競爭程度較小的行業中，掠奪效應對企業現金流風險影響的深度和廣度反而更大。而企業競爭地位對企業現金流風險的影響體現在對行業競爭帶來的掠奪效應的放大作用。由行業競爭程度決定的非排斥性競爭行為的掠奪效應與由企業競爭地位決定的掠奪性定價和其他非價格壟斷行為掠奪效應會產生疊加作用，使得企業現金流的波動更加強烈。特別是競爭地位較低的企業面臨市場信息壁壘，其現金流風險受到行業競爭的影響尤為強烈[①]。

6.3.2.3　產品市場競爭與公司其他交易關係

國內外學者除了集中研究產品市場競爭與資本結構、公司現金持有之間關係外，還在其他方面做了有益探索。張永冀、炎曉陽、張瑞君（2014）以戰略轉移定價理論為研究視角，探索了產品市場競爭與公司關聯交易之間的關係，用 2007—2013 年上市企業關聯方交易數據作為內部轉移定價的代理變量，以三種方式定義產品市場競爭度，實證檢驗市場競爭度與企業內部關聯方交易之間的關係。檢驗結果支持了戰略轉移定價理論認為的轉移定價是廠商獲取戰略優勢的工具。當外部市場競爭激烈時，分權化經營會增加營運成本，企業會降低內部轉移以增強產品的價格優勢。而在競爭度較低的行業，企業會通過更多的內部轉移虛擬地推高產品成本，隱藏壟斷利潤，從而維持當前的市場競爭格局。研究結論同時支持了以往理論文獻、抽樣問卷研究中對轉移定價影響因素的基本觀點[②]。邵和陳（Shor & Chen，2009）證明當產品市場處於古諾寡頭

---

① 陳志斌，王詩雨. 產品市場競爭對企業現金流風險影響研究：基於行業競爭程度和企業競爭地位的雙重考量. [J]. 中國工業經濟，2015（3）：96-108.

② 張永冀、炎曉陽、張瑞君. 產品市場競爭與關聯方交易：基於戰略轉移定價理論的實證分析 [J]. 會計研究，2014（12）：79-85.

競爭時，企業內多為利潤中心間開展內部貿易。稻盛和夫所講的「阿米巴式」的管理模式會產生高於完全競爭情況下兩倍的利潤，因此轉移定價成為競爭不完全情況下的一種「隱形共謀」。但當外部市場競爭加劇時，這種共謀的收益會隨之降低[1]。阿亞和米騰多夫（Arya & Mittendorf，2007）研究發現，關聯方交易的效率性會隨著產品替代程度降低而增大。也就是說，當企業間產品的替代程度越低時，關聯方交易也就可能越大。行業的技術水平一般是影響產品替代程度的主要因素。根據產業組織理論，技術水平往往成為新進入者的進入壁壘。技術水平越高的產業，競爭度相對越低，企業的關聯方交易也就越高[2]。徐虹、林鐘高、芮晨（2015）以研發投入作為資產專用性的替代變量，研究了在不同產品競爭市場環境下，資產專用性對橫向併購行為與績效的影響。研究發現，隨著產品市場競爭程度和資產專用性的增加，上市公司橫向併購的可能性呈現先升後降的特點；進一步研究發現，產品市場競爭程度越高，橫向併購越有利於提升企業價值，尤其在專用性資產投入的企業中更為顯著[3]。國外諸多研究將近幾十年來美國乃至全球資本市場上公司股票特質性風險或其回報波動的顯著增加以及公司產品市場競爭業績與其股票市場績效的關聯性下滑，直接歸咎於經濟領域內日趨激烈的競爭。中國資本市場是否存在上述現象，如果中國上市公司股票特質性風險的顯著增加，是否應該歸咎於產品市場競爭的加劇？集中的行業結構和顯著的市場勢力是否能夠有效緩解中國上市公司的特質性風險或其回報波動？吳昊旻、楊興全、魏卉（2012）以中國資本市場上市公司為樣本，以「競爭結構—風險預期—回報波動」關聯為視角，實證研究表明，中國上市公司股票特質性風險，至少近十年來，呈現顯著增加的趨勢，特質性風險與其市場風險水平明顯「背離」，雖國內外均是此種情況，但其背離的「性質」卻顯著不同，中國股市的投機性、政策性特徵更為明顯，特質性風險的顯著增加與中國上市公司產品市場競爭的加劇顯著正相關，相對集中的行業結構與顯著的市場勢力能夠有效弱化公司股票特質性風險而穩定公司回報[4]。

---

[1] Shor, M, H. Chen. Decentralization, Transfer Pricing, and Tacit Collusion [J]. Contemporary Accounting Research, 2009, 26（2）: 581-604.

[2] Arya A, B Mittendorf. Interacting Supply Chain Distortions: The Pricing of Internal Transfers and External Procurement [J]. Accounting Review, 2007, 82（3）: 551-580.

[3] 徐虹，林鐘高，芮晨. 產品市場競爭、資產專用性與上市公司橫向併購 [J]. 南開管理評論，2015（3）: 48-59.

[4] 吳昊旻，楊興全，魏卉. 產品市場競爭與公司股票特質性風險：基於中國上市公司的經驗證據 [J]. 經濟研究，2012（2）: 101-115.

從上述的國內外已有研究文獻中可以看出，產品市場競爭與公司資本結構、現金持有風險、關聯交易以及資本市場股價波動都有著密切關係。由於學者樣本選擇、變量內生性以及研究視角不同，產生了不同的研究結論。但是研究結論說明了公司在處於外部產品市場競爭環境的情況下，不論是資產負債率，還是現金持有等方面，必須考慮外部環境變化對公司的影響，力爭做到「有備無患」。但是，現代公司兩權分離特質，上市公司內部人控製而產生「逆向選擇」和「道德風險」的代理成本問題是公司所要考慮的核心問題。

6.3.2.4 假設提出

現代企業的顯著特徵是所有權與經營權的兩權分離（Berle & Means, 1932），由此導致管理者往往對企業行為有著決定性影響。由於信息不對稱，管理者存在機會主義傾向，會利用自身信息優勢損害股東利益來滿足自身效用最大化，從而產生「道德風險」和「逆向選擇」（Jensen & Meckling, 1973）。已有研究表明，中國國有控股上市公司存在兩層代理問題，近年來中央巡視與國家審計發現國企高管「追求奢靡享樂、四風問題普遍；近親繁殖、帶病提拔、選人用人不規範；蠶食企業、國資監管有漏洞；關聯交易利益輸送等」已成為「四大通病」，其經營管理中因存在諸如在職消費、超額薪酬、腐敗等嚴重代理成本現象而飽受詬病。與此同時，國有控股上市公司鮮有退市壓力，存在「股東父愛」現象，且部分行業處於壟斷或半壟斷局面，較少受到產品市場競爭壓力，如石油、電信、電力等行業。中國與西方國家不同，存在大量國有企業，與非國有控股上市公司相比，國有控股上市公司管理層由政府行政任命或指派，既有官員或準官員身分，享受官員或準官員地位及其相關待遇，又在國企領取市場薪酬，較少引入職業經理人製度，管理層沒有後顧之憂，鮮有辭退、解聘等壓力。基於上述分析，提出下列假設：

假設 1 上市公司面臨的產品市場競爭強度越大，誘生財務鬆懈行為可能性越小；上市公司面臨的產品市場競爭強度越小，誘生財務鬆懈行為可能性越大。

假設 2 不同產權性質的上市公司的產品市場競爭強度不同，國有控股上市公司財務鬆懈行為可能性顯著高於非國有控股上市公司。

6.3.3 研究設計

6.3.3.1 數據選擇與樣本選取

本節數據來源於國泰安服務中心數據庫滬深 A 股上市公司 2009—2013 年（剔除金融行業以及數據不全上市公司）製造業上市公司資產負債表、利潤表

與現金流量表、報表附註數據，按照終極控股股東將兩市全部上市公司分為國有控股上市公司和非國有上市公司兩個樣本。選擇製造業上市公司主要是考慮剔除因行業不同而產生的內生性影響。經筆者手工篩選出 2009—2013 年國有控股上市公司與非國有控股上市公司兩個樣本，樣本分布情況見表 6-13。

表 6-13　　　　　　滬深 A 股製造業上市公司樣本分布表

樣本＼年份	2009 年	2010 年	2011 年	2012 年	2013 年
國有控股上市公司（家數）	561	583	611	621	635
非國有控股上市公司（家數）	342	384	442	554	583
合計	903	967	1,053	1,175	1,218

6.3.3.2　變量界定與模型構建

1. 變量定義

（1）財務鬆懈。按照前文的研究結論，上市公司財務鬆懈行為度量仍然採用修正後上市公司淨營運資本占比指標來替代財務鬆懈。計算公式如下：

財務鬆懈（FS）= 修正後上市公司淨營運資本占比（NWCR）= 上市公司淨營運資本÷（上市公司資產總額−上市公司有息金融負債總額）

上市公司有息金融負債總額 = 短期借款+應付票據+一年到期的有息非流動負債+長期借款+應付債券

（2）產品市場競爭。梳理國內外文獻發現，目前尚無合理的指標能準確度量上市公司所面臨的市場競爭程度，國內外學者基本上採用替代指標來衡量產品市場競爭程度，如交叉價格彈性、市場集中率等。通過比較發現，使用頻率較高的是用赫芬達爾指數（Herfindahl-Hirschman Index，HHI）。但譚雲清等指出，如果將指標計算範圍局限於上市公司，那麼結果可能出現偏差[①]。尼克夫（Nickelfi）提出，主營業務利潤率在某種程度上可視為企業的「壟斷租金」，而壟斷租金越高，意味著產品市場的壟斷性越高，反之則競爭性越高。鑒於學界較多採用赫芬達爾指數，本文研究常規做法將計算樣本赫芬達爾指數，公式如下：

赫芬達爾指數（HHI）= $\sum (X_i / \sum X)^2$

其中 X_i 為上市公司 i 的銷售額。在行業內公司數目一定的情況下，赫芬達爾指數指標值越大，則行業集中度越大，公司所面臨的市場競爭強度越激烈；

[①] 譚雲清，朱榮林，韓忠雪. 產品市場競爭、經理報酬與公司績效：來自中國上市公司的證據[J]. 管理評論，2008（2）：58-62.

赫芬達爾指數指標值越小，則行業集中度越小，公司所面臨的市場競爭強度越弱。根據上文分析，本文將通過赫芬達爾指數間接表徵上市公司管理層財務鬆懈程度，即上市公司的赫芬達爾指數越大，說明上市公司處在行業中所面臨的市場競爭強度越激烈，上市公司管理層越不易發生財務鬆懈行為，反之，上市公司管理層就越易發生財務鬆懈行為。

（3）控製變量。借鑑已有研究，擬選擇下列變量作為控製變量。

公司規模（SIZE）。因公司資產規模不同，故其市場競爭力不同。當市場出現投資機會時，規模較大的公司因其資本實力能夠及時獲得融資；當市場經濟萎縮、蕭條時，規模較大的公司能抵禦市場波動，並在一定情況下穩定公司市場份額；反之，規模較小公司則會失去市場份額，其產品市場競爭強度也會下降。因此，需要控製公司規模，按照學術界常規方法，用上市公司總資產的對數表示公司規模變量。

資產負債率（Asset Liability Ratio，ALR）。上文已分析上市公司能抑制公司管理層財務鬆懈行為，因此需控製上市公司資產負債率對財務鬆懈行為的內生性影響，因此選取上市公司資產負債率為控製變量。

公司上市年限（YEARS）。上市公司上市年限長短會影響公司規模，一般情況下，公司經過多年發展，其規模不斷擴張，為消除不同公司上市年限長短影響，因此選取上市公司上市年限為控製變量。

2. 迴歸模型構建

為考量產品市場競爭對上市公司財務鬆懈行為的影響，構建下列模型：

$FS=\alpha+\beta_1 HHI+\beta_2 LnSIZE+\beta_3 ALR+\beta_4 YEAR+\varepsilon$

為檢驗產品市場競爭對上市公司財務鬆懈行為的影響，首先對模型進行全樣本迴歸檢驗，其次再區分國有控股上市公司與非國有控股上市公司兩個樣本迴歸，考察不同產權性質下產品市場競爭對上市公司財務鬆懈行為的影響。

6.3.3.3 描述性統計

通過描述性統計可以發現，製造業產品市場競爭赫芬達爾指數指數數值均較低，說明製造業與其他行業相比，製造業處於競爭強度較高的行業，符合中國目前產業現狀。此外，中國製造業上市公司資產負債率較高，行業均值達到50.96%，最高的上市公司資產負債率高達89.09%，充分說明中國製造業整體負債率較高；而從財務鬆懈變量指標（FS）也能發現，個別上市公司依然存在高達82.51%比例，行業財務鬆懈程度均值為14.68%，這些數據說明，即使部分製造業上市公司面臨較強地產品市場競爭強度，但依然不影響上市公司管理層滯留財務鬆懈資源，尋求權力尋租，滿足經營者在職消費或為控股股東「掏空」提

供便利。按照分樣本描述性統計分析，國有控股上市公司的財務鬆懈指標（FS）明顯高於非國有控股上市公司。非國有控股上市公司的產品市場競爭指標赫芬達爾指數數值低於國有控股上市公司，說明在整個市場中，國有控股上市公司佔有較大比重，處於競爭強勢，而非國有控股上市公司赫芬達爾指數較低，處於競爭弱勢。再看財務槓桿（資產負債率）指標，國有控股上市公司資產負債率高於非國有控股上市公司，從負債視角分析，負債對上市公司管理層財務鬆懈行為的抑制方面，在國有控股上市公司中的作用並不明顯（見表6-14、表6-15、表6-16）。

表6-14　　　　　　　　總樣本變量描述性統計

	N	Minimum	Maximum	Mean	Std. Error	Std. Deviation	Variance
	Statistic	Statistic	Statistic	Statistic	Statistic	Statistic	Statistic
FS	5,316	-0.660,1	0.625,1	0.146,8	0.003,6	0.241,8	0.102,0
HHI	5,316	0.001,6	0.010,9	0.002,1	0.001,8	0.000,2	0.001,3
SIZE	5,316	4.003,6	18.523,5	9.567,3	3.401,2	5.934,1	4.018,0
ALR	5,316	0.001,2	0.890,9	0.509,6	0.001,9	0.238,4	0.038,0
YEAR	5,316	0.301,2	17.560,0	8.312,0	1.632,1	1.789,1	1.129,3

表6-15　　　　　　國有控製上市公司變量描述性統計

	N	Minimum	Maximum	Mean	Std. Error	Std. Deviation	Variance
	Statistic	Statistic	Statistic	Statistic	Statistic	Statistic	Statistic
FS	3,011	0.060,1	0.625,1	0.346,8	0.007,6	0.342,6	0.172,1
HHI	3,011	0.001,6	0.010,9	0.007,1	0.003,8	0.001,7	0.004,3
SIZE	3,011	5.203,7	18.523,5	12.567,3	4.461,2	6.534,6	5.518,9
ALR	3,011	0.007,2	0.890,9	0.559,0	0.002,9	0.136,4	0.048,7
YEAR	3,011	1.301,2	17.560,0	9.317,0	2.621,2	1.980,1	1.329,2

表6-16　　　　　　非國有控股上市公司變量描述性統計

	N	Minimum	Maximum	Mean	Std. Error	Std. Deviation	Variance
	Statistic	Statistic	Statistic	Statistic	Statistic	Statistic	Statistic
FS	2,305	-0.660,1	0.525,1	0.246,8	0.005,6	0.340,8	0.162,6

表6-16(續)

	N	Minimum	Maximum	Mean	Std. Error	Std. Deviation	Variance
HHI	2,305	0.001,8	0.006,8	0.002,7	0.001,1	0.000,2	0.002,1
SIZE	2,305	4.003,6	14.513,6	9.543,2	3.171,2	4.942,5	5.019,0
ALR	2,305	0.001,2	0.691,9	0.399,8	0.003,9	0.138,6	0.018,9
YEAR	2,305	0.301,2	17.560,0	8.312,0	1.632,1	1.789,1	1.129,3

6.3.4 迴歸分析

表6-17　　產品市場競爭與上市公司財務鬆懈迴歸結果

	全樣本	國有控股公司	非國有控股公司
常數項	0.131,1 ***	0.103,2 ***	0.171,6 ***
HHI	−0.002,3 ***	0.010,6	−0.001,3 **
LnSIZE ALR YEAR	控製	控製	控製
Adj-R^2	0.559,1	0.507,1	0.401,7
F	7.881,6 ***	4.192,7 ***	9.036,1 ***
觀測值	5,316	3,011	2,305

　　將上市公司的資產規模、資產負債率以及上市年限設置為控制變量，製造業全樣本產品市場競爭赫芬達爾指數迴歸結果顯示與財務鬆懈行為指標（FS）在1%顯著負相關，說明產品市場競爭強度越強，上市公司財務鬆懈程度越低，即上市公司的產品市場競爭能抑制管理層財務鬆懈行為，證實上文的假設1；分樣本迴歸結果顯示，國有控股上市公司產品市場競爭赫芬達爾指數與財務鬆懈指標（FS）為正向關係，但是不顯著，而非國有控股上市公司產品市場競爭赫芬達爾指數與財務鬆懈指標（FS）在5%顯著負向關係。國有與非國有控股上市公司面臨的產品市場競爭強度對財務鬆懈行為所產生的作用不同，一方面說明不同產權性質的上市公司在面臨產品市場競爭時管理層的行為不同，即國有控股上市公司面臨產品市場競爭並不影響其滯留財務鬆懈資源，其本質滿足管理層在職消費、權力尋租；另一方面產品市場競爭強度抑制管理層財務鬆懈行為在國有控股上市公司體現得不顯著，進一步證明假設2，即產品市場競

爭強度不同，國有控股上市公司財務鬆懈行為可能性顯著高於非國有控股上市公司。

6.3.5 穩健性檢驗

為確保上述實證結果的穩健性，消除變量內生性以及赫芬達爾指數僅代表上市公司的產品市場競爭強度而不能代表整體製造業產品市場競爭強度，本文擬採用行業內競爭變量——壟斷租金作為赫芬達爾指數替代變量對財務鬆懈（FS）進行穩健性檢驗。

壟斷租金（PMC）=（稅前利潤+當年折舊額+財務費用-資本總額×加權平均資本成本）÷銷售總額

其中，

資本總額=權益資本+短期債務+長期債務

加權平均資本成本=（權益資本÷資本總額）×權益資本成本+（短期債務÷資本總額）×短期債務成本+（長期債務÷資本總額）×長期債務成本

然後採用資本資產定價模型（CAPM）來估計公司的權益資本成本，

權益資本成本=無風險收益+系統風險×市場組合的風險溢價

系統風險數據直接取自資本資產定價模型（CCER）股票價格收益數據庫，無風險收益為一年期銀行存款利率，市場組合的風險溢價設定為4%。短期債務成本為當年銀行一年期貸款利率，而長期債務成本為當年的3~5年中長期貸款利率[①]。將迴歸檢驗，其結果與上文檢驗結果基本一致。

6.3.6 結論

產品市場競爭強度不同，會影響了上市公司現金持有政策、併購、資本結構以及公司股價波動等，本書研究發現，上市公司管理層滯留財務鬆懈資源誘生財務鬆懈行為與上市公司面臨的產品市場競爭強度密切相關。當上市公司處於不同的產品市場競爭強度時，管理層財務鬆懈行為程度不同，上市公司面臨的產品市場競爭強度越大，管理層財務鬆懈行為誘生的可能性越小；上市公司面臨的產品市場競爭強度越小，管理層發生財務鬆懈行為可能性越大。同時，本書通過研究還發現，處於同一行業的不同產權性質的上市公司，其管理層財務鬆懈行為程度不同，國有控股上市公司管理層財務鬆懈行為顯著高於非國有

---

① 韓忠雪，周婷婷. 產品市場競爭、融資約束與公司現金持有：基於中國製造業上市公司的實證分析 [J]. 南開管理評論，2011，4：149-160.

控股上市公司。實證結果表明，面臨產品市場競爭，國有控股上市公司管理層「背靠大樹好乘涼」現象普遍，其來自市場競爭壓力顯著低於非國有控股上市公司。此外，與非國有控股上市公司管理層不同，中國國有控股上市公司管理層職業經理人市場機制不健全，大部分國有控股上市公司管理層由政府或國資委行政任命或指派，其對上市公司經營管理壓力也顯著低於非國有控股上市公司管理層。綜上所述，產品市場競爭強度也是上市公司管理層財務鬆懈行為的誘因之一。

第七章 上市公司財務鬆懈行為的經濟後果[①]

7.1 引言

　　組織理論的研究認為，上市公司管理層會通過閒置的財務鬆懈資源進行各種投資、產品創新與革新，進而有助於公司績效提升，促進企業可持續發展，因此，組織理論實質上是將管理層定義為促進變革、提高公司績效的引領者；而代理理論卻以信息不對稱和兩權分離為視角，管理層放大自由裁量權，滯留財務鬆懈資源，構建個人「商業帝國」，產生在職消費、貪圖享樂等行為，尋求自身利益最大化，從而產生代理成本，有損公司績效，將管理層界定為為股東代理者。國外已有研究利用成熟經濟體數據證實上述兩種截然不同的觀點。

　　眾所周知，中國屬於典型的新興加轉型經濟體，與西方發達成熟經濟體不同，那麼，中國上市公司滯留財務鬆懈資源是促進上市公司績效提升還是阻礙績效提升？即財務鬆懈給上市公司帶來的經濟後果，這值得認真探討。本節將利用上文研究結果，考察中國上市公司財務鬆懈資源對上市公司經濟後果影響。

7.2 文獻綜述、理論分析與研究假設

7.2.1 公司行為理論與資源基礎理論

　　公司行為理論認為，組織是由不同個體組成，不同個體目標與組織目標不

[①] 本節內容已經發表在《財經理論與實踐》2013年第1期。

盡一致，容易產生各種各樣的摩擦與矛盾，公司管理層可以運用財務鬆懈資源來減少利益相關者之間的矛盾和衝突，也就是說，鬆懈資源化解了各成員與組織之間的直接摩擦，是矛盾緩解的催化劑。因此，資源基礎理論和公司行為理論認為，財務鬆懈資源吸收了組織內外部環境的不利波動，在急遽變化的環境中起著穩定局勢的作用，為公司持續經營提供物質儲備，財務鬆懈資源是衝突緩解器；財務鬆懈資源減少了組織內部的不必要的衝突，是組織解決矛盾的工具。正如莫切和龐蒂（Moch & Pondy, 1977）所說，當鬆懈資源存在時，組織中的各種問題將會隨之迎刃而解，財務鬆懈資源提供了公司改革創新活動中所需的資金支持，推動了公司的革新，促使企業更好地適應環境，並且可以使公司順利推行全新戰略下的新產品，開拓新市場，而不必有太多的擔憂，據此，財務鬆懈資源是改革創新的助推器。資源基礎理論將財務鬆懈資源視為沒有被組織利用的資源，如果被利用，這種資源可能為組織帶來競爭優勢。鬆懈資源成為公司進行擴張的原動力，它促使公司改革創新，並不斷提升自己的核心競爭力。彭羅斯（Penrose, 1959）提出，公司的發展壯大需要富餘資源，因此，資源基礎理論把財務鬆懈看成一種獲取競爭優勢的潛在資源，而不是一種無用的資源冗餘。關於財務鬆懈對企績效的影響，國外學者進行了實證研究。萊瑟姆和布勞恩（Latham & Braun, 2009）選取 2001—2003 年美國軟件行業為樣本，研究經濟衰退與恢復時期財務鬆懈資源對公司績效的影響，實證結果表明，在經濟衰退初期，公司擁有的財務鬆懈資源越多，那麼在經濟衰退後期公司績效的恢復率越高；在經濟衰退初期，企業擁有的財務鬆懈越少，那麼在經濟衰退後期公司的績效恢復率越低。李燦根（Sanghoon Lee, 2011）以 1,952 家美國公司 1990—2008 年間的數據組為固定樣本研究了財務鬆懈資源如何影響公司績效，實證結果表明，財務鬆懈資源對公司績效的提升有積極的作用。國外學者利用西方成熟市場數據驗證財務鬆懈資源對公司績效的影響，實證結論支持資源基礎理論和公司行為理論。

從上述文獻可以看出，資源基礎理論與公司行為理論認為，財務鬆懈資源是環境波動的吸收器、矛盾解決的工具、公司革新的助推器，財務鬆懈資源可以促進公司績效提升。鑒於此，本文提出下列假設：

假設 1 財務鬆懈資源與上市公司績效呈正相關關係。

7.2.2 代理理論

代理理論將財務鬆懈資源看成一種公司內部的不必要耗費，減少財務鬆懈資源就可以減少不必要消耗，提升公司績效。公司內部最大問題就是由於所有

權和經營權分離而導致的股東與經理層之間的衝突（Berle & Means，1932），股東和經理層有著不同目標：股東冀求公司價值提升，而經理層卻追求他們自身的利益，如權力或自身成長。因此，為了使經理層和股東利益趨於一致，適當的公司治理監管機制是很有必要的。但是，在缺失有效公司治理機制的情況下，管理層將會運用公司資源來追求自己的私利，也就是說，隨著公司財務鬆懈資源的增加，管理層的束縛力度會相對減少，管理層更可能投資劣質項目（Leibenstein，1969；Jensen，1993）。由於財務鬆懈資源將誘使管理層耗費股東更多的資源來追求私利，這便顯現出財務鬆懈給公司績效帶來的負向作用，直接損害公司績效。基於此，皮科洛（Piccolo，2008）等學者發表了相關論文，他們從代理理論的觀點出發，審視了市場競爭對企業鬆懈資源的影響，結果證實，利潤導向型契約（Profit-Target Contracts）將會減少鬆懈資源持有量，提升公司資源的使用效率。克奧尼爾（Kornai，1979）提出了預算軟約束（Soft-Budget Constraints）觀點，他指出，由預算軟約束引起的公司內部的鬆懈資源（尤其是國有資產）導致了企業的低效率（X-Efficiency）。

代理理論提出了與資源基礎理論和公司行為理論截然不同的觀點，認為財務鬆懈資源增加了管理層更多追求自利的可能性，財務鬆懈資源越多，管理層越鬆懈，直接損害公司績效，即財務鬆懈資源有損公司績效。鑒於此，本文提出假設：

假設 2 財務鬆懈資源與上市公司績效呈負相關關係。

7.2.3 終極控股股東差異

上市公司所有者特質不同，其對應股東也不同。股東有兩種基本形態：自然人和法人，股東不同，其特質也不同。拉帕塔（La Porta，1998）將公司實際控製人分為五種類型：家族或個人、政府、股權分散的金融機構、股權分散的公司和其他。按照中國特有的分類，股東可以分為國有股東與非國有股東，按照上市公司控製人不同，可以分為國有控股上市公司和非國有控股上市公司。不同股東特質與控製權對公司財務行為的影響不同。國有控股上市公司按照實際控製人具體範圍劃分，主要分為實際控製人為國務院國有資產監督管理委員會、實際控製人為財政部、國土資源部、教育部、國家扶貧辦等國家部委和實際控製人為地方國有資產監督管理委員會三類。非國有控股上市公司按照實際控製人不同，主要分為自然人、外商、外資、集體、鄉鎮、民營、村民委員會、工會、職工持股會等控股上市公司。

由於中國屬於新興經濟體，大部分國有控股上市公司由國有企業改制而

來，中國資本市場體制、製度等與西方成熟資本市場相比，還有一定差距。國有控股上市公司的財務管理基本上由國有資產監督管理委員會採取間接管理、事後管理、分類管理，難免存在粗放、行政或財政等色彩。已有研究發現，國有控股上市公司的管理存在約束主體不到位、內部和外部監管機構不健全、行政干預、「越位」「內部人控製」等問題。中國國有控股上市公司在多個行業占據壟斷地位，控股股東具有國有背景，「股東父愛」思想比較嚴重，公司管理層「等、靠、要」的思想依然猶存，鮮有退市等壓力，勢必促成公司管理層思想懈怠、不思進取。與國有控股上市公司相比，非國有控股上市公司產權更清晰，經營目標更單一（李稻葵，1995），以市場為導向，更加注重企業自身的經濟效益和支付能力等經濟因素，較少受資歷、行政干預以及上下級關係影響（樊綱，1996）。

美國次貸危機以及歐洲主權債務危機引起的金融危機影響深遠，企業外部競爭環境日趨激烈，對企業的生存與發展提出巨大挑戰。回顧這次金融危機，許多企業縮減投資規模，甚至申請破產保護，但是也有部分企業適度持有財務鬆懈資源，它們合理規避風險，抓住新的投資與獲利機遇。由此可知，適度財務鬆懈有利於企業控製風險，減少績效波動；財務鬆懈過度或不足均不利於企業控製風險，勢必加劇公司績效波動，由此，筆者提出：

假設 3 與非國有控股上市公司相比，國有控股上市公司管理層樂於囤積財務鬆懈資源，財務鬆懈水平顯著高於非國有控股上市公司。

假設 3a 當宏觀環境突變（波動）時，與非國有控股上市公司相比，持有較高財務鬆懈的國有控股上市公司的績效顯著低於非國有控股上市公司（即財務鬆懈不是充當環境的波動吸收器、矛盾的解決工具以及革新的助推劑，而是充當管理層自利的誘發器）。

假設 3b 與非國有控股上市公司相比，滯留較多財務鬆懈的國有控股上市公司的績效變動幅度顯著高於非國有控股上市公司。

7.3 研究設計與實證檢驗

為了驗證上述假說，本文以美國次貸危機及歐洲主權債務危機所誘發的金融危機為研究背景，選取中國滬深兩市 A 股上市公司（剔除金融行業）2007—2011 年年報數據，以自由現金流量間接表徵財務鬆懈，計算國有控股上市公司與非國有控股上市公司滯留財務鬆懈水平，考察中國上市公司遭受外

部環境突變（波動）時，持有財務鬆懈資源是有助於公司績效提升抑或有損公司績效。

7.3.1 數據選擇與樣本選取

本節數據來源於國泰安服務中心數據庫滬深 A 股上市公司 2007—2011 年（剔除金融行業以及數據不全的上市公司）資產負債表、利潤表與現金流量表、報表附註數據，按照前文分類原則將兩市全部上市公司分為國有控股上市公司和非國有上市公司兩個樣本，經筆者手工篩選出 2007—2011 年國有控股上市公司與非國有控股上市公司兩個樣本，樣本分布情況見表 7-1。

表 7-1　　　　　　　　　研究樣本分布表

樣本＼年份	2007 年	2008 年	2009 年	2010 年	2011 年
國有控股上市公司（家數）	904	916	943	984	1,000
非國有控股上市公司（家數）	549	592	722	1,030	1,250
合計	1,453	1,508	1,665	2,014	2,250

7.3.2 變量界定與模型構建

參照前文研究，上市公司財務鬆懈行為度量仍然採用修正後上市公司淨營運資本占比指標來替代財務鬆懈。計算公式如下：

財務鬆懈（FS）＝修正後上市公司淨營運資本占比（NWCR）＝上市公司淨營運資本÷（上市公司資產總額－上市公司有息金融負債總額）

上市公司有息金融負債總額＝短期借款+應付票據+一年到期的有息非流動負債+長期借款+應付債券

總資產報酬率（ROA）＝淨利潤÷（期初總資產+期末總資產）÷2

淨資產收益率（ROE）＝淨利潤÷（期初所有者權益+期末所有者權益）÷2

通過計算扣除非經常性損益後的每股收益（ENEPS）的標準差來考察國有控股上市公司與非國有控股上市公司績效變動率。

為驗證財務鬆懈對上市公司績效的影響，分別以上市公司總資產報酬率（ROA）與淨資產收益率（ROE）為因變量，以財務鬆懈為解釋變量，同時為了避免上市公司規模以及上市公司所處行業性質對因變量的影響，將上市公司規模與行業設為控制變量，其中對上市公司總資產去自然對數，屬於某一行

業取值為1,不屬於該行業取值為0,構建模型如下:

$$ROA = \alpha + \beta_1 FS + \beta_2 \sum Control_i + \varepsilon \qquad (1)$$

$$ROE = \alpha + \beta_1 FS + \beta_2 \sum Control_i + \varepsilon \qquad (2)$$

7.3.3 變量描述性統計

按照上述指標設計內涵,分別計算國有控股上市公司與非國有上市公司2007—2011年每年內部滯留財務鬆懈資源水平,再計算樣本中每家公司總資產報酬率與淨資產收益率,進一步計算兩個樣本的總資產報酬率和淨資產收益率平均值,最後計算兩個樣本的扣除非經常性損益後的每股收益標準差。所有指標數據均取自國泰安服務中心數據庫2007—2011年上市公司對外公布的年度資產負債表、利潤表、現金流量表、財務報表附註。其中國有控股上市公司樣本觀測數據為4,746個、非國有樣本觀測數據為4,143個。為縮減篇幅,每家上市公司財務鬆懈資源占總資產比、總資產報酬率與淨資產收益率、扣除非經常性損益後的每股收益計算結果省略。描述性統計結果分別見表7-2、表7-3、表7-4與表7-5。

表7-2　國有與非國有控股公司2007—2011年財務鬆懈描述性統計

年份(年)	樣本數	最小值	最大值	均值	標準差
國有控股上市公司財務鬆懈占總資產比描述性統計					
2007	904	−0.662,6	1.243,8	0.250,4	0.107,8
2008	916	−0.609,6	0.449,6	0.246,9	0.102,4
2009	943	−1.020,6	0.444,9	0.359,2	0.107,1
2010	984	−3.075,6	1.000,0	0.248,8	0.141,9
2011	1,000	−1.413,8	0.432,0	0.239,2	0.105,4
非國有控股上市公司財務鬆懈占總資產比描述性統計					
2007	549	−0.549,9	0.454,8	0.229,2	0.106,3
2008	592	−10.253,2	0.400,9	0.234,8	0.446,7
2009	722	−5.079,8	0.698,6	0.280,1	0.267,3
2010	1,030	−0.596,3	0.942,8	0.125,1	0.109,4
2011	1,250	−5.740,2	0.849,9	0.196,1	0.197,3

表 7-3　國有與非國有公司 2007-2011 年 ROA 描述性統計

年份(年)	樣本數	最小值	最大值	均值	標準差
國有控股上市公司 ROA 統計性描述					
2007	904	−0.542,9	0.558,0	0.042,8	0.064,9
2008	916	−0.557,9	0.332,1	0.025,8	0.074,5
2009	943	−2.746,7	0.282,7	0.027,7	0.113,7
2010	984	−1.093,9	0.284,1	0.042,3	0.059,1
2011	1,000	−0.370,58	0.380,8	0.038,8	0.060,6
非國有控股上市公司 ROA 統計性描述					
2007	549	−1.145,9	1.991,6	0.058,6	0.158,1
2008	592	−0.510,5	0.683,1	0.038,5	0.081,0
2009	722	−0.392,0	0.373,9	0.054,4	0.073,9
2010	1,030	−0.242,3	2.637,2	0.063,8	0.098,4
2011	1,250	−0.404,1	0.532,2	0.057,6	0.055,1

表 7-4　國有與非國有控股上市公司 2007—2011 年 ROE 描述性統計

年份(年)	樣本數	最小值	最大值	均值	標準差
國有控股上市公司 ROE 描述性統計					
2007	904	−2.495	1.004,6	0.079,3	0.214,5
2008	916	−16.302,1	0.618,1	−0.008,1	0.711,0
2009	943	−14.511,1	0.854,2	0.017,5	0.661,4
2010	984	−2.876,6	1.402,3	0.086,1	0.180,4
2011	1,000	−72.145,2	2.840,1	−0.076,8	2.559,7
非國有控股上市公司 ROE 統計性描述					
2007	549	−15.626,0	26.059,9	0.148,1	1.461,0
2008	592	−2.214,4	5.858,3	0.064,3	0.325,8
2009	722	−4.470,3	1.225,3	0.077,0	0.280,2
2010	1,030	−0.757,7	7.541,0	0.105,8	0.257,9

表7-4(續)

年份 (年)	樣本數	最小值	最大值	均值	標準差
2011	1,250	-1.593,2	1.437,2	0.085,3	0.126,1

表 7-5　　國有與非國有公司 2007—2011 年扣除
非經常性損益後的每股收益描述性統計

年份 (年)	樣本數	最小值	最大值	均值	標準差
國有控股上市公司扣除非經常性後的每股收益描述性統計					
2007	904	-1.96	4.50	0.214,1	0.493,9
2008	916	-2.81	6.21	0.173,7	0.592,6
2009	943	-4.20	4.56	0.211,0	0.535,4
2010	984	-2.88	5.35	0.333,5	0.562,2
2011	1,000	-1.350	6.330	0.299,9	0.463,9
非國有控股上市公司扣除非經常性後的每股收益描述性統計					
2007	549	-1.980,0	3.430,0	0.224,3	0.459,9
2008	592	-2.750,0	5.901,6	0.198,8	0.514,0
2009	722	-3.128,2	3.020,0	0.313,0	0.503,0
2010	1,030	-1.394,0	4.900,0	0.461,4	0.484,8
2011	1,250	-1.300,0	5.050,0	0.347,7	0.394,4

7.3.4　實證分析

眾所周知，2007 年 8 月美國爆發的「次貸危機」不僅重創美國經濟，還造成了全球金融市場的劇烈震盪，2009 年 10 月又爆發歐洲債務危機，各國實體經濟均受到不同程度影響，企業規模縮減、績效下滑，部分企業甚至頻率破產、倒閉。2011 年至今，歐債危機愈演愈烈，中國經濟增長受到一定程度影響。但是，宏觀經濟環境突變（波動）並不影響中國上市公司滯留財務鬆懈資源，通過表 7-2 發現，中國國有控股上市公司內部滯留財務鬆懈資源水平於 2007—2011 年均高於非國有控股上市公司，充分說明國有控股上市公司管理層更樂於囤積自由現金流量，符合假設 3，即國有控股上市公司財務鬆懈資源

持有水平顯著高於非國有控股上市公司。

　　持有較高水平的財務鬆懈資源是否緩衝（吸收）外部環境突變（波動），是否是公司內部矛盾衝突的解決工具，是否是公司革新的助推劑，是否給上市公司帶來更優的績效呢？筆者在比較國有控股上市公司與非國有控股上市公司績效指標總資產報酬率、淨資產收益率和扣除非經濟性損益後的每股收益時發現，國有控股上市公司總資產報酬率（ROA）在2007—2011年均低於非國有控股上市公司；同樣，國有控股上市公司淨資產收益率（ROE）與扣除非經常性損益後的每股收益（ENEPS）在2007—2011年同樣都低於非國有控股上市公司，實證結果說明，國有控股上市公司績效並沒有優於非國有控股上市公司績效，以此可以得出結論，內部滯留較多財務鬆懈資源的國有控股上市公司在宏觀經濟環境突變（波動）時，並沒有緩衝外部環境突變（波動）給公司所帶來的不利影響，而持有較高財務鬆懈資源的國有控股上市公司的績效顯著低於持有較少財務鬆懈資源的非國有控股上市公司績效，從財務鬆懈與公司總資產報酬率、淨資產收益率和扣除非經濟性損益後的每股收益折線圖中也能清晰看出（見圖7-1、圖7-2），從而證實假設3a。

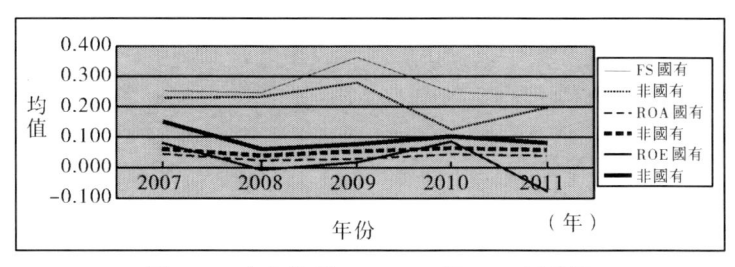

圖7-1　上市公司FS、ROA與ROE折線圖

　　財務鬆懈資源有利有弊，過度財務鬆懈會引發管理層投資不足或在職消費，勢必造成公司績效異常波動；適度財務鬆懈有利於公司管理層控製風險，減少公司績效波動。筆者通過計算國有與非國有控股上市公司扣除非經常性損益後的每股收益的標準差（見表7-5），選取該指標的主要原因是不考慮公司一次性或偶發性損益，扣除非經常性損益後的每股收益更能反應出公司主營業務以及管理層努力的結果，而標準差指標就是反應組內個體間的離散程度，標準差數值越大，表示變異（變動）程度越大，反之，表示變異（變動）程度越小。從表7-5和圖7-2中能清晰看出，持有較高水平財務鬆懈的國有控股上市公司的扣除非經常性損益後的每股收益標準差顯著高於非國有上市公司，即國有控股上市公司績效變動率顯著高於非國有上市公司，符合假設3b。

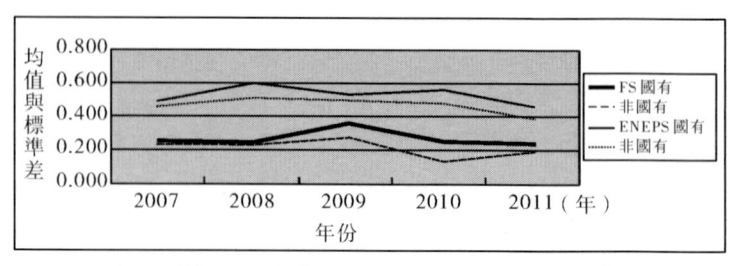

图 7-2　上市公司 FS 与 ENPS 折线图

　　从上述实证结果还可以清晰看出，国有与非国有控股上市公司在 2008 年不论是财务松懈还是总资产报酬率、净资产收益率和扣除非经济性损益后的每股收益均低于其他观察年份，2009 年、2010 年逐步上升，2011 年又发生下滑现象。笔者分析，造成这种情况发生的主要原因是 2007 年 8 月开始爆发的美国次贷危机，其危害性渐次波及全球。从 2008 年开始，次贷危机对中国实体经济产生较大冲击，公司财务松懈资源水平降低，绩效严重下滑。为了应对这场金融危机，中央政府在 2008 年适时启动了 4 万亿刺激内需的投资计划，有效地缓冲了国际金融市场动荡给国内实体经济带来的不利影响。因此，于中国实体经济经过 2008 年的低迷，公司绩效显著提升。但是，好景不长，2009 年 10 月又爆发欧洲主权债务危机，2010 年、2011 年呈愈演愈烈之势，再次严重冲击国内实体经济，公司绩效从 2010 年开始又一次下滑。

7.3.5　均值 t 检验

　　上述实证分析主要是通过对上市公司财务松懈均值、总资产报酬率与净资产收益率等指标均值进行比较得出的结论，为了消除各指标均值共线等问题，下面引入各指标均值 t 检验，其中国有与非国有控股上市公司财务松懈、总资产报酬率与净资产收益率采用独立样本均值 t 检验，扣除非经常性损益后的每股收益标准差指标采用国有与非国有控股上市公司配对样本均值检验，均值检验结果见表 7-6、表 7-7。

表 7-6 國有與非國有控股上市公司財務鬆懈與公司績效顯著性檢驗

		方差相等的 Levene 檢驗		均值相等的 t 檢驗					
		F 檢驗	顯著性	t	自由度	顯著性（雙尾）	平均差異	標準誤差異	差異的 95% 置信區間
									下界　　上界
FS/A	假設方差相等	9.250	0.002	6.725	6,883	0.000	0.040,5	0.002,9	0.021,9　0.036,2
	不假設方差相等			6.397	6,741.0	0.000	0.040,5	0.003,9	0.021,5　0.035,5
ROA	假設方差相等	4.568	0.330	-1.072	8,893	0.028	-5.683	5.303	-16.079,1　-4.711,5
	不假設方差相等			-1.001	4,140.0	0.031	-5.683	5.677	-16.814,3　-5.446,9
ROE	假設方差相等	1.046	0.307	-0.501	8,893	0.016	-0.089,8	0.179,1	-0.441,1　-0.261,4
	不假設方差相等			-0.474	4,791.3	0.036	-0.089,8	0.189,6	-0.461,6　-0.281,9
ENEPS	假設方差相等	1.023	0.312	-7.226	8,784	0.000	-0.078,0	0.010,80	-0.099,22　-0.056,88
	不假設方差相等			-7.284	8,783.8	0.000	-0.078,0	0.010,7	-0.099,0　-0.057,0

表 7-7　　　　　　　　配對樣本檢驗

	配對變量差異					t	自由度	顯著性（雙尾）
	平均數	標準差	標準誤	差異的 95% 置信區間				
				下界	上界			
FS-σ_{ENEPS}	-0.366,3	0.037,3	0.015,2	-0.511,9	-0.423,8	-28.518	8	0.000

從國有與非國有公司財務鬆懈變量顯著性檢驗結果可以看出，財務鬆懈指標（FS 的 Levene 檢驗的 F 值達到顯著差異，$F=9.250$，$p=0.002<0.05$）方差不同質，「不假設方差相等」中的 t 統計量的 $p<0.05$，表明兩組平均數有顯著差異，即國有與非國有公司財務鬆懈水平具有顯著性。從國有與非國有公司績效指標顯著性檢驗結果可以看出，ROA、ROE 與 ENEPS 方差同質（三指標經 Levene 法的 F 值檢驗結果的 p 值均大於 0.05，未達 0.05 的顯著水平），三指標「假設方差相等」中的 t 統計量的 $p<0.05$，表明兩組平均數有顯著差異，即非國有公司績效顯著高於國有公司。採用國有與非國有公司財務鬆懈變量（2007—2011 年）均值與扣除非經常性損益後的每股收益變量（2007—2011 年）標準差進行配對檢驗。從檢驗結果中發現，顯著性檢驗概率值 $p=0.000<0.05$，未達到 0.05 的顯著性水平，表示財務鬆懈變量與扣除非經常性損益後的每股收益指標之間存在顯著差異。

7.3.6 迴歸檢驗

從上文實證結果中可以發現，中國上市公司中國有控股上市公司滯留財務

鬆懈水平顯著高於非國有控股上市公司，而國有控股上市公司績效指標顯著低於非國有控股上市公司，從而說明滯留較高的水平財務鬆懈資源並沒有給上市公司帶來績效提升，反而加大了上市公司績效波動性。從扣除非經營性損益後的每股收益指標的標準差來看，國有控股上市公司扣除非經營性損益後的每股收益波動程度顯著高於非國有控股上市公司，進一步證實了上文的假設。那麼財務鬆懈與上市公司績效之間存在正向還是反向關係？為了證實兩者之間的關係，按照上文設置的模型，先按全樣本進行迴歸，然後再按國有與非國有樣本分別進行迴歸，迴歸結果見表 7-8。

表 7-8　　　　上市公司財務鬆懈與總資產報酬率迴歸結果

變量	全樣本 參數估計值	全樣本 t 統計量	國有控股上市公司 參數估計值	國有控股上市公司 t 統計量	非國有控股上市公司 參數估計值	非國有控股上市公司 t 統計量
Constant	0.052	6.667***	0.037	27.96***	0.075	3.834***
Fs	-0.029	-3.142***	-0.028	-20.191***	0.014	0.518
Industry	控製		控製		控製	
Size	控製		控製		控製	
Adj-R^2	0.501		0.524		0.545	
F	9.875***		40.785***		2.985***	
N	8,890		4,747		4,143	

表 7-8 為上市公司財務鬆懈對上市公司總資產報酬率迴歸結果，從表中可以看出，全樣本 2007-2011 年共計 8,890 觀測值，財務鬆懈與上市公司總資產報酬率之間呈負相關，且在 1% 水平上顯著，說明上市公司財務鬆懈抑制上市公司總資產報酬率，上市公司財務鬆懈水平越高，上市公司總資產報酬率越低，即上市公司滯留財務鬆懈資源未能促進公司績效提升，由此說明，中國上市公司滯留財務鬆懈更多地成為上市公司管理層進行在職消費、個人私利等財務鬆懈行為提供了便利，進而有損公司績效。從國有控股上市公司迴歸結果中發現，財務鬆懈與上市公司總資產報酬率之間也呈負相關，且在 1% 水平上顯著，而在非國有控股上市公司迴歸中，財務鬆懈與總資產報酬率之間的係數為正，但不顯著，由此說明，上市公司終極控股股東不同，財務鬆懈對上市公司績效的影響不同。從而進一步證實上述假設 3a 和 3b。

表 7-9　　　　　上市公司財務鬆懈與淨資產收益率迴歸結果

變量	全樣本		國有控股上市公司		非國有控股上市公司	
	參數估計值	t 統計量	參數估計值	t 統計量	參數估計值	t 統計量
Constant	0.065	7.961***	0.040	3.383***	0.109	0.937***
Fs	−0.102	−6.789***	−0.266	−8.337**	0.020	1.293***
Industry	控製		控製		控製	
Size	控製		控製		控製	
Adj-R^2	0.005		0.014		0.001	
F	46.092***		69.514***		1.671***	
N	8,890		4,747		4,143	

　　從表7-9中可以發現，財務鬆懈與上市公司淨資產收益率之間為負相關，且在1%水平上顯著，說明財務鬆懈水平越高，上市公司淨資產收益率越低。國有控股上市公司財務鬆懈與淨資產收益率也為負相關，且在5%水平上顯著，而非國有上市公司財務鬆懈與淨資產收益率之間呈正相關，且在1%水平上顯著，進一步證實上述假設。

7.4　研究結論

　　上文以滬深兩市A股上市公司為研究對象，以美國「次貸危機」與歐洲主權債務危機所誘發的金融危機為研究背景，從股東特質視角，將全部上市公司按公司實際控製人區分為國有控股上市公司和非國有控股上市公司，分析不同股東特質上市公司內部滯留財務鬆懈資源水平是促進還是有損公司績效。

　　首先，筆者按照上市公司實際控製人的性質將滬深兩市A股2007—2011年全部上市公司（剔除金融行業上市公司）分為國有與非國有控股上市公司兩個樣本，然後分別計算樣本公司內滯留的自由現金流量水平，這部分研究發現，國有控股上市公司內部囤積的財務鬆懈資源顯著高於非國有控股上市公司。

　　其次，筆者分別計算國有控股上市公司與非國有控股上市公司反應公司績效的ROA、ROE與ENEPS，實證研究發現，持有較高財務鬆懈資源的國有控股上市公司的績效顯著低於持有較低財務鬆懈資源的非國有控股上市公司的績

效，進而證實在公司遇到外部環境突變時，財務鬆懈並不能緩衝外部環境突變給公司帶來的不利影響，而是財務鬆懈給公司帶來了不必要的代理成本，有損公司績效，支持了詹森的代理理論觀點。

最後，通過扣除非經常性損益後的每股收益標準差，來衡量過度持有財務鬆懈是平滑還是加劇公司績效波動，研究發現，國有控股上市公司其扣除非經常性損益後的每股收益標準差顯著高於非國有控股上市公司，過度財務鬆懈加劇了公司績效波動，不利於公司控製風險。進一步分析發現，美國次貸危機以及歐債危機對中國實體經濟影響比較明顯，尤其是2008年更為顯著。

本書的結論是從大樣本實證研究得出，即選取2007—2011年所有上市公司數據（不含金融類上市公司），並不是針對某一家或某一類公司，故研究結論與國內外先前研究結論不符。如李燦根（Sanghoon Lee，2011）認為，財務鬆懈對公司績效的提升有積極的作用；畢曉芳、姜寶強（2010）研究發現，財務鬆懈和企績效效正相關；鐘和平等（2008）認為，當企業財務鬆懈過多時，財務鬆懈與績效正相關。而本書的研究結論卻發現國有控股上市公司滯留財務鬆懈水平遠遠高於非國有控股公司，不論是ROA、ROE，還是ENEPS都低於非國有控股上市公司，即國有控股上市公司的績效是所有公司中最差的，該結論同時也佐證了郭照蕊（2011）提出的「央企的績效是所有企業中最差的」的結論。應如何解釋國有控股上市公司財務鬆懈資源顯著高於非國有控股上市公司，而績效卻顯著低於非國有控股上市公司這種現象呢？原因主要包括以下幾方面：

第一，中國資本市場雖然經歷20多年的快速發展，但是依然是新興加轉軌市場，與西方的成熟市場相比，具有中國特色的製度環境，即雖資本市場發展迅速，但仍處於市場化初級階段，中國資本市場還存在體制性、製度性的缺陷。由於國有控股股東的特殊性，使得國有控股上市公司的治理表現為政府行政管理下的大股東主導模式，行政化色彩濃，國有股東對上市公司的控製在經濟上表現為「超弱」控製，而在行政上則是「超強」控製，缺乏對管理層進行有效的聘選、激勵和監督機制，存在內部人控製現象，管理層更多地表現為政治上的機會主義和經濟上的道德風險。因此，國有控股上市公司管理層更多地追求在職消費、職務晉升等財務鬆懈行為而較少顧及公司績效。

第二，部分國有控股上市公司的產品市場、產品定價以及高額利潤緣於其壟斷地位，如中國石油、中國石化、貴州茅臺等國有控股上市公司，要麼壟斷產品市場，要麼壟斷產品定價，而這點恰是非國有控股上市公司無法企及的，其壟斷地位勢必誘發管理層的財務鬆懈行為。正如彭羅斯（Penrose，1959）

曾提出的一個尖銳的問題：「如果企業可以控製價格，那麼利潤代表什麼?」她的回答是，這不代表管理層的效率。部分國有控股上市公司的高額利潤除了來自產品市場、定價壟斷外，大部分還來自其「背後」更大規模的資源壟斷優勢，如壟斷水、煤、電以及礦產等資源，如果剔除以上壟斷因素，那麼，國有控股上市公司的績效可能會更差。因此，可以毫不誇張地說，是壟斷促使國有控股上市公司產生更多的財務鬆懈行為，進而績效更差。

第三，國有資產監督管理委員會、中央部委、國有資產管理局、地方政府等部門對其所管轄的國有控股上市公司長期存在「股東父愛主義」，如名目繁多的政府補貼、獎勵、政府主導下的兼併重組等；當宏觀經濟環境突變（波動）時，非國有控股上市公司管理層想方設法「找市場」，而國有控股上市公司管理層卻向其主管部門「要政策」。與非國有控股上市公司相比，國有控股公司管理層「背靠大樹好乘涼」，沒有或鮮有退市壓力，鬥志鬆懈，不思進取。因此，「股東父愛主義」誘發國有控股上市公司管理層滋生財務鬆懈思想。

綜上所述，治理國有控股上市公司財務鬆懈與提高其績效的根本途徑就是始終堅持加快市場化改革進程。國有資產監督管理部門要防範國有控股上市公司存在過度財務鬆懈資源以及管理層產生財務鬆懈行為的風險，強化上市公司現金分紅機制，不斷弱化行政干預與「股東父愛主義」，引入職業經理人市場與經濟增加值（EVA）評價機制，加強公司財務鬆懈資源的管理與監管。公司管理層應科學管理財務鬆懈資源，實現財務資源高效配置，不斷提升公司績效，最終實現公司的可持續發展。

第八章 上市公司財務鬆懈行為治理機制研究

通過前文的研究發現，中國上市公司普遍存在財務鬆懈行為現象，上市公司管理層滯留財務鬆懈資源，並不像資源基礎理論、公司行為理論所研究的用來促進上市公司績效提升，相反，正如代理理論研究所指出的，上市公司管理層通過滯留財務鬆懈資源，濫用自由裁量權，從事諸如過度投資或投資不足、過度承載社會責任、過度支付員工薪酬等有損上市公司績效的財務鬆懈行為。針對上文中國上市公司出現的財務鬆懈行為，結合財務鬆懈行為誘因以及影響因素，本書提出下列相應治理對策。

8.1 強化上市公司財務鬆懈資源管理，防範財務鬆懈行為風險

從上文研究發現，財務鬆懈資源主要是指尚未指定用途的暫時閒置資源，而上市公司過度閒置財務鬆懈資源，極易誘發上市公司管理層產生財務鬆懈行為。因此，上市公司需要高度關注財務鬆懈資源管理，積極防範財務鬆懈行為風險。

面對市場的不確定性，上市公司必須結合公司發展實際情況，為應對不確定性而預留一定的財務鬆懈資源，即制定對財務鬆懈行為風險的容許與處理方式的限度，這一過程需要上市公司形成財務鬆懈行為風險指令的正規形式，或者說是形成具體化的上市公司處理財務鬆懈行為風險的方式。因此，財務鬆懈行為風險指令應該包括財務鬆懈行為風險計劃，這個計劃必須根據上市公司進行全面計劃，具體包含上市公司日常營運所獲取的現金計劃、資產、負債、所有者權益與表外資產、負債計劃，而且與上市公司的產品、投資、籌資等相關經營策略一致。財務鬆懈資源管理委員會與上市公司首席財務官應結合上市公

司實際營運狀況，合理安排上市公司資源配置，計劃應有一定溢餘，且具有一定地靈活性。上市公司有了適合的財務鬆懈行為指令之後，可以結合公司營運的實際狀況，積極地測度和控制財務鬆懈行為風險，積極應對上市公司所面臨的不確定性風險。

為了控制上市公司發生財務鬆懈行為風險與上市公司制定的財務鬆懈行為指令的一致性，上市公司必須建立一整套的控制上市公司發生財務鬆懈行為風險的政策和程序。財務鬆懈行為風險控製政策應該考慮公司各部門業務活動的實際情況，並向各業務部門提供政策與執行程序的細節，從而可以抑制風險，隨時消除公司在運行過程中的意外和錯誤。具體實踐中，可以按照風險發生的不同領域，細分為資產與負債領域財務鬆懈行為風險控製、籌資與投資領域財務鬆懈行為風險控製、公司聯合財務鬆懈行為風險控製與上市公司資產負債表外財務鬆懈行為風險控製四大控製程序。

根據上述分析，構建上市公司財務鬆懈風險示意見圖8-1。

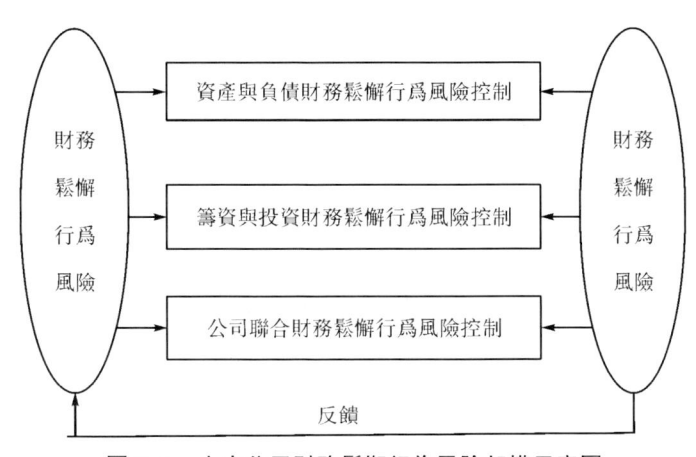

圖8-1 上市公司財務鬆懈行為風險架構示意圖

8.2 完善上市公司治理機制，抑制財務鬆懈行為風險

面對上市公司財務鬆懈行為，除了建立上市公司財務鬆懈資源管理委員會外，重點環節還應放在上市公司治理機制建設上。究其原因，財務鬆懈行為主要產生於上市公司管理層。現代企業典型特質為兩權分離，即公司所有權與控製權兩權分離，已有研究證實，只有加強並健全完善上市公司治理機制，才能

有助於公司的價值最大化目標與管理層目標趨於一致。針對上市公司財務鬆懈行為誘因，應從下列幾個方向不斷完善上市公司治理機制，進而抑制財務鬆懈行為。

8.2.1　完善上市公司外部治理機制

中國上市公司大部分來自計劃經濟時期的國有企業，由於國有上市公司存在多層代理問題，從上文研究中已經發現，國有控股上市公司財務鬆懈行為顯著高於非國有上市公司，部分國有控股上市公司存在壟斷或半壟斷現象，從而誘生上市公司管理層財務鬆懈行為。因此，有必要加強並完善上市公司外部治理機制，抑制上市公司管理層財務鬆懈行為，尤其是國有控股上市公司。上市公司外部治理主要集中在產品市場競爭與併購兩大領域，已有研究證實，上市公司外部治理機制具有抑制上市公司管理層與股東代理衝突以及大股東與中小股東代理衝突的能力。因此，上市公司的治理可以考慮從產品市場競爭與併購視角出發，抑制管理層財務鬆懈行為。

競爭可以降低上市公司成本，提高上市公司績效。有競爭才有壓力，競爭有助於消除上市公司管理層思想鬆懈。為抑制國有控股上市公司管理層財務鬆懈行為，應加大產品市場競爭力度，引入民間資本參與國有控股上市公司經營，逐步放開國有壟斷與半壟斷上市公司，積極引入市場競爭機制，通過產品市場競爭等多種手段來改善國有控股上市公司治理水平，以提高上市公司管理層治理公司效率，降低或消除國有控股上市公司管理層財務鬆懈行為；逐步培養機構投資者，通過資本市場「獵食者」的槓桿收購財務鬆懈公司，放寬民營資本准入條件，引入具有資本實力的民營企業，通過收購財務鬆懈型國有控股上市公司，使國有控股上市公司管理層處於隨時被資本市場「獵食者」併購的壓力下，從而降低管理層財務鬆懈行為風險。

8.2.2　完善上市公司內部治理機制

8.2.2.1　完善上市公司內部監督機制

股東大會作為上市公司的非常設機構，對上市公司管理層財務鬆懈行為的監控力度非常有限，因此上市公司設置專門機構進行監督財務鬆懈行為是一種非常必要的監控手段。與英國、美國、法國等主要通過在上市公司董事會下設置審計委員會或審計人不同，中國主要實行上市公司監事會和獨立董事製度，專門負責對上市公司管理層進行監督。但是，中國資本市場不同西方成熟資本市場，上市公司內部人控製與「一股獨大」等現象仍然存在，監事會失靈現

象比較普遍。雖然引入獨立董事是為了解決中國上市公司監事會監督職能弱化的問題，但是中國獨立董事在實際運行過程中，存在監督難、獨立難等諸多問題，往往被戲稱為「花瓶」，由此說明，中國獨立董事製度的運行情況並不好①。

鑒於中國上市公司監事會與獨立董事製度存在的問題，應從以下方面著力完善上市公司內部監督機制，防範上市公司財務鬆懈行為風險。

一是完善並協調中國上市公司獨立董事與監事會職能。一方面要確保上市公司內部監事會以及監事會成員真正獨立於上市公司董事會，只有上市公司監事會成員沒有受到來自上市公司董事會的影響，才能發揮監事會的監督職能；另一方面又要避免上市公司監事會被上市公司控股股東控製，要解決上市公司控股股東控製監事會問題，就需要降低中國上市公司控股股東的絕對控股比例，不斷消除「一股獨大」現象，從而將監事會的監督職能落到實處。引入獨立董事製度主要是解決上市公司監事會職能弱化問題，因此應從獨立董事本身的職業能力、身分獨立性等方面進一步加強中國獨立董事製度建設。

二是完善中國上市公司監事會製度。現行《中華人民共和國公司法》雖然規定了中國上市公司監事會擁有公司業務監督權和公司財務審查權，但在實際運行過程中，上市公司監事成員受到來自上市公司各方面的阻力，從而限制了監事權利。同時，由於中國上市公司監事均來自上市公司內部，其身分無法獨立於上市公司，部分監事受制於自身利益、自身能力等因素，無法獲取上市公司的真實財務信息，致使監督權力名存實亡。因此，應當細分中國上市公司監事獲取的上市公司經營政策、財務信息等權利，可以考慮賦予監事會在任何時間要求上市公司董事會提交公司報告，可以聘請或聘任外部專家審查公司帳簿、文件等權利。為解決監事會成員身分獨立性、職業能力等問題，可以允許上市公司監事會適當聘請外部仲介機構專業人員擔任監事，從而徹底解決上市公司監事會成員獨立性與稱職性問題。

8.2.2.2 建立職業經理人製度，合理增加市場化選聘比例

國有控股上市公司管理層主要由國有資產監督管理委員會或地方國資委行政任命，管理層的市場化選聘比例較低，且管理層一般具有一定行政級別，由此誘生國有控股上市公司管理層財務鬆懈行為。在黨的十八屆三中全會上公布的《中共中央關於全面深化改革若干重大問題的決定》明確指出，推動國有

---

① 上海證券交易所研究中心.中國公司治理報告（2004年）：董事會獨立性與有效性［M］.上海：復旦大學出版社，2005：120-125.

企業完善現代企業製度，建立職業經理人製度，更好發揮企業家作用，深化企業內部管理人員能上能下、員工能進能出、收入能增能減的製度改革。文件要求國有企業要合理增加市場化選聘比例，合理確定並嚴格規範國有企業管理人員薪酬水平、職務待遇、職務消費、業務消費①。

從上述綱領性文件精神中就能看出，原國有控股上市公司管理層多採用行政指派，存在管理層薪酬水平過高、職務消費與業務消費過度等有損公司績效的財務鬆懈行為。因此有必要引入職業經理人市場，主要是引入競爭機制，消除行政色彩，用更合理地製度評價上市公司管理層管理效率，從製度上降低國有控股上市公司管理層財務鬆懈行為風險。

8.2.2.3　不斷完善強制現金分紅機制，逐步提高國有股本收益上繳比例

中國滬深 A 股上市公司一直以來很少向投資者分紅，被戲稱為「鐵公雞」，據統計，2001—2011 年，中國滬深 A 股上市公司現金分紅比例僅為 25.3%，平均年化股息率更是低到 1% 左右，與西方成熟資本市場 40% 左右的現金分紅比例相差甚遠，被投資者指責為只知圈錢不知回報的資本市場。上市公司滯留大量財務鬆懈資源，為上市公司管理層誘生財務鬆懈行為提供了「溫床」。

通過完善上市公司現金分紅機制與提高國有控股上市公司國有股本收益上繳比例，並形成約束性、製度性文件。可以適度降低上市公司留存收益，從而降低上市公司財務鬆懈資源水平。近年來，中國證券會陸續出抬並頒布強制上市公司現金分紅等指導性文件，但從相關文件中可以看出，部分文件規定尚缺乏製度剛性，應從上市公司相關財務指標出發，制定出既有定性指標又有定量指標的財務指標，進一步細化上市公司強制現金分紅約束製度，從根本上扭轉上市公司現金分紅意識，形成一種強制性約束，從而消除控股股東隨意滯留留存收益現象。國有控股上市公司除了要面臨強制現金分紅約束機制外，還要提高國有股本收益上繳比例。目前國有控股上市公司國有股本收益上繳比例過低，這也是上市公司財務鬆懈資源滯留水平過高的原因之一，通過提高國有股本收益上繳比例，降低上市公司留存收益，讓上市公司管理層隨意放大自由裁量權空間的行為受到一定抑制，進而降低財務鬆懈行為風險水平。

---

①　中共中央關於全面深化改革若干重大問題的決定 [N]．中國教育報，2013-11-16.

第九章　研究結論與局限性

本章是對全書內容進行總結，主要闡述本書的主要研究結論，並提出本書研究的局限性與未來的主要研究方向。

9.1　主要研究結論

按照中國《中華人民共和國證券法》相關規定，成為中國上市公司需要公司成立三年以上，此時上市公司基本上處於成長期或成熟期，而上市公司財務鬆懈行為在公司成熟期或成長期發生的可能性最大。而處於成長期或成熟期的上市公司，其管理層發生財務鬆懈行為直接有損上市公司績效，如不及時處理，會使上市公司加速進入衰退期，甚至直接退市，直至破產清算。因此，提前發現上市公司財務鬆懈行為，並提出相應治理措施，不僅具有一定理論意義，更具有現實意義。

本書總的研究思路是在全面回顧已有研究文獻的基礎上，厘清財務鬆懈、財務保守、財務彈性的差異，全面、深入、細緻地分析上市公司財務鬆懈行為的理論淵源，界定財務鬆懈內涵，並利用中國滬深 A 股上市公司現有數據，探究中國上市公司財務鬆懈行為的表現形式以及財務鬆懈行為的影響因素，利用財務指標與非財務指標，從定性與定量兩維視角，測度中國上市公司財務鬆懈水平，並利用財務鬆懈測度指標構建財務鬆懈識別模型，用所構建的財務鬆懈模型驗證存在財務鬆懈行為的上市公司，並分析所構建模型的有效性。在此基礎上，從上市公司資本約束強度與上市公司管理層團隊背景特徵著手，實證研究財務鬆懈行為誘因，並建立迴歸模型，檢驗財務鬆懈行為的經濟後果。通過上述研究思路，本文主要研究結論歸納為以下三個方面。

第一，全面梳理中國上市公司存在財務鬆懈行為的表徵，通過分析發現中國上市公司主要存在以下幾種財務鬆懈行為：一是上市公司滯留財務鬆懈資源

與委託理財。分析發現,中國大部分上市公司分紅意願不強,滯留大量財務鬆懈行為,從事低效率的委託理財;二是大量控股公司與上市公司存在非公允關聯交易現象;三是上市公司存在超額支付員工薪酬現象;四是上市公司存在過度在職消費現象;五是上市公司存在多元化擴張現象;六是上市公司存在過度承載社會責任現象。上述財務鬆懈行為表徵均有損上市公司績效,尤其是國有控股上市公司,與非國有控股上市公司相比,出現財務鬆懈行為的現象更為嚴重。

第二,本書重點分析了上市公司財務鬆懈行為的誘因,即哪些因素誘生上市公司發生財務鬆懈行為。通過分析發現,上市公司不同的資本來源對財務鬆懈行為發生的影響不同。上市公司資本來源渠道主要是債務資本和權益資本,而債務資本按照有息與無息來區分,分為有息金融負債和無息商業信用。通過實證發現,有息金融負債、無息商業信用與所有者權益對上市公司財務鬆懈行為的影響不同,其中僅有有息金融負債能夠抑制上市公司財務鬆懈行為,即有息金融負債與財務鬆懈行為呈顯著負相關關係,而無息商業信用、所有者權益資本與財務鬆懈行為呈顯著正相關關係。研究證實,上市公司權益資本與無息商業信用對上市公司財務鬆懈行為沒有約束作用,僅有有息金融負債能夠抑制財務鬆懈行為。進一步研究上市公司管理層團隊背景特徵對上市公司財務鬆懈行為的影響,並將存在財務鬆懈行為的上市公司按照終極控股股東差異區分為國有與非國有控股上市公司,研究發現,國有與非國有控股上市公司管理層團隊平均年齡越大,越容易誘生財務鬆懈行為;國有上市公司管理層團隊任期時間越長,上市公司越容易發生財務鬆懈行為,且在1%水平上顯著,而非國有控股上市公司管理層團隊任期與財務鬆懈雖呈正相關關係,但在5%水平上呈顯著,與國有控股上市公司存在顯著差異。管理層團隊平均學歷水平不論是國有還是非國有,均與財務鬆懈之間呈負相關關係,且在1%水平上顯著,進一步說明上市公司管理層團隊平均學歷越高,越不容易發生財務鬆懈行為。再進一步研究上市公司董事長背景特徵對財務鬆懈行為的影響,研究發現,上市公司董事長年齡與財務鬆懈行為之間呈正相關關係,且在1%水平顯著,即上市公司董事長年齡越大,越有可能產生財務鬆懈行為。董事長學歷水平的高低與財務鬆懈行為之間為負相關關係,即董事長接受教育程度越高,越不容易發生財務鬆懈行為,且在1%水平上顯著;上市公司董事長有會計、金融與經濟管理工作經歷變量指標與財務鬆懈行為呈負相關關係,且在1%水平上顯著,充分說明上市公司董事長具有會計、金融與經濟管理工作經歷時,能進一步抑制財務鬆懈行為;區分終極控股股東差異,上市公司董事長年齡、任期與教育背

景均存在顯著差異。由此證實,控股股東不同,管理層發生財務鬆懈行為的誘因不同。

第三,國外相關財務鬆懈研究發現,西方成熟資本市場中,財務鬆懈資源具有上市公司創新催化劑、上市公司內部成員矛盾解決工具與緩衝外部環境突變等作用,財務鬆懈資源可以有效促進上市公司績效提升。但是,利用中國上市公司財務報表數據驗證發現,財務鬆懈資源抑制上市公司績效提升。通過利用2007—2011年中國上市公司財務報告數據,計算國有控股上市公司與非國有控股上市公司財務鬆懈水平,發現國有上市公司財務鬆懈水平顯著高於非國有控股上市公司,而國有上市公司績效指標ROA與ROE顯著低於非國有上市公司。上市公司控股股東產權性質不同,財務鬆懈對上市公司績效影響也不同。從國有控股上市公司迴歸結果中發現,財務鬆懈與上市公司總資產報酬率之間也呈負相關關係,且在1%水平上顯著,非國有控股上市公司迴歸中,財務鬆懈與總資產報酬率之間的系數為正,但不顯著;國有控股上市公司財務鬆懈與淨資產收益率為負相關關係,且在5%水平上顯著,而非國有上市公司財務鬆懈與淨資產收益率之間呈正相關關係,且在1%水平上顯著。由此說明,上市公司終極控股股東不同,財務鬆懈對上市公司績效的影響也不同。

9.2 局限性與未來研究方向

本書雖然取得上述研究結論,但仍然存在一定局限性,需要在後續研究中進一步完善。

第一,上市公司財務鬆懈測度的準確性。按照已有研究觀點,財務鬆懈應包括閒置財務資源與備用舉債空間兩部分,其中閒置財務資源即為財務鬆懈資源,本書利用修正後淨營運資本占比替代上市公司財務鬆懈水平,未能考慮上市公司備用舉債空間。因此,單一考慮閒置財務資源,可能對財務鬆懈行為的研究不盡全面。上市公司備用舉債空間的大小也會影響上市公司財務鬆懈水平。當上市公司能夠及時通過銀行等金融機構、商業信用以及發行企業債券等渠道融資,會及時改善上市公司財務鬆懈水平狀況。同時,本書在測度財務鬆懈時僅考慮定量指標,未能考慮定性指標,如上市公司與供貨商、銀行等之間的良好合作關係,可能也會影響上市公司財務鬆懈水平。尤其是未能利用數學工具衡量財務鬆懈,由此發現,完全準確測度上市公司財務鬆懈有一定難度。

第二,上市公司財務鬆懈除了受公司資本約束強度、管理層團隊背景與產

權性質等因素影響外，還將受到上市公司所面臨的宏觀經濟環境、產品市場競爭狀態、公司產品市場競爭能力、上市公司公司治理質量、公司財務戰略等多重因素影響。當宏觀經濟環境寬鬆的情況下，上市公司融資將較少受到約束，可能影響上市公司財務鬆懈水平，管理層壓力較小，或許誘生財務鬆懈行為；相反，可能抑制財務鬆懈行為。同樣，當上市公司面臨完全競爭的情況下，壓力徒增，進而抑制管理層財務鬆懈行為；相反，上市公司所在領域為壟斷或半壟斷時，管理層較少受到壓力，財務鬆懈行為的可能性上升。由此可知，本文尚未揭示全部誘生財務鬆懈行為的因素，後續研究將進一步深入研究。

第三，未能深入研究上市公司是否存在最佳財務鬆懈水平以及財務鬆懈的作用機理。財務鬆懈資源過多有損上市公司績效；相反，財務鬆懈資源過少，上市公司將失去稍縱即逝的投資機遇。眾所周知，上市公司面臨的外部環境具有很大的不確定性，公司儲備一定量的財務鬆懈資源，便於管理層應對公司所面臨的不確定性。因此，上市公司財務鬆懈水平適度性有待深入研究。雖然本書研究認為，財務鬆懈行為有損上市公司績效，但是具體如何影響上市公司績效，有待深入研究。

第四，未能進一步分析財務鬆懈、人力資源鬆懈、技術鬆懈、組織鬆懈等主要鬆懈行形式之間的關係，尤其是未能揭示這些鬆懈形式的互動影響，有待進一步研究。

參考文獻

[1] Adam Smith. The Wealth of Nations [M]. New York: Random House edition, 1937, 699-700.

[2] Ahmed Riahi-Belkaoui. The Impact of the Multi-divisional Structure on Organizational Slack: The Contingency of Diversification Strategy [J]. British Journal of Management, 1998, 9: 211-217.

[3] Ai-min Zeng. Financial Conservatism and Firms, financing and Investment Behaviors during the Global Financial Crisis-Evidence from Listed Chinese Companies [R]. 2011 International Conference on Economics and Finance Research.

[4] Akinobu Shuto, Tomomi Takada. Managerial Ownership and Accounting Conservatism in Japan: A Test of Management Entrenchment Effect [J]. Journal of Business finance & Accounting, 2010: 1-26.

[5] Alfonsina Iona, Leone Leonida, Aydin Ozkan. Determinants of Financial Conservatism: Evodence from Low-Leverage and Cash-Rich UK Firms [R]. Discussion Paper in Economics, 2004.

[6] Altman E I. Financial Ratios: Discriminant Analysis and the Prediction of Corporate Bankruptcy [J]. Journal of Finance, 1968, 22 (4): 589-609.

[7] Almeida H, Campello M, Weisbach M.. The Cash Flow Sensitivity of Cash [J]. Journal of Finance, 2004, 59 (4): 1777-1084.

[8] Andres Almazan, Adolfo De Motta, Sheridan Titman. Financial Structure, Acquisition Opportunities and Firms Locations [J]. The Journal of Finance, 2010, 4 (2): 529-563.

[9] S Ang, D W Straub. Production and Transaction Economies and IS Outsourcing: A Study of the U. S. Banking Industry [J]. MIS Quarterly. 1998. 22: 535-552.

[10] ArslanO C, Florackis, Ozkan A. How and Why Do Firms Establish Fi-

nancial Flexibility? [J]. Working Paper, 2008.

[11] Ashby R, An Introduction to Cybemetics [R]. Chapman & Hall Ltd and University Paper backs, UK, 1964.

[12] Baker, Malcom, Jeffery, et al. Market Timing and Capital Structure [J]. Journal of Finance, 2002, (57): 1-37.

[13] Barnard C I. Functions of the Executive [M]. Boston: Harvard University Press, 1938.

[14] Baskin J. An empirical Investigation of the Pecking Order Hypothesis [J]. Financial Management, 1989: 26-35.

[15] Beaver W H. Financial Ratios as Predictors Failure, Empirical Research in Accounting: Selected Studies [J]. Supplement to Accounting Research, 1996, 4: 71-111.

[16] Bernadette A, Minton, Karen H Wruck. Financial Conservatism: Evidence on Capital Structure from Low Leverage Firms [J]. Ssrn Electronic Journal, 2001 (9).

[17] Berle, Adolf A, Means, et al. The Modern Corporation Private Property [M]. New York: Macmillan. 1933.

[18] Bourgeois L J. On the Measurement of Organizational Slack [J]. Academy of Management Review, 1981, 6 (1): 29-39.

[19] Bowen H R. Social Responsibilities of Businessman [M]. New York: Harper Press, 1953, 31.

[20] Brander, James A, Tracy R Lewis. Oligopoly and Financial Structure: the Limited Liability Effect [J]. American Economic Review, 1986 (76): 956-970.

[21] Brealey R, Myers S, Partington G, et al. Principles of Corporate Finance [M]. 1st Australian edu, McGraw-Hill, Sydney, New South Wales, 2000.

[22] Bromiley P. Testing a Causal Model of Corporate Risking Taking and Performance [J]. Academy of Management Journal, 1991, 34 (1): 37-59.

[23] Bulan, Laarni, Narayamanian, et al. A Closer Look at Dividend Omissions: Payout Policy, Investment and Financial Flexibility [R]. Brandeis University Working Paper, 2008.

[24] Byoun, Sokn. Financial Flexibility and Capital Structure Decision [R]. Baylor University Working Paper, 2008.

[25] Byungcherl Charlie Sohn. Analyst Forecast, Accounting Conservatism and the Related Valuation Implications [J]. Accounting and Finance, 2011, 3.

[26] Chakravarthy B S. Measuring Strategic Performance [J]. Strategic Management Journal, 1986, 7: 437-458.

[27] Charles J, Hadlock, Christopher M James. Do Banks Provide Financial Slack? [J]. The Journal of Finance, 2002, 6 (3): 1383-1419.

[28] J L Cheng, I F Kesner. Organizational Slack and Response to Environmental Shifts: The Impact of Resource Allocation Patterns [J]. Journal of Management 1997. 23: 1-18.

[29] Christos A Grambovas, Begona Giner, Demetris Christodoulou. Earnings Conservatism: Panel Data Evidence from the European Union and the United States [J]. Abacus, 2006, 42: 354-378.

[30] Clfford Smith, Rene M, Stulz. The Determinants of Firms Hedging Policies [J]. Journal of Financial and Quantitative Analysis, 1985, 20 (12): 391-405.

[31] R M Cyert, J G March. A Behavioral Theory of the Firm [M]. New Jersey: Prentice-Hall, 1963.

[32] Damodaran A. Dealing with Cash Cross Holdings and Other Non-operating Assets Approaches and Implications [M]. Working paper Stem School of Business, 2005.

[33] Daniel N D, Denis D J, Nveen L. Sources of Financial Flexibility: Evidence from Cash Flow Shortfalls [J]. Drexel University, Working paper. 2008.

[34] DeAngelo H, DeAngelo L. Capital Structure, Payout Policy, and Financial Flexibility [J]. University of Southern California, Working Paper. 2007.

[35] Ditmar A, Mahrt-Smith J. Corporate Governance and the Value of Cash Holdings [J]. Journal of Financial Economics, 2007, 83: 599-634.

[36] D E Dimick., V V Murray. Correlates of Substantive Policy Decisions in Organizations: The Case of Human Resource Management [J]. Academy of Management Journal, 1978, 21: 611-623.

[37] Dwyer S, Richard O C, Chadwick K. Gender Diversity in Manaement and Firm Performance: The Influence of Growth Orientation and Organizational Culture [J]. Journal of Business Research, 2003, 56 (12): 1009-1019.

[38] E Geoffrey Love, Nitin Nohria. Reducing Slack: The Performance Conse-

quences of Downsizing by Lager Industrial Firns: 1977-93 [J]. Strategic Management Journal, 2005, 26: 1087-1108.

[39] Fama E F. Agency Problems and the Theory of the Firm [J]. Journal of political Economy, 1980. 88: 288-298.

[40] Fazzari S M, Hubbard R G, Petersen B C. Investment-cash Flow Sensitivities Are Useful: A Comment on Kaplan Zingales [J]. Quarterly Journal of Economics, 2000, 115 (2): 695-705.

[41] Frank M, Goyal V. Tradeoff and Pecking Order Theories of Debt [J]. Working Paper Tuck School of Business at Dartmouth, 2005.

[42] Friend, Irwin, Larry, et al. An Empirical Test of the Impact of Managerial Self-Interest on Corporate Capital Structure [J]. Journal of Finance, 1988, 43: 271-281.

[43] Gabriel Natividad, NYU sterm. Financial Slack, Strategy, and Competition in Movie Distribution [J]. Working Paper.

[44] Gamba A, Triantis A. The Value of Financial Flexibility [J]. Journal of Finance, 2008, 63 (5): 2263-2296.

[45] Geiger S W, Cashen H A. Multinational Examination of Slack and Its Impact on Innovation [J]. Journal of Managerial Issues, 2002, 14 (1): 68-84.

[46] George G. Slack Resources and the Performance of Privately Held Firms [J]. Academy of Management Journal, 2005, 48 (4): 661-676.

[47] Greenly G E, Oktemgil M A. Comparison of Slack Resources in High and Low Performing British Companies [J]. Journal of Management Studies, 1998, 35 (3): 377-398.

[48] Gerger S W, Makri M. Exploration and Exploitation Innovation Process: The Role of Organizational Slack in R&D Intensive Firms [J]. Journal of High Technology Management Research, 2006, 17 (1): 97-108.

[49] Hambrick D C, Mason P A. Upper Echelons: Organization as a Reflection of its Managers [J]. Academy Management Review, 1984, 6 (3): 193-206.

[50] D C Hambrick, C C Snow. A Contextual Model of Strategic Decision Making in Organizations [J]. Academy of Management Pro-Ceedings, 1977, 6 (11): 109-112.

[51] Hanwen Chen, Jeff Zeyun Chen, Gerald J. Lobo, et al. Association Between Borrower and Lender State Ownership and Accounting Conservatism [J]. Jour-

nal of Accounting Research, 2010, 48 (5): 973-1014.

[52] Hart, Oliver D. Financial contracting [J]. Journal of Economic Literature, 2001, 39 (4): 1079-1100.

[53] Helen M. Bowers, Norman H. Moore, K S Maurice Tse. Signaling, Financial Slack and Corporate Acquisitions [J]. Review of Quantitative Finance Accounting, 2000, 15: 195-216.

[54] Hennessy C A, Whited T M. Debt Dynamics [J]. Journal of Finance, 2005, 60: 1129-1160.

[55] Kahneman D, Knetsch J, Thaler R. Fairness and Assumptions of Economics [J]. Journal of Business, 1986, 59: 285-300.

[56] Kamran Ahmed, Darren Henry. Accounting conservatism and Voluntary Corporate Governance Mechanisms by Australian Firms [J]. Accounting and Finance, 2011, 3.

[57] Kaplan S N, Zingales L. Investment-cash Flow Sensitivity Are Not Valid Measures of Financing Constraints [J]. Quarterly Journal of Economics, 2000, 112 (1): 169-215.

[58] Khanna, PalepuIs. Is Group Affiliation Profitable in Emerging Markets? An Analysis of Diversified Indian BusinessGroups [J]. The Journal of Finance, 2000 (5): 34-45.

[59] Kim W, Sorensen E. Evidence on the Impact of Agency Cost Debt on Corporate Debt policy [J]. Journal of Financial and Quantitative Analysis, 1986, 27: 131-144.

[60] Kornai. Resource-Constrained Versus Demand-Constrained Systems [J]. Econo-metrica. 1979, 47 (4): 65-71.

[61] Kovenock Dan, Gordon Phillips. Capital Structure and Product Market Rivalry: How Do We Reconcile Theory and Evidence? [J]. American Economic Review, 1995, 85: 403-408.

[62] Kovenock Dan, Gordon Phillips. Capital Structure and Product Market Behavior An Examination of Plant Exit and Investment Decisions [J]. Review of Financial Studies, 1997, 3 (10): 767-803.

[63] Lamont O. Cash Flow and Investment: Evidence from Internal Capital Markets [J]. Journal of Finance, 1997, 52: 34-46.

[64] Lee H J, Park J H. Top Team Diversity, Internationalization and the Me-

diating Effect of International Alliances [J]. British Journal of Management, 2006, 17 (3): 195-213.

[65] Lehn K, Poulsen A. Free Cash Flow and Stockholder gains in Going Private Transactions [J]. Journal of Finance, 1989, 44: 771-788.

[66] Lieberman M B. The Learning Curve, Technology Barriers to Entry, and Competition [J]. Strategic Management Journal, 1989, 10 (5): 431-447.

[67] Levinthal D, March J G. A Model of Adaptive Organizational Search [J]. Journal of Economic Behavior and Organization, 1981, 2: 307-333.

[68] Leibenstein H. Organizational or Frictional Equilibria X-efficiency, and the Rate of Innovation [J]. Quarterly Journal of Economic, 1969, 83: 600-623.

[69] Lie E. Financial Flexibility, Performance, and the Corporate Payout Choice [J]. Journal of Business, 2005, 78 (6): 1-23.

[70] Mark T Leary, Michael R. Roberts. Financial Slack and Tests of the Pecking Orders Financing Hierarchy [J]. Unpublished Working paper, Duke Universiey, 2004, 10.

[71] Lie Erik. Financial Flexibility, Performance and the payout Choice [J]. The Journal of Business, 2005, 78 (6): 2179-2202.

[72] Mattias Hamberg, Jiri Novak. Accounting Conservatism and Transitory Earnings in Value and Growth Strategies [J]. Journal of Business finance & Accounting, 2010, 37 (56): 518-537.

[73] Meyer A D. Adapting to Environment Jolts [J]. Administrative Science Quarterly, 1982, 27: 515-537.

[74] Michael Jensen, William Meckling. Theory of the Firm: Managerial Behavior, Agency Costs and Ownership Structure [J]. The Journal of Financial Economics, 1976, (3): 305-360.

[75] Miller K D, Leiblein M J. Corporate Risk-return Relation: Returns Variability Versus Downside Risk [J]. Academy of Management Journal, 1996, 39: 91-122.

[76] Minton Bemadette, Karen H Wruck. Financial Conservatism: evidence on capital structure from low leverage firms [J]. Working Paper, Ohio State University, 2001.

[77] Mishina Y, Pollock T G, Porac J F. Are more resources always better for growth? Resource stickiness in market and product expansion [J]. Strategic Manage-

ment Journal, 2004, 25 (12): 1179-1197.

[78] M K Moch, L R Pondy. Review: The Structure of Chaos: Organized Anarchy as a Response to AmbiguityAd [J]. ministrative Sci-Ence. Quarterly, 1977, 22: 351-362.

[79] Modigliani F, Miller M. The Cost of Capital Corporation Finance and the Theory of Investment [J]. American Economic Review, 1958, 28 (2): 261-297.

[80] Moses D. Organizational Slack and Risk-taking Behavior: Tests of Product Pricing Strategy [J]. Journal of Organizational Change Management, 1992, 5 (3): 38-55.

[81] Myers S C. The Capital Structure Puzzle [J]. Journal of Finance Economics, 1984, (39): 575-592.

[82] Myers S C, Majluf N S. Corporate Financing and Investment Decisions When Firms Have Information that Investors Do not Have [J]. Journal of Finance, 1984, (13): 187-221.

[83] Mura R, Marchica M T. Financial Flexibility, Investment Ability and Firm Value: Evidence from Low Leverage Firms [J]. SSRN eLibrary. 2007.

[84] Nohria N, Gulati R. Is Slack Good or Bad for Innovation? [J]. Academy of Management Journal, 1996, 39 (5): 1245-1264.

[85] Oded J. Payout Policy, Financial Flexibility, and Agency Costs of Free Cash Flow [J]. SSRN eLibrary. 2008.

[86] Oded Jacob. Payout Policy, Financial Flexibility, and Agency Costs of Free Cash Flow [R]. School of Management of Boston University Working Paper, 2008.

[87] Ohlson J A. Financial Ratios and the Probabilistic Prediction of Bankruptcy [J]. Journal of Accounting Research, 1980, 18 (1): 109-130.

[88] T Opler, S Titman. Financial Distress and Corporate Performance [J]. American Economic Review, 1990, 80: 93-106.

[89] Peter F Drucker. The effective executive [M]. New York: Harper & Row Press, 1966.

[90] Pfeffer J, Slalancik G R. The External Control of Organizations: A Resourca DeDendence Perspective [M]. New York: Harper & Row Press, 1978.

[91] Punit Arora, Ravi Dharwadkar. Corporate Governance and Corprate Social Responsibility (CSR): The Moderating Roles of Attainment Discrepancy and Organi-

zation Slack [R]. Corporate Governance: An International Review, 2011, 19 (2): 136-152.

[92] Richardson Scott. Over-investment of Free Cash Flow [J]. Review of Accounting Studies, 2006, 11: 159-189.

[93] Roberto Perli, William Nayda. Economic and Regulatory Capital Allocation for Revolving Retail Exposures [J]. Journal of Banking Finance, 2004, 11 (281): 1789-8091.

[94] Sanghoon Lee. How Financial Slack Affects Firm Performance: Evidence from US Industrial Firms [J]. Journal of Economic Research. 2011, 16: 1-27.

[95] Sapriza H, Zhang L. A neoclassical model of financially constrained stock returns [J]. Journal of Failure Analysis & Prerention, 2014, 14 (6).

[96] Scott F Latham, Michael R Braun. The performance Implications of Financial Slack during Economic Recession and Recovery: Observations from the Software Industry (2001-2003) [J]. Journal of Managerial Issues, 2008, 1: 30-50.

[97] Showalter D. Oligopoly and Financial Structure: A Comment [J]. American Economic Review, 1995, 85: 647-653.

[98] Simsek Z, Veiga J F, Lubatkin M H. The Impact of Managerial Environmental Perceptions on Corporate Entrepreneurship: Towards Understanding Discretionary Slack, s Pivotal Role [J]. Journal of Management Studies, 2007, 16 (1): 3-27.

[99] Smith R L, Kim J H. The combined effects of free cash flow and financial slack on bidder and target stock returns [J]. Journal of Business. 1994. 67, (2): 281-310.

[100] Singh J V. Performance, Slack, and Risk Taking in Organizational Decision Making [J]. Academy of Management Journal 1986. 29: 562-585.

[101] Soenen L.. Cash Holdings: A Mixed Blessing? [J]. AFP Exchange, 2003, 23 (5): 54-57.

[102] Stulz. Managerial Discretion and Optimal Financing Policies [J]. Journal of Financial Economics, 1990, 4 (26): 234-256.

[103] Steven W Bradley, Dean A. Shepherd, Johan Wiklund. The Importance of Slack for New Organizations Facing Tough Environments [R]. Journal Management Studies, 2011, 7: 1071-1097.

[104] Tan J, Peng M W. Organizational Slack and Firm Performance During

Economic Transitions: Two Studies from an Emerging Economy [J]. Strategy Management Journal, 2003, 24 (13): 1249-1263.

[105] Thanyaluk Vichitsarawong, Li Li Eng, Gary K Meek. The Impact of the Asian Financial Crisis on Conservatism and Timeliness of Earnings: Evidence from Hong Kong, Malaysia, Singapore, and Thailand [J]. Journal of International Financial Management and Accounting, 2010, 21 (1): 32-61.

[106] 巴尼, 克拉克. 資源基礎理論 [M]. 張書軍, 蘇曉華, 譯. 上海: 上海人民出版社, 2011, 69-81.

[107] 白重恩, 錢震杰, 武康平. 中國工業部門要素分配份額決定因素研究 [J]. 經濟研究, 2008 (8): 56-67.

[108] 畢曉方, 姜寶強. 財務鬆弛對公司業績的影響研究—基於融資約束和代理成本的視角 [J]. 商業經濟與管理, 2010 (4): 84-89.

[109] 陳冬華, 陳信元, 萬華林. 國有企業中的薪酬管制與在職消費 [J]. 經濟研究, 2005 (2): 92-101.

[110] 陳冬華, 梁上坤, 蔣德權. 不同市場化進程下高管激勵契約的成本與選擇: 貨幣薪酬與在職消費 [J]. 會計研究, 2010 (11): 56-65.

[111] 陳靜. 上市工商財務惡化預測的實證分析 [J]. 會計研究, 1999 (4): 31-38.

[112] 陳信元, 黃俊. 政府干預、多元化經營與公司業績 [J]. 管理世界, 2007 (1): 78-89.

[113] 戴德明, 毛新述, 鄧璠. 上市公司戰略選擇彈性與業績關係的實證研究 [J]. 南開管理評論, 2006 (9): 76-83.

[114] 杜穎. 人性假設演進與管理模式選擇 [J]. 科技管理研究, 2008 (5): 210-212.

[115] 範霍恩. 財務管理與政策教程 (上) [M]. 北京: 華夏出版社, 2000, 332.

[116] 方潤生, 龔毅. 企業的冗餘資源及其潛在價值 [J]. 經濟經緯, 2003 (6): 85-87.

[117] 封鐵英. 資本結構選擇偏好與企業績效的關係研究—基於上市公司「過渡負債」與「財務保守」行為的實證分析 [J]. 科研管理, 2006, 27 (6): 54-61.

[118] 弗蘭克·H. 奈特. 風險、不確定性與利潤 [M]. 安佳, 譯. 北京: 商務印書館, 2012, 45-54.

[119] 符蓉. 自由現金流量、隨意性支出與企業業績變化研究 [D]. 成都：四川大學, 2007.

[120] 顧乃康, 萬小勇, 陳輝. 財務彈性與企業投資的關係研究 [J]. 管理評論, 2011 (6): 115-121.

[121] 干勝道. 自由現金流量專題研究 [M]. 大連：東北財經大學出版社, 2009, 11-17.

[122] 干勝道. 財務理論研究 [M]. 大連：東北財經大學出版社, 2011.

[123] 干勝道, 王文兵, 邱敏. 央企財務鬆懈與超額員工責任研究 [J]. 南京審計學院學報, 2012, 4 (36): 53-61.

[124] 葛家澍, 占美松. 企業財務報告分析必須著重關注的幾個財務信息——流動性、財務適應性、預期現金淨流入、盈利能力和市場風險 [J]. 會計研究, 2008 (5): 3-9.

[125] 漢克爾, 李凡特. 現金流量與證券分析 [M]. 張凱, 劉英, 譯. 北京：華夏出版社, 2001：262.

[126] 韓鵬. 財務彈性、財務槓桿與公司價值——來自中小企業板的經驗數據 [J]. 企業改革與發展, 2010 (4): 157-160.

[127] 韓鵬, 基於財務彈性指數的最佳現金持有量測度 [J]. 財會月刊, 2010 (5): 57-58.

[128] 何流. 企業柔性資本結構的研究 [J]. 中國管理信息化, 2010, 13 (22): 24-26.

[129] 何承麗. 淺析財務彈性的重要性 [J]. 財會研究, 2011 (11): 42-43.

[130] 何大安, 蘇志煌. 公司治理中的理性選擇與非理性傾向 [J]. 浙江社會科學, 2013 (7): 33-38.

[131] 洪錫熙, 沈藝峰. 中國上市公司資本結構影響因素的實證分析 [J]. 廈門大學學報：哲學社會科學版, 2000 (3): 114-120.

[132] 黃世忠. OPM 戰略對財務彈性和現金流量的影響——基於戴爾、沃爾瑪、國美和蘇寧的案例分析 [J]. 財務與會計, 2006 (12): 15-17.

[133] 蔣春燕, 趙曙明. 組織冗餘與績效的關係：中國上市公司的時間序列實證研究 [J]. 管理世界, 2004 (5): 108-115.

[134] 紀偉. 上市公司高管薪酬及在職消費對經營績效的影響 [J]. 管理世界, 2004 (5): 108-115.

[135] 姜付秀, 陸正飛. 多元化與資本成本的關係——來自中國股票市場

的證據 [J]. 會計研究, 2006 (6): 45-56.

[136] 姜付秀. 中國上市公司投資行為研究 [M]. 北京: 北京大學出版社, 2009.

[137] 李稻葵, 劉霖林, 王紅領. GDP 中勞動份額演變的 U 型規律 [J]. 經濟研究, 2009 (1): 15-26.

[138] 李帆, 杜志濤, 李玲娟. 企業財務預警模型: 理論回顧及其評論 [J]. 管理評論, 2011 (9): 144-151.

[139] 李雙全, 鄭育家. 控製權收益、道德風險與軟預算約束 [J]. 財經研究, 2010 (5): 123-132.

[140] 李旭紅. 國企老總要拿年薪了 [N]. 市場報, 2003-09-12.

[141] 李曉翔, 劉春林. 高流動性冗餘資源還是低流動性冗餘資源——項關於組織冗餘結構的經驗研究 [J]. 中國工業經濟, 2010 (7): 94-103.

[142] 李曉翔, 劉春林. 冗餘資源與企業績效關係的情境研究——兼談冗餘資源的數量變化 [J]. 南開管理評論, 2011, 14 (3): 4-14.

[143] 李曉翔, 劉春林. 突發事件情境下冗餘資源與公司績效的關係研究——以汶川地震為例 [J]. 財經研究, 2011, 37 (2): 124-134.

[144] 李維安等. 公司治理評價與指數研究 [M]. 北京: 高等教育出版社, 2005: 67-69.

[145] 劉海俊. 公司的社會責任 [M]. 北京: 法律出版社, 1999.

[146] 劉曦, 陳沁馨. 行業競爭、公司戰略與財務保守行為——基於惠泉啤酒公司的分析 [J]. 東方企業文化, 2010 (3): 116-118.

[147] 劉先偉, 陶萍. 基於 Logistic 迴歸模型的建材業上市工商財務預警研究 [J]. 工程管理學報, 2011, 25 (4): 472-476.

[148] 路易斯·普特慢, 蘭德爾·克羅茨納. 企業的經濟性質 [M]. 孫經緯, 譯. 上海: 上海財經大學出版社, 2009: 151-152.

[149] 陸正飛, 王雄元, 張鵬. 國有企業支付了更高的職工工資嗎? [J]. 經濟研究, 2012 (3): 28-39.

[150] 羅長遠, 張軍. 勞動收入占比下降的經濟學解釋 [J]. 管理世界, 2009 (5): 18-27.

[151] 羅宏, 黃文華. 國企分紅、在職消費與公司績效 [J]. 管理世界, 2008 (9): 139-148.

[152] 羅伯特·C. 克拉克. 公司法則 [M]. 胡平, 等譯, 北京: 工商出版社, 1999.

[153] 羅伯特·孟克斯, 尼爾·米諾. 監督監督人: 21 世紀的公司治理 [M]. 楊界棒, 譯. 北京: 中國人民大學出版社, 2006: 8-9.

[154] 羅宏, 郝以雪. 財務冗餘與企業價值創造——內在機理與實現方式 [J]. 當代會計評論, 2011, 3 (2): 66-79.

[155] 馬春愛. 企業財務彈性指數的構建及實證分析 [J]. 系統工程, 2010 (10): 61-66.

[156] 馬春愛. 中國上市公司的非效率投資研究—個財務彈性的視角 [J]. 財貿研究, 2011 (2): 144-148.

[157] 馬春愛. 中國上市公司資本結構調整行為研究: 一個財務彈性的視角 [J]. 財經論叢, 2009 (6): 80-85.

[158] 馬爾科姆·史密斯著. 會計研究方法 [M]. 錢逢勝, 王晶, 楊靜梅, 譯. 上海: 上海財經出版社, 2006.

[159] 馬斯. 董事是受信託人嗎? 利益衝突與公司倫理 [J]. 商法, 1966 (22): 35.

[160] 馬騄驊, 顧鋒. 企業柔性管理國內外研究述評 [J]. 生產力研究, 2007 (2): 137-150.

[161] 錢穎一. 激勵與約束 [J]. 經濟社會體制比較, 1999 (5): 19-33.

[162] 秦小麗, 田高良. 基於灰色理論和神經網路的工商財務預警模型 [J]. 統計與決策, 2011 (16): 176-178.

[163] 屈耀輝. 中國上市公司資本結構的調整速度及其影響因素—基於不平行面板數據的經驗分析 [J]. 會計研究, 2006 (6): 56-63.

[164] 屈耀輝, 傅元略. 優序融資理論的中國上市公司數據驗證—兼對股權融資偏好再檢驗 [J]. 財經研究, 2007, 33 (2): 108-118.

[165] 阮青松. 對「理性」和「自利」的反思—新視角中的企業經歷層激勵約束 [M]. 上海: 上海世紀出版集團, 2010: 39-40.

[166] 上海證券交易所研究中心. 中國公司治理報告 (2004 年): 董事會獨立性與有效性 [M]. 上海: 復旦大學出版社, 2004: 120-125.

[167] 沈藝峰, 沈洪濤. 公司財務理論主流 [M]. 大連: 東北財經大學出版社, 2004.

[168] 湯姆·科普蘭, 亞倫·多戈爾. 基於預期的績效管理 (EBM) [M]. 干勝道, 譯. 大連: 東北財經大學出版社, 2007: 128-129.

[169] 萬華林. 國外在職消費研究綜述 [J]. 外國經濟與管理, 2007 (9): 39-41.

［170］萬倫來，達慶利．企業柔性的本質及其構建［J］．管理科學學報，2003，6（2）：89-94．

［171］王燦，干勝道，孫維章．員工薪酬財務公正研究——基於四川省上市公司檢驗證據［J］．四川大學學報：哲學社會科學版，2012（5）：105-113．

［172］王洪明．中國上市公司股權結構與公司治理研究［D］．廈門：廈門大學，2005．

［173］王洪偉．公司股利分配法律製度研究［M］．北京：中國民主法制出版社，2009．

［174］王樣華．論企業柔性財務管理［J］．會計師，2007（7）：25-32．

［175］王文兵，干勝道，段華友．終極控股股東差異、財務鬆懈與公司績效——來自2007-2011年中國證券市場的經驗證據［J］．財經理論與實踐，2013（1）：52-56．

［176］王文兵，干勝道，段華友．企業財務鬆懈：識別模型、經濟後果與治理對策［J］．財經科學，2012（10）：52-61．

［177］王文兵，干勝道，宋侃．企業財務鬆懈行為研究［J］．江淮論壇，2013（1）：40-44．

［178］王文兵，干勝道．國有控股公司財務鬆懈：現狀、原因與治理對策［J］．財會學習，2013（3）：21-23．

［179］王文兵，干勝道，段華友．企業財務保守、財務冗餘與財務彈性的比較研究［J］．華東經濟管理，2013（7）：139-143．

［180］吳昊旻．產品市場競爭動態與企業財務保守行為選擇研究述評［J］．經濟與管理研究，2009（8）：58-66．

［181］吳世農，盧賢義．中國上市公司財務困境的預測模型研究［J］．經濟研究，2001（6）：46-55．

［182］吳星澤．財務危機預警研究：存在問題與框架重構［J］．會計研究，2011（2）：59-65．

［183］吳月瑞，崔毅．財務冗餘程度對企業創新模式的影響研究［J］．華南理工大學學報：社會科學版，2009，11（5）：12-15．

［184］希爾特，馬奇．公司行為理論［M］．李強，譯．北京：中國人民大學出版社，2008：45-47．

［185］夏冬林，李曉強．在職消費與公司治理機制［D/C］．中國會計學會第六屆理事會第二次會議暨2004年學術年會論文集，2004．

［186］謝德仁．企業分紅能力之理論研究［J］．會計研究，2013（2）：22

-32.

[187] 謝佩洪, 張志花, 孟憲忠. 組織冗餘資源的研究述評 [J]. 昆理工大學學報 (社會科學版), 2007, 7 (6): 35-39.

[188] 徐莉萍, 辛宇, 陳工孟. 控股股東的性質與公司經營績效 [J]. 世界經濟, 2006 (10): 35-46.

[189] 徐永新, 薛健, 陳曉. 從委託理財收益率看上市公司委託代理問題 [J]. 南開管理評論, 2009, 12 (5): 101-108.

[190] 伊迪絲·彭羅斯. 企業成長理論 [M]. 趙曉, 譯. 上海: 上海人民出版社, 2007: 78-81.

[191] 楊華軍. 會計穩健性研究述評 [J]. 會計研究, 2007 (1): 82-88.

[192] 於玉林. 實證會計研究與系統會計研究 [J]. 會計研究, 2009 (9): 42-50.

[193] 曾愛民. 財務柔性與企業投融資行為研究 [M]. 北京: 中國財政經濟出版社, 2011.

[194] 張純, 高吟. 多元化經營與企業經營業績——基於代理問題的分析 [J]. 會計研究, 2010 (9): 34-42.

[195] 張杰. 預算約束與金融製度選擇的新理論: 文獻述評 [J]. 經濟理論與經濟管理, 2011 (3): 25-31.

[196] 張玲. 財務危機預警分析判別模型及其應用 [J]. 預測, 2000 (6): 38-40.

[197] 張維迎. 產權、激勵與公司治理 [M]. 北京: 經濟科學出版社. 2010.

[198] 張延波, 彭書淑雄. 財務危機監測與危機預警 [J]. 北京工商大學學報 (社會科學版), 2003, 17 (5): 57-60.

[199] 張友棠, 黃陽. 基於行業環境風險識別的企業財務預警控制系統研究 [J]. 會計研究, 2011 (3): 41-48.

[200] 張志強. 財務保守現象剖析 [J]. 財經問題研究, 2010 (6): 101-106.

[201] 張志強, 肖淑芳. 節稅收益、破產成本與最優資本結構 [J]. 會計研究, 2009 (4): 47-54.

[202] 章細貞. 外部環境與企業財務保守行為 [J]. 財經論叢, 2007, 134 (6): 70-77.

[203] 章曉霞, 吳衝鋒. 融資約束影響中國上市公司的現金持有政策——

來自現金流敏感度的分析 [J]. 管理評論, 2006, 18 (10): 58-62.

[204] 趙蒲, 孫愛英. 財務保守行為: 基於中國上市公司的實證研究 [J]. 管理世界, 2004 (6): 109-106.

[205] 趙華, 張鼎祖. 企業財務柔性的本原屬性研究 [J]. 會計研究, 2010 (6): 62-70.

[206] 周長青. 滬市上市公司委託理財和委託貸款情況分析 [N]. 上海證券報, 2012-08-09.

[207] 周守華, 楊濟華, 王平. 論財務危機的預警分析——F 分數模式 [J]. 會計研究, 1996 (8): 8-11.

[208] 周穎. 中國上市公司採取財務保守行為的因素分析 [J]. 財會研究, 2006 (4): 55-56.

[209] 莊宗明, 楊旭東. 「經濟人假說」: 爭論與超越——兼論中國經濟學的創建 [J]. 學術月刊, 2001 (2): 28-29.

[210] 朱武祥, 陳寒梅, 吳迅. 產品市場競爭與財務保守行為: 以燕京啤酒為例的分析 [J]. 經濟研究, 2002 (8): 28-36.

[211] 鐘和平. 基於企業冗餘資源的技術創新激勵機制研究 [D]. 重慶: 重慶大學, 2009.

[212] 鐘和平, 張旭梅, 方潤生. 財務冗餘與企業績效的關係 [J]. 管理現代化, 2008 (5): 31-33.

[213] 鐘文華. 法哲學視野下的企業社會責任淺析 [J]. 南京航空航天大學學報: 社會科學版, 2012 (2): 45-51.

[214] 中共十五屆四中全會報告 [M]. 北京: 中央文獻出版社, 2001.

[215] 中共中央關於全面深化改革若干重大問題的決定 [N]. 中國教育報, 2013-11-16.

國家圖書館出版品預行編目(CIP)資料

上市公司財務鬆懈行為研究 / 王文兵 著.-- 第一版.
-- 臺北市：崧博出版：財經錢線文化發行，2018.11
　面；　公分
ISBN 978-957-735-506-5(平裝)
1.上市公司 2.財務管理 3.中國
553.9　　　　107015473

書　名：上市公司財務鬆懈行為研究
作　者：王文兵 著
發行人：黃振庭
出版者：崧博出版事業有限公司
發行者：財經錢線文化事業有限公司
E-mail：sonbookservice@gmail.com
粉絲頁　　　　　　　網　址：
地　址：台北市中正區延平南路六十一號五樓一室
8F.-815, No.61, Sec. 1, Chongqing S. Rd., Zhongzheng Dist., Taipei City 100, Taiwan (R.O.C.)
電　話：(02)2370-3310　傳　真：(02) 2370-3210
總經銷：紅螞蟻圖書有限公司
地　址：台北市內湖區舊宗路二段121巷19號
電　話：02-2795-3656　　傳真：02-2795-4100　網址：
印　刷：京峯彩色印刷有限公司（京峰數位）

　　本書版權為西南財經大學出版社所有授權崧博出版事業有限公司獨家發行電子書及繁體書繁體版。若有其他相關權利及授權需求請與本公司聯繫。

定價：400元
發行日期：2018年 11 月第一版
◎ 本書以POD印製發行